광주·전남

임진왜란의 흔적 3

광주·전남 임진왜란의 흔적 3

김현우 지음

한국학술정보

1597년 11월 19일
일본에서 온갖 상인들이 왔는데, 그중에 사람을 사고파는 자도 있어서 본진의 뒤에 따라다니며 남녀노소 할 것 없이 사서 줄로 목을 묶어 모아서 앞으로 몰고 가는데, 잘 걸어가지 못하면 뒤에서 지팡이로 몰아붙여 두들겨 패는 모습은 지옥의 아방(阿防)이라는 사자가 죄인을 잡아들이는 것도 이와 같을 것이다 하고 생각될 정도이다.
각자의 직업은 각기 마음에서 원하고 좋아하는 것에 연유하는 것이라고는 하지만 온갖 인신매매상들이 몰려 있구나.
빨리 숨는 게 좋다. 주간에 돌아다니는 젊은이들은 무사들에게 붙잡혀서 개처럼 목에 줄을 매여 인신매매상에게 팔려가게 된다.
이와 같이 사람들을 사서 흡사 원숭이의 목에 줄을 매어 걸어 다니는 것처럼, 소나 말을 끌게 하고 짐을 들리는 등 다루는 정도가 너무 지나쳐 너무 불쌍해서 볼 수 없을 정도이다.

－케이넨(慶念), 『임진왜란 종군기』 중에서－

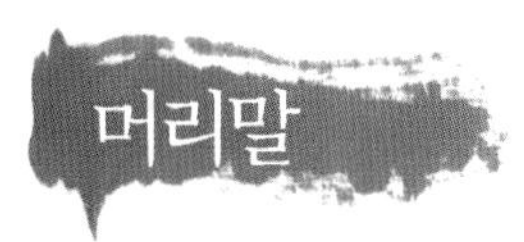

머리말

우리나라에는 전쟁이나 전투와 관련된 유적 혹은 흔적들이 전국에 산재해 있다. 왜구·일본의 침입과 식민 지배에 의한 유적과 유물 또한 도처에 널려 있어 수난의 역사를 말해주고 있다.

전국에는 왜구 혹은 일본군의 침공으로부터 영토, 국민의 생명과 재산을 지키기 위한 성곽, 관아 등 군사시설물이 많았는데 임진왜란 때 상당 부분 파괴되거나 변형되거나 불에 타 소실되었다. 의병을 내거나 의병활동의 근거지가 된 향교, 서원, 사찰 등은 여지없이 불에 타 소실되거나 훼손되었다. 물론 의병을 내지 않았어도 일본군이 지나간 곳의 건축물은 대부분 파괴되거나 불에 탔다. 또 일제강점기 일본인에 의해 임진왜란의 흔적이 훼손되거나 사라진 것도 많다.

일본에 의해 유린된 조선의 강토, 살육당하거나 포로로 잡혀 일본으로 끌려간 백성들, 살아남았다 해도 더욱 피폐해진 백성들의 삶, 파괴되거나 약탈당하거나 맥이 끊겨버린 문화재·문화유산은 어찌 말로 다 표현할 수 있을 것인가.

전란의 흔적이나 유적은 오랜 세월이 흐르면서 상당부분 훼손되거나 사라졌다. 일부 남겨진 흔적이나 유적도 원래의 모습이나 형태를 잃은 것이 많다. 그러나 그렇다고 해서 역사적 사실 자체가 사라진 것은 아니기 때문에 역사를 기억한다는 차원에서 남아 있는 일부, 그리고 복원된 유적이나 역사의 현장을 답사하여 사진으로 정리해 보았다.

이 책을 내는 이유는 임진왜란과 관련하여 어느 지역에 어떤 자료 혹은 흔적이 있구나 하는 것을 보라는 뜻도 있지만, '준비가 없으면 환란을 당하게 된다'는 무비유환(無備有患)의 역사적 경험을 되새겨야 한다는 것에 있다.

여기에서 준비란 국방을 튼튼히 하는 준비와, 사회 내부에 존재하는 모순이나 불합리성·비효율성을 조정, 해결하여 내실을 다져두는 준비의 두 가지를 말한다.

왜란이 발발하기 전 일본은 전국시대를 거치면서 최강의 군사력과 신식 무기체계를 갖추었으며, 여러 차례의 사절단 파견과 밀정 침투를 통해 조선의 지리·지형과 정치정세 등을 면밀히 정탐하고 있었다.

그런데도 조선 조정에서는 일본에 대해서 눈과 귀를 막고 있었다. 뿐만 아니라 임진왜란 직전에 일본에 다녀온 사신 다수가 곧 일본의 침공이 있을 것이라고 보고했는데도 조정에서는 단 한 사람 김성일의 보고, 즉 일본의 침공은 없을 것이라는 보고를 믿었다. 역사상 수많은 외침을 당하고 전쟁을 경험한 나라의 조정이라고는 보기 힘들다.

또 임진왜란 기간에 일부 백성들이 일본군에 투항하고 적극적으로 관군이나 의병활동 관련 정보를 제공했거나, 일본군의 침공소식을 듣고 먼저 낫을 들고 우리 관아로 달려가 불을 지르거나 하는 등의 행동을 한 것은 조선사회가 신분제도나 조세제도 등과 관련된 사회적 모순을 해결하지 못하고 있던 '위태로운' 사회였음을 의미한다.

근년 세계적으로 문화재 찾기 운동이 전개되고 있다. 외국에 나가 있는 우리 문화재의 소재를 파악하고 찾아오는 일은 우리 문화의 맥을 되살린다는 점에서 중요하다. 그리고 국내의 문화재와 현장 유적에 대해서도 발굴과 보존, 그리고 이를 활용한 역사교육 또한 중요하다고 생각된다.

현장을 다니면서 느끼는 것은 정식 역사서의 내용만 역사로 볼 것이 아니라 전국 각지에 구전되어 내려오는 왜란, 호란, 기타 전쟁 이야기를 녹취해 둘 필요가 있고, 역사서에는 오르지 않은 전란과 관련된 장소나 설화 등에 대해서도 종합적으로 정리해 둘 필요가 있다는 것이다. 당시의 실화가 세월이 흐르면서 설화나 전설로 바뀌고 다시 시간이 지나면서 그냥 지나가는 이야기로 바뀌는 것이 적지 않을 것이다.

식견이 부족한 사람에게 여러 모로 도움을 주신 각지의 문화원 관계자, 관청의 문화관광 담당자, 향토사가, 주민들께 감사의 말씀을 드린다.

2013년 11월

김현우

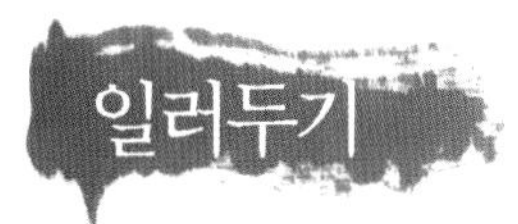

일러두기

1. 이 책은 현장 중심의 사진화보 자료집이다. 수록된 사실관계 서술은 주로 현장의 안내문, 안내책자, 사적비, 신도비 등에서 발췌한 것이며, 구체적인 서술이나 내용 확인을 위해 사서(史書), 백과사전, 문화재청 홈페이지, 각 행정관청 홈페이지 등을 참고했다. 책 제목 '임진왜란의 흔적'에서 '임진왜란'은 임진왜란과 정유재란을 모두 포함한다.

2. 왜군(倭軍)·왜병(倭兵)·왜적(倭敵) 등의 여러 가지 표현은 '일본군(日本軍)'으로 통일하여 사용했다. 단, 신도비나 사적비 등에서 옮겨 적은 경우에는 원문 그대로 왜군·왜병·왜적 등의 표현을 사용했다.

3. 임진왜란·정유재란 당시의 연월일은 음력 연월일이다.

4. 동일한 전투 혹은 사건을 기록한 자료라 할지라도 누가 언제 기술했느냐에 따라 일시, 숫자, 인명, 인원 등이 다를 수 있다. 주로 현장에서 얻은 자료를 정리한 이 책 본문에서도 경우에 따라 이러한 한계를 보일 수 있다.

목 차

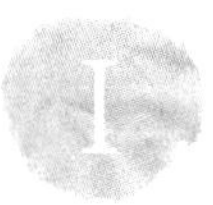

왜구 · 일본의 침공과 조선의 대응

II 왜란의 흔적을 찾아서

I

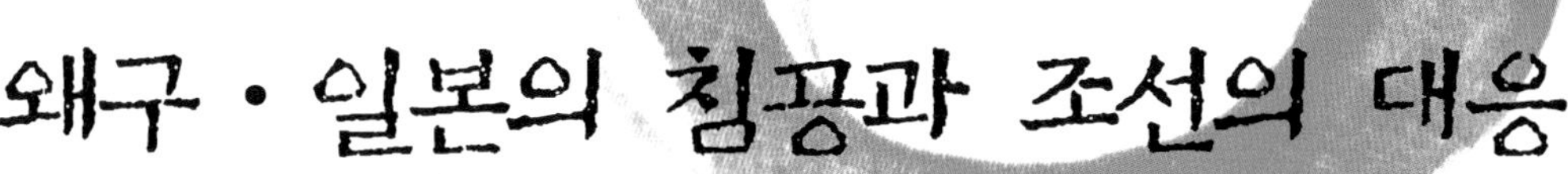

왜구·일본의 침공과 조선의 대응

1. 왜구 · 일본을 경계하다

우리나라 전국 각지에는 수많은 성곽과 관방 유적이 남아 있다. 그중 중부와 남부지방 산성 · 읍성의 상당수는 왜구 혹은 일본군의 침입을 막기 위해 쌓은 성곽이다.

왜구가 자주 출몰하는 곳에는 해안 깊지 않은 바닷속에 돌을 쌓거나 목책을 설치하여 왜구 선박이 접안할 수 없도록 하기도 했고 또 낙안읍성처럼 흙으로 쌓은 성곽을 돌로 된 성곽으로 고쳐 쌓아 왜구로부터 백성들의 생명과 재물, 양곡을 지키기도 했다.

꽤 오랜 옛날부터 이어져 온 왜구의 침입은 국가 차원의 근심거리였다. 왜구는 때로는 군부대를 방불케 하는 대규모의 선단을 이루어 이 땅에 침입하기도 했다. 16세기가 되면 왜구가 아니라 일본군이라는 정식 군대의 깃발을 휘날리며 이 땅에 들어왔다. 이에 맞서 조선의 강토, 백성, 문화를 지키고자 창이나 활을 들고 침입자들을 물리치고자 했던 조상들의 굳은 호국 의지는 전국 곳곳에 여러 가지 모습으로 남아 살아 있는 역사교육의 장이 되고 있다.

○ 나주 경렬사

경렬사(景烈祠)는 경렬공 정지(鄭地, 1347~1391)를 배향하는 사우이다. 정지는 나주 문평면 죽곡에서 출생했다. 고려 공민왕 때 전라도 안무사를 거쳐 1377년(우왕 3) 순천병마사가 되어 전라남도 순천 · 낙안 등지에 침입한 왜구를 소탕한 공로로 전라도 순무사에 올랐다. 그 후에도 남해 연안과 남원에 침입한 왜구를 격퇴했으며 1384년(우왕 10)에는 문하평리(門下評理)에 올랐다. 혼란스러웠던 고려시대 말기의 왜구 창궐기에 수군(水軍, 지금의 해군)의 기강을 바로잡고 여러 곳에서 왜구와 전투를 벌여 격퇴하는 데 공을 세운 정지 장군은 지역 백성들의 추앙을 받았다.

이에 3도(충청 · 전라 · 경상)의 뜻있는 사람들이 발의하여 정지의 유허가 있는 편방면(현재의 광주광역시 동명동)에 경렬사를 세웠다. 1644년(인조 22)에 사당을 지을 때는 소규모로 건립했으나 60년이 지난 1705년(숙종 3)에는 사우로서의 규모를 갖추게 되었다. 사당 소재지의 이름을 따서 '편방사'로 불렀다.

1718년에 충무공 정충신(鄭忠信, 1576~1636)을 추가로 배향한 이후 유사(柳泗), 고중영(高仲英), 전상의(全尙毅, 1575~1627), 고경조(高敬祖), 유평(柳坪), 유성익(柳聖翊) 등 6인의 현인을 추가로 배향했다.

사우는 1871년(고종 8) 흥선대원군의 서원철폐령에 의하여 철거되었으나 15년 후인 1896년 호남 유림에서 그 터인 광주광역시 동명동 74에 유허비를 건립했다.

1914년 나주 노안면 금안리 현재의 위치에 사우를 다시 세우면서 '경렬사'라고 이름 지었다. 1976년에 중수했다.[1)]

경렬사는 외삼문과 사당으로 구성되어 있다. 사당은 앞면 3칸, 옆면 1칸 반 규모의 겹처마 맞배지붕 건물이다. 사당 앞에 외삼문이 있고 좌우 양쪽에는 재실로 쓰이는 척서정(陟西亭)과 강당 경신재가 있다.

나주시 노안면 금안1길 32(금안리)에 소재하는 경렬사는 2001년 12월 13일 전라남도 기념물 제196호로 지정되었다. 하동 정씨 문중에서 관리하고 있다.

경렬사 외삼문과 경신재(오른쪽 기와 건물)

경렬사

1) 1981년에는 광주광역시 북구 망월동 산 176 소재 묘 옆에도 경렬사를 세워 정지 1인을 제향하고 있다. 나주시청 홈페이지

척서정

뒤에서 본 경렬사

○ 나주 무열사

무열사는 1797년(정조 21)에 나주 유림의 발의와 각지 여러 향교의 협찬을 받아 달성 배씨 배현경·배정지·배극렴의 위패를 모시기 위해 지은 사당이다. 조정에서 무열사(武烈祠)라고 사액한 이 사당의 규모는 앞면 3칸, 옆면 2칸이며 지붕은 맞배지붕이다. 경내에는 사당, 강당, 외삼문, 무열사 유허비, 무열사 중건사적비가 있다. 학습공간이자 회합공간인 강당은 1983년에 복원한 것이다.

무열공(武烈公) 배현경(裵玄慶, ?~936)은 경주 사람으로 고려시대 궁예 때부터 활약한 무신이며 태조 왕건(王建)을 도와 고려 건국에 기여했다. 통합 삼한 1등 공신(統合三韓一等功臣)에 올랐다.

금헌(琴軒) 배정지(裵廷芝, 1259~1322)는 고려시대의 무신으로 10세에 금위에 들어갔으며 나중에 밀직부사를 지냈다. 원나라에 들어가 황제로부터 '용사'라는 칭찬을 받고 백금을 하사받기도 했다.

정절공(貞節公) 배극렴(裵克廉, 1335~1401)은 고려시대 말기 왜구 토벌에 공을 세운 무신이다. 1376년(고려 우왕 2) 경상남도 진주 지역에 침입한 왜구를 격파했으며 1378년에는 진주·경산 등지에서 다시 왜구를 물리쳤다. 이성계의 조선 건국에 힘을 보태 조선 개국 1등 공신이 되었다.

무열사는 1868년(고종 5) 흥선대원군의 서원철폐령에 의해 강당이 철거되고 영당(影堂)만 보존되고 있었다. 그 후 복원된 무열사에는 1882년(고종 19)에 고려 광종 임금 때 평장사(平章事)를 지낸 배운룡(裵雲龍, 949~1011), 배공서(裵工瑞, 1373~1418), 배공보(裵工甫, 1390~1455), 배승무(裵承武, 1559~1593), 배세조(裵世祖, 1659~1744) 등 5위를 추가로 모셨다. 이들 중 배승무는 광주에서 출생하여 1586년 문과에 급제했으며, 1593년 6월 제2차 진주성 전투 때 김천일 등과 함께 순절했다.

나주시 다시면 무숙로 637-31에 소재하는 무열사는 1981년 10월 20일 전라남도 기념물 제57호로 지정되었다.

무열사 전경

무열사 강당

무열사

무열사 유허비와 중건사적비(오른쪽)

강당

○ 순천 낙안읍성・석구

순천시 낙안면 충민길 30(동내리)에 소재하는 낙안읍성(樂安邑城)은 1983년 6월 14일 사적 제302호로 지정되었다. 그동안 오랜 세월을 거치면서 특히 6・25전쟁을 거치면서 훼손되었으나 사적지로 지정되면서 복원이 이루어졌다.

고려시대 후기 왜구의 침입이 잦아지고 조선시대 전기에도 침입이 계속되자 그 피해를 줄이기 위해 1397년(태조 6)에 김빈길이 주도하여 흙으로 읍성을 쌓았다.

1423년(세종 6) 전라도 관찰사가 '낙안읍성이 토성으로 되어 있어 왜구의 침입을 받게 되면 읍민을 구제하고 군을 지키기 어려우니 석성으로 증축하도록 허락해 달라'는 내용의 장계를 조정에 올려 허락을 받았으며 준비기간을 거쳐 1424년부터 공사를 시작해 1426년(세종 9)에 석성으로 증축하여 성곽의 규모를 넓혔다. 이렇게 세종・문종 임금 대에 남해안의 일부 토성을 석축화한 것은 읍성의 방어력을 제고하여 왜구의 침입과 노략질로부터 지역 백성들의 생명과 재산을 지키기 위함이었다.

그 후 낙안군수로 부임한 임경업(林慶業)이 1626년 5월부터 1628년 3월 사이에 성곽을 수리하고 성곽의 규모를 확대하면서 보다 견고하게 쌓아올렸다. 낙안읍성의 전체 모습은 4각형에 가까우며 성벽의 길이는 1,410미터이다.[2)]

낙풍루(樂豊樓)는 흔히 동문, 쌍청루(雙淸樓)는 남문, 낙추문(樂秋門)은 서문이라고 불리기도 한다. 성문 정면은 디귿(ㄷ)자형 옹성을 이루고 있다.

---

2) 낙안읍성 민속마을(http://nagan.suncheon.go.kr/)

과거 성 밖에는 작은 규모이기는 하지만 동천(東川)과 서천(西川)이 자연 해자를 형성하고 있었고, 북쪽 성곽 너머에도 해자가 있었다. 현재는 동문을 중심으로 590여 미터의 해자 흔적이 남아 있다. 성내에는 객사·임경업 장군 비각과 중요민속자료로 지정된 민가 9동이 있고, 그 외에도 수많은 전통 가옥 초가집들이 고풍스러운 성내 마을의 분위기를 자아내고 있다.

(석구)

낙안읍성의 동문인 낙풍루 돌다리 앞에 석구(石狗) 조각상 세 개가 서 있다. 읍성 축성 당시 낙안고을과 낙안읍성의 수호신으로 삼기 위해 돌로 개 모양의 조각상을 세운 것인데 그 시기는 명확하게 밝혀지지 않았다. 석구상은 낙안지역에 침공해 온 왜구와 싸운 증거이면서 동시에 왜구의 또 다른 침공을 경계하는 의미를 담고 있다. 지역과 주민들을 보호하겠다는 의지의 표현으로 개의 형상을 한 조각을 성문 앞에 세워 지키도록 한 것이다. 실제로 낙안읍성에서 그리 멀지 않은 오봉산 일대에서 다수의 왜구가 참살되었는데 이때 죽은 자들의 귀신이 낙안읍성으로 들어오는 것을 막기 위해 석구상을 세웠다고 전한다.

낙안읍성 안내도(① 매표소, ③ 동문 낙풍루, ⑥ 임경업 군수 비각, ⑧ 객사, ⑪ 동헌 및 내아)

동문 낙풍루

읍성 전경

동문 낙풍루 앞 석구

석구

○ 여수 이량 장군 방왜축제비

여수 돌산도 돌산대교 아래에 있는 작은 섬 장군도에는 조선시대 연산군 때 이량 장군이 왜구 침입을 막기 위해 수중 제방을 쌓은 사실을 적은 방왜축제비(防倭築堤碑)가 있었다. 이 비는 이량이 장군도 동쪽과 돌산도 북쪽 사이의 해협에 왜구의 침입을 봉쇄하고자 돌을 쌓은 사실을 적은 비석이다. 이량의 5대손 이배원(李培元, 1575~1653)이 글을 짓고, 6대손 이필(李泌)이 글씨를 써 1643년(인조 21)에 세웠다.

이량(李良, 1446~1511)은 함성군 이종생(李從生)의 아들이다. 대대로 무관으로 명성이 높은 집안에서 성장한 그는 1480년 무과에 급제한 후 삭주부사, 의주목사, 의령부사를 역임했다.3)

1497년(연산군 3) 전라남도 흥양(지금의 고흥)에서 왜구에 의한 변란이 일어났을 때 녹도만호로 기용되어 다수의 왜구를 참살했다. 그 공으로 그해 당상관의 품계인 종2품 가선

3) 한국역대인물종합정보시스템

대부에 특진됨과 동시에 전라좌수사로 발탁되었다.

전라좌수사로 부임해 온 그는 왜구의 침입을 봉쇄하고자 여수 전라좌수영 남쪽에 있는 장군도와 돌산도 사이의 바닷길을 차단하는 공사를 단행했다. 깊지 않은 바닷속에 바윗돌을 쌓아 수중성(水中城)을 구축한 것이다. 그 후 이 수중성을 장군성(將軍城) 혹은 '이량 장군 방왜축제'라고 칭하면서부터 섬의 이름도 자연히 장군도(將軍島)라 부르게 되었다.

그 후 축성공사 내역을 기록한 비석이 훼손된 것을 이곳에 수사로 부임해 온 이량의 8대손 이삼(李森, 1677~1735)이 1710년(숙종 36) 지금의 여수시 충무동에 다시 비석을 세웠다.

방왜축제비(정식 명칭: 이장군 함천군 휘량 방왜축제비 李將軍咸川君諱良防倭築堤碑)는 다듬돌 기단 위에 비 몸을 세운 다음 그 위에 팔작지붕 형태의 옥개석을 올렸다. 뒷면에 '숭정 기원후 중경인 십일월(崇禎紀元後重庚寅十一月)'이라는 명문이 있는데 이는 1710년 11월에 세운 것이다. 1984년 이 비석을 여수시 동문로 11에 소재하는 진남관 경내 전라좌수영 비석군(碑石群)으로 옮겨 보존하고 있다.

이량 장군 방왜축제비는 2003년 10월 4일 전라남도 문화재자료 제240호로 지정되었다.

돌산공원에서 바라본 돌산대교(오른쪽에 장군도의 일부가 보인다)

돌산공원에서 바라본 장군도

돌산공원에서 바라본 진남관(사진 중앙)

장군도 장군성비(將軍城碑)

진남관 경내에 있는 전라좌수영 비석군

전라좌수영 비석군(碑石群)
속에 있는 방왜축제비

○ 여수 손죽도 이대원 사당 충렬사

조선시대의 무관 이대원(李大源)은 21세 되던 해에 고흥 녹도진의 만호가 되었다. 이듬해인 1587년(선조 20) 2월 10일 고흥 앞바다 손죽도 인근 해상에 침입한 왜구 선박 20여 척을 격파하고 다수의 왜구 수급을 베었다. 2월 17일 왜구가 수많은 선박을 이끌고 다시 손죽도 해상에 침입하자 이대원이 재차 출전하여 적과 싸웠으나 적을 대적하기에는 함선과 병력이 크게 부족했다. 그러나 오기로 했던 좌수영 본영의 지원 병력은 나타나지 않았다. 이대원이 승리하여 공을 세울 것을 시기한 전라좌수사 심암이 지원군을 파견하지 않은 것이다.

이대원은 최후까지 싸웠지만 결국 왜구의 포로가 되었다. 왜구 수장은 이대원으로부터 항복을 받고자 했으나 거절당하자 이대원을 자신의 선박 돛대에 매단 후 살해했다.

이대원의 충절을 기리는 사당이 1590년(선조 23)에 건립되었다. 건물은 세월이 흐르면서 퇴락과 수리를 거듭해 오다가 1983년 마을주민들의 정성으로 사당 충렬사 건물을 중창하여 오늘에 이르고 있다.[4)]

여수시 삼산면 손죽리 산 1164(우데메길)에 소재하는 이대원 사당 충렬사는 전라남도 문화재자료 제239호로 지정되어 있다.

○ 충무공 이순신의 수군 재건

1597년 정유년 초 도요토미 히데요시는 조선에 대한 재침공을 명령했는데 이를 정유재란이라 부른다.[5)]

일본은 조선의 남서해안 바닷길을 장악하지 않으면 조선 전토를 점령하기 어렵다는 판단을 했다. 그런데 조선의 바다에는 이순신이 버티고 있었다. 이에 고니시 유키나가와 가토 기요마사는 이순신을 제거하기 위해 조선군과 선이 닿아 있는 군졸 요시라(要時羅)를 활용했다. 요시라는 조선군 군영으로 와 가토 기요마사가 재차 조선에 들어올 텐데 해상 길목에 조선수군이 매복해 있다가 가토를 공격하여 제거하면 양국 간의 평화교섭이 수월해질 것이라는 요지의 뜻을 전했다.

---

4) 초기 이대원 사당의 건립 연도와 관련해서는 1590년설, 1597년설, 1636년설이 있다.

5) 도요토미 히데요시는 1596년 9월 초순 오사카성에서 명나라 책봉사를 접견했는데, 명나라 황제가 도요토미 히데요시를 일본 국왕으로 책봉한다는 내용을 듣고는 분노했다. 강화회담은 결렬되고 도요토미는 조선 재침략 준비령을 내렸다. 1596년 10월부터 본격적인 재침공 준비가 시작되었다.

가토 기요마사에게 자신의 두 왕자가 포로로 잡혀갔던 기억을 되살린 선조 임금과 조정 중신들은 마치 가토가 전란의 원흉인 것처럼 생각했으며 가토만 잡으면 전란이 종식될 것이라는 잘못된 판단으로 이순신에게 가토를 잡으라는 명을 내렸다.

조정의 명을 받은 이순신은 가토에 대한 공격이 가토를 잡는 것이 아니라 자신과 조선수군을 잡으려는 일본의 술책임을 간파하고 머뭇거렸으나 명을 거역할 수는 없어서 작전을 수행했다.[6]

그런데 요시라가 준 정보가 이순신에게 전달되기 전에 이미 가토는 조선 영해에 진입해 있었다. 따라서 이순신이 머뭇거리지 않고 출동했다 하더라도 가토를 잡을 수는 없었다. 무엇보다도 부산과 대마도는 일본수군이 장악하고 있는 길목인데 함선의 수에 있어서 크게 열세에 있는 조선수군이 섣불리 나설 수 있는 상황은 아니었고, 설사 움직인다 하더라도 역공을 받을 공산이 컸다.

요시라를 중간에 두고 고니시에서 김응서, 선조 임금으로 이어지는 정보의 흐름 속에 들어 있는 간계(奸計)와 반간계(反間計)의 실체는 풀어야 할 과제로 남아 있다.[7]

가토를 잡지 못하자 조선 조정은 항명죄를 물어 삼도 수군통제사 이순신을 파직하고 그 후임에 원균을 임명했다.[8] 항명죄로 체포되어 서울로 압송된 후 옥고를 치른 이순신은 4월 1일 옥사에서 나와 백의종군 길에 올랐다.

권율 도원수가 있는 경상남도 합천으로 내려가는 길에 그는 어머니의 선상(船上) 별세 소식에 접했고, 이어 삼도 수군통제사 원균이 이끄는 조선수군이 칠천량에서 전멸당했다는 소식에 접했다. 조선수군은 7월 16일 정박하고 있던 칠천량에서 일본수군의 기습을 받아 수군 9,700여 명이 전사하고 전선 102척이 격침되거나 파괴되어 궤멸했다(칠천량해전[9]). 한편 경상우수사 배설(裵楔)은 기습공격을 받은 직후 판옥선 12척을 이끌고 전투 현장을 이탈했다.

이순신은 권율 도원수의 자문 역으로 칠천량해전 및 일본수군 관련 자료 수집 차 남해안 일대를 다니던 중 1597년 8월 3일 경상남도 진주 손경례의 집에서 삼도 수군통제사 임명장을 받았다.

---

6) 이순신은 적군의 간계가 있는 것을 의심하여 여러 날을 주저하다가 출동했다. 유성룡(이재호 역), 『징비록』(서울: 역사의 아침, 2007), 287쪽.

7) 어떤 자료에서는 고니시 유키나가는 평화주의자이고 조속히 전란이 마무리되기를 바라는 장수인 것처럼 오해할 수 있는 표현을 쓰기도 하는데 고니시는 최소한 일본군이 점령한 지역을 기정사실화하거나 조선의 대폭적인 양보를 전제로 하는 평화주의자라고 볼 수 있다. 따라서 평화주의자인 고니시가 경쟁자이자 호전적인 성격의 가토 기요마사를 제거하여 평화를 구축하려 했다는 식의 해석은 곤란하다. 고니시가 전장에서 쌍두마차의 한 축인 가토를 제거하기 위해 적군 진영에 가토의 이동경로에 관한 정보를 넘긴다는 것 자체가 대역죄에 해당되는 일이다. 가토가 제거되어 전장에서 일본군의 사기가 저하되면 자신은 물론 일본군이 큰 전공을 세우기는 어려웠을 것이다. 요시라가 제공한 가토의 동향에 관한 정보는 사실이기는 하지만 시간적으로는 따라잡을 수 없었던 절묘한 거짓이었고, 공간상으로는 호구(虎口)로 이순신을 유인하는 전술이었다. 이순신을 잡기 전에는 남해안과 서해안을 장악하고 전라도와 충청도를 거쳐 서울로 가는 것이 어려웠기 때문에 요시라를 통해 정보를 흘려 이순신을 유인한 것으로 볼 수 있다.

8) 조정의 윤근수는 이전부터 원균을 삼도 수군통제사로 임명하려고 노력했다. 조정회의에서 지속적으로 이순신을 모함하고 원균을 두둔했다.

9) 이때 전사한 병사의 수는 정확히 파악되어 있지 않다. 함선은 격침되었지만 많은 병사들이 탈출하여 숨어 있던 것으로 파악되었기 때문이다.

다시 삼도 수군통제사가 된 이순신은 수군을 재건하기 위해 그날 길을 떠나 전라남도로 향했다.

이순신은 열 명도 안 되는 소수의 수행원을 이끌고 하동, 구례, 곡성, 옥과, 낙안, 벌교, 순천을 거쳐 보성에 도달하여 군량과 무기, 병사들을 모으기 시작했다.

현재의 보성군 조성면 우천리 고내(庫內)마을에는 세곡을 보관하던 조양창(兆陽倉)이라는 창고가 있었다. 이순신이 8월 9일 그곳에 도착했을 때 병사들은 대부분 도망가고 없는 상태였다. 다행스럽게도 관아 창고에는 양곡이 쌓여 있어 이순신은 군관으로 하여금 창고를 지키게 하고 고내마을 김안도의 집에서 잠을 잤다.[10)]

낙안의 군량창고는 이미 불에 탔지만 보성의 조양창과 군기창은 그대로 남아 있어 그나마 이순신에게 보탬이 되었다.

보성 고내정(庫內亭) 준공비 비문

고내마을은 3국통일 후 서기 757년 동로현이 조양현으로 바뀌어 고려시대를 거쳐 조선 세종 23년(1441년)에 보성군으로 폐현 통합될 때까지 700여 년간 현청 소재지였다. 동국여지승람과 여러 사료에 조양현은 외성과 내성이 있고 외성 석축 2,255척 높이 7척에 두 우물과 군량창고가 있었다 하였다. 이 군창은 조양창이라 하여 조선시대 말기까지 존속되었다. 지금의 창등이 조양창이 있던 창고 터이다. 고내마을의 이름은 조양창이 있는 안마을이라 하여 고안 또는 고내(庫內)라 불리어 오늘에 이른다.

조양창은 이충무공 난중일기에 1597년 8월 9일 조양창에 이르니 사람은 없고 창고에 보관된 곡식은 그대로 있어 군관 4인을 시켜 지키게 하였다라는 기록에 있듯이 임진 정유재란 때 군량 보급 창고였다. 조양고을이었던 마을과 주변은 옛 모습이 변했으나 성지(城址)와 관아 터, 남문과 북문거리, 군마 조련장, 객사 터, 조양산성 터 등 여러 곳에 당시를 상징할 수 있는 중요한 유지(遺址)가 남아 있다.(이하 생략) 임형남 글 지음

서기 2001년 12월 일 고내 동민 일동 세움

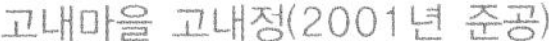

고내마을 고내정(2001년 준공)

고내마을(사진 중앙 지점이 조양창 터인 창등)

10) 조양창 터는 보성군 조성면 우천리 150-2 고내마을에 있다.

고내마을 뒤편 언덕 조양창 터 창등
(안내를 해준 한 마을 주민은 어린 시절 이곳을
'창등'이라 부르며 뛰어놀았다고 했다)

고내마을이 있는 우천리 일대의 평야

보성 관아 터에 세운 보성군청

고내마을을 지나 조금 서쪽으로 가면 지금의 보성군청 자리에 보성 관아가 있었다.[11] 군기(軍器) 창고 안에는 병사들이 버리고 간 무기가 남아 있었는데 이순신은 8월 15일 여기에서 무기류를 수습했다.[12] 수습한 것을 네 마리의 말에 싣고 120명의 군사와 함께 장흥으로 향하게 된다.

그런데 이 무렵 조정은 일본수군과 전투를 벌일 수 있는 전함도 거의 없고 병사들도 흩어져 없어져 버린 수군을 권율이 이끄는 지상군에 대한 지원 병력으로 삼고자 했다. 조정은 수군 재건을 준비하던 이순신에게 남아 있는 수군병사들을 규합하여 육상전투에 참

11) 보성군청은 보성읍 송재로 165에 소재한다.

12) 이순신은 무기류 가운데 장편전은 군관들을 시켜 짊어지게 하고, 총통과 같이 운반하기 어려운 것은 깊이 땅에 묻고 표시를 하도록 했다.

가하라는 명을 내렸다. 이순신은 8월 15일 임금의 유서를 들고 내려온 선전관 박천봉을 보성에서 만났다.[13] 8월 7일에 작성된 유서에는 수군을 폐하고 육군의 지상전을 도우라는 명령이 들어 있었다.[14]

그러나 바다의 적은 바다에서 막아야 한다고 생각한 이순신은 수군 철폐를 재고해 달라는 내용의 장계를 적어 다음 날인 16일에 박천봉에게 주어 조정에 올렸고, 장계를 읽은 선조 임금은 수군 유지를 허락하게 된다.

이순신이 조정에 올린 장계 내용 일부
임진년부터 5~6년 동안 일본군이 감히 충청, 전라도를 바로 찌르지 못한 것은 수군이 길목을 누르고 있었기 때문입니다. 지금 신에게는 아직 전선 12척이 남아 있습니다. 죽기를 각오하고 싸운다면 막을 수 있습니다. 지금 수군을 폐지하면 이는 적이 바라는 바로, 적은 호남을 거쳐 쉽게 한강까지 진격할 것입니다. 오직 그것이 두려울 뿐입니다. 비록 전선은 적으나 신(臣)이 아직 살아 있으므로 감히 무시하지 못할 것입니다.

이순신은 8월 16일 아침 보성군수와 군관 등을 굴암으로 보내 도피한 관리들을 찾아오게 했다. 그리고 다음 날 길을 떠나 8월 18일 전선 12척이 정박해 있는 장흥 회령포에 도착했다.

이순신은 원균이 이끄는 조선수군이 칠천량해전(1597. 07. 16.)에서 패한 지 약 한 달, 삼도 수군통제사에 재임명된 지 보름 만인 8월 18일 장흥군 회령포(지금의 장흥군 회진읍)에 도착했고 이곳에서 본격적인 수군 재건에 나섰다.

이순신은 수군부대에 대한 점검을 실시했다. 그 결과 군량미와 화약 등 군수품이 크게 부족하다는 것을 알게 되었다.

이순신은 섬진강 유역에서 전라도 방어선이 무너지면서 흩어진 병사들과 퇴각한 조선군이 두고 간 군량미와 군수품을 활용하기 위한 구상을 시작했다. 수군 방어기지 가운데 하나인 회령포구에서 이순신은 남아 있는 12척의 배로 조선수군을 새로 조직했다.

8월 19일 회령포구 관청에서 잠을 잔 이순신은 8월 20일에는 해남군 북평면 이진리로 진을 옮겼다. 8월 24일에는 해남 어란포 앞바다로 이동했고, 이틀 후인 8월 26일 판옥선 1척을 끌고 온 전라우수사 김억추와 상견례를 했다.

---

13) 이 무렵 어사 임몽정이 조정으로부터 수군 장졸들의 생존 여부를 조사하라는 명을 받고 이곳에 내려와 있었다. 칠천량해전 피해상황 보고에 있어 체찰부와 도원수부에서 조정에 보낸 보고서 내용이 크게 달랐기 때문에 이를 조사하러 내려온 것이다. 도원수 권율은 수군통제사는 물론 장졸이 모두 전사했다고 보고했으나, 체찰사 이원익은 수군 장졸들이 상당수 도주한 관계로 인명 피해가 적다고 보고했다. 해전 직후에는 전멸한 것으로 평가되었으나 시간이 지나면서 도주했던 장졸들이 많았다는 사실이 파악되기 시작했다.

14) 삼도 수군통제사로 임명한 지 얼마 되지도 않은 시점에서 이를 번복하는 명을 내린 것은 이해하기 힘든 부분이다. 그동안 이순신이 남서해 바닷길을 지킨 덕분에 조정이 서울로 귀환할 수 있는 환경을 어느 정도 조성해주었고 전선에서의 전황도 유지가 가능했다는 사실을 모를 리 없기 때문이다. 아마도 칠천량해전 피해 상황과 관련하여 의견이 서로 다른 보고가 접수되었는데 이를 둘러싸고 조정 내부에서 정책적 혼선을 빚은 것으로 보인다. 군사작전이나 전략에 무지하거나 이순신에 대한 거부감을 가진 일부 중신들이 임금을 움직인 것으로 보인다.

이순신은 8월 29일에는 수군 진영을 진도 벽파진(진도군 고금면 벽파리)으로 옮겼는데 이는 그곳이 일본수군 동향에 관한 정보를 수집할 수 있는 적합한 지점이라고 판단했기 때문이다.[15] 벽파진은 진도 동쪽 끝에 위치하여 해남을 바라볼 수 있는 곳이며 남해에서 서해로 빠져나가는 물목인 울돌목, 즉 명량해협 인근에 있는 지점이다.

9월 7일 일본함선 12척이 벽파진으로 공격해 왔으나 조선수군은 이를 격퇴했다(벽파진 해전).[16] 벽파진에 주둔한 지 16일째 되던 9월 14일 탐망군관 임준영(任俊英)은 일본전함 200여 척 중 55척이 해남 어란포 앞바다에 도착했다고 보고했다. 이어 적의 포로로 잡혀 있다가 탈출해 온 김중걸(金仲乞)은 일본수군이 조선 함대를 공격하기 위해 접근 중이라고 알려왔다. 그는 9월 7일의 벽파진해전에서 패한 일본수군이 재차 공격을 가하여 조선수군을 섬멸한 뒤 경강(京江), 즉 한강 물줄기를 타고 서울로 진격해 갈 것이라고 보고했다.[17]

여수에서 해남 방면으로 이 섬 저 섬을 지나 옮겨 다니던 조선수군은 피난선들이 집결해 있는 곳이 많다는 것을 알게 되었다. 이순신은 그중 일부 선박을 전함 보조선이나 탐망선 등으로 활용했을 뿐만 아니라 그들이 보유하고 있던 식량은 군량으로 삼고 어부들은 수군 혹은 수군 지원세력으로 편입시켜 수군을 돕도록 했다.

9월 16일 대규모 일본수군함대가 명량해협으로 진입하여 조선수군과 일본수군 간에 격렬한 해상전투가 벌어졌다. 이순신은 13척의 함대를 이끌고 133척의 일본수군함대를 격파했다(명량해전).

해전 당일 밤, 함선의 수에 있어 크게 열세에 있는 조선수군은 신안군 암태면 당사도로 본영을 옮겼다.

조선수군은 일본수군함대의 추격을 피해 이곳저곳을 옮겨 다니면서 함선과 보급선을 건조하여 명량해전 5개월 후에는 판옥선이 40여 척으로 증가했다. 해를 넘긴 1598년 2월 17일 이순신 수군함대는 판옥선 42척, 수군 병사 8,000명, 군량미 2만 석을 갖추고 완도 고금도로 이동했다.

수군 재건을 위한 이순신의 이동 경로와 행적은 다음과 같다.

15) 제장명, 『이순신 백의종군』(서울: 행복한 나무, 2011), 186~187쪽.

16) 벽파진으로 공격해 온 일본함선의 수는 자료마다 다르다. 제장명(앞의 책, 224쪽)은 12척이라 했으나 벽파진 전첩비에는 13척으로 되어 있다.

17) 경강은 서울 뚝섬에서 양화나루에 이르는 한강의 물줄기를 말한다.

일시	내용
1597	
04. 01.	서울 옥사에서 풀려남. 백의종군 시작
07. 16.	조선수군(원균 지휘), 칠천량에서 일본군의 기습을 받아 전선 102척을 잃고, 수군 9,700명 전사(시간이 지나면서 전사자의 수는 감소함). 경상우수사 배설, 일본수군의 기습공격 직후 판옥선 12척을 이끌고 작전 해역 이탈
08. 03.	이순신, 경상남도 진주 손경례의 집에서 삼도 수군통제사 임명장 받음(재임명). 수군 재건을 위해 전라남도로 향함. 하동을 거쳐 구례 도착(구례현청)
08. 04.	압록강원(곡성군 죽곡면 압록리)을 거쳐 곡성읍 도착(곡성현청)
08. 05.	옥과현에 들어갈 때 이기남 부자를 만남. 현에 들어가서는 정사준(鄭思竣), 정사립의 마중을 받음. 옥과현령 만남(옥과현청).
08. 06.	옥과에 체류함. 송대립이 일본군의 동향을 탐지해 와 보고함.
08. 08.	순천 도착. 광양현감, 나주판관, 옥구현감, 조방장 배경남 만남. 버려진 총통을 수습하여 땅에 묻음. 가벼운 장전과 편전 등은 군관들이 나누어 가지고 가도록 함. 병사 60명 확보
08. 09.	낙안을 거쳐 보성에 도착함. 조양창(고내마을). 우치적 합류(이순신, 8월 16일까지 보성에 체류)
08. 10.	배홍립을 만남.
08. 11.	보성군 득량면 송곡리에 있는 양산원의 집으로 거처를 옮김(3일간 체류). 송희립과 최대성을 만남.
08. 12.	거제현령 안위와 발포만호 소계남을 만남.
08. 13.	우후 이몽구가 이순신을 만나러 왔으나 만나지 않음.
08. 13.	일본수군 7천여 명, 섬진강 하동포구 두치진에 상륙(좌군 주력부대와 합류하여 8월 16일 남원읍성을 함락시킨 후 좌군과 분리되어 재차 하동포구로 돌아옴. 8월 하순에 하동을 출발하여 어란포 방면으로 향함)
08. 14.	해이해진 수군의 기강을 확립하기 위해 우후 이몽구를 불러다가 곤장 80대를 침.
08. 15.	선전관 박천봉, 8월 7일자로 작성된 임금의 명령서(수군을 폐지할 것이니 수군은 지상군을 도우라는 내용)를 이순신에게 건넴. 이순신, 양곡과 무기류를 수습함. 병력이 60명에서 120명으로 늘어남(보성 회천면 벽교리 백사정).
08. 16.	이순신, 수군 폐지를 반대하는 내용의 장계를 써서 박천봉에게 주어 보냄. 활 제조전문가 이지(李智) 태귀생(太貴生)을 만남. 선의(先衣), 김희방(金希邦), 김붕만 등을 만남. 남원읍성 함락됨.
08. 17.	네 마리의 말에 무기류와 군량을 싣고 보성을 출발하여 장흥으로 감.
08. 18.	전선 12척이 정박해 있는 장흥 회령포 도착. 군량을 도둑질한 관리를 잡아다가 곤장 80대를 침.
08. 19.	장흥 회령포에서 수군 재건 작업 시작. 경상우수사 배설로부터 전함 인계받음. 삼도 수군통제사 취임식 거행
08. 20.	회령포의 포구가 좁아 해남군 북평면 이진리(梨津里) 아래 창사(倉舍)로 진영을 옮김. 이순신, 이날부터 8월 23일까지 4일간 토하고 설사하는 급성 위장병 증세 보임.
08. 20.	전주읍성 함락됨(일본군 좌군 입성).
08. 24.	이순신, 병세 회복함. 해남 송지면 어란포 앞바다로 수군 진영을 옮김.
08. 26.	탐망군관 임준영, 일본수군함대가 해남 이진리 앞바다에 당도했다고 보고. 칠천량해전에서 전사한 전라우수사 이억기 후임에 김억추가 부임하여 와 이순신과 상견례
08. 28.	일본전함 50여 척, 근거리까지 다가옴. 그중 8척이 오전 6시경 어란포 진영으로 돌진해 왔다가 조선수군의 추격을 받고 도주(어란포해전). 이순신, 저녁시간에 진영을 장도(지금의 광양시 골약면)로 옮김.
08. 29.	조선수군, 진영을 건너편에 있는 벽파진(진도군 고군면 벽파리)으로 옮김.
08. 30.	이순신, 주변 지역에 정탐을 보냄. 배설, 일본수군에 대한 공포심에서 병을 핑계로 우수영에 상륙함.
09. 02.	경상우수사 배설, 칭병하고 우수영에 상륙해 있다가 진을 떠나 도주함.
09. 07.	일본수군 어란포 도착(55척 중 13척이 선발대로 어란포 앞바다 도착). 오후 4시경 일본전함 12척이 공격해 옴. 격퇴했으나 이날 밤 10시경 재차 공격해 옴(벽파진해전).
09. 09.	일본 척후선 2척 출현
09. 09.	이순신, 제주도에서 보내 온 소 다섯 마리를 잡아 병사들에게 먹임.

09. 14.	일본전함 200여 척 중 55척이 해남 어란 앞바다에 도착했다는 탐망군관 임준영의 보고 접수됨. 적에게 잡혀 갔다가 탈출해온 김중걸 또한 예상되는 일본수군 작전계획을 이순신에게 보고. 이순신, 전령선을 급파하여 주변의 피난 선박과 백성들을 지상으로 대피시킴.
09. 15.	이순신, 적의 대규모 공격을 예측하고 수군 진영을 벽파진에서 해남 전라우수영으로 옮김(조선수군 보유 선박: 전선 13척, 초탐선 32척).
09. 16.	명량해전. 일본 전함 133척 명량해협으로 진입. 이순신 함대, 교전 끝에 일본수군 격퇴함. 해전 직후 야음을 틈타 65킬로미터 떨어져 있는 암태도로 진영을 옮김.
09. 17.	어외도(신안군 지도읍 지도) 도착(2일간 주둔)
09. 19.	영광 칠산도와 법성포를 거쳐 홍농(영광군 홍농읍) 도착
09. 20.	부안 고참도 도착
09. 21.	군산 고군산도 도착(12일간 주둔)
10. 03.	군산 고군산도를 출항하여 변산을 거쳐 영광 법성포 선창 도착(5일간 주둔)
10. 08.	어외도 도착
10. 11.	조선수군 안편도(안창도) 도착(18일간 주둔). 정탐 이순・박담동・박수환・태귀생을 해남으로 보냄.
10. 24.	조선수군, 해남에 있던 일본군 군량 322섬을 실어옴.
10. 29.	이순신, 목포 앞바다 고하도로 진영을 옮김. 삼도 수군통제영 설치(고하도 진영에서 1598년 2월 17일까지 주둔)
1598	
02. 17.	이순신, 완도 고금도로 진영을 옮김. 본격적인 수군 재건 및 확장에 박차를 가함.

2. 변이중의 화포, 전쟁에 힘을 보태다

○ 변이중의 화포 제작

변이중(邊以中)은 1546년 장성군 장안읍 장안마을에서 변택(邊澤)의 아들로 태어났다. 본관은 황주, 호는 망암(望庵)이다. 그는 어려서부터 남달리 총명하고, 특히 수리에 밝았으며 1573년(선조 6) 27세에 식년 문과에 합격했다. 그 후 예조좌랑, 형조좌랑을 지냈다.

그가 47세 때 어천찰방으로 재직할 당시 임진왜란이 발발했다. 그는 선조 임금의 파천길을 수행하여 의주(義州)까지 갔다가 임금으로부터 전라도 소모어사(召募御使)의 직함을 받고 전라도에 내려와 의병과 의곡을 모집하여 전선으로 보내는 등 공을 세웠다. 병마(兵馬)와 군기(軍器)를 모아 적의 공격에 대비하던 그는 양천산(陽川山, 충청북도 진천)에 진출하여 권율 장군을 도왔다. 그 뒤 조도사와 독운사 등을 역임하며 막대한 양의 군량미를 마련하여 명나라 군대에 보급하기도 했다.

1593년 정월에는 충청도와 전라도 지방에서 군사를 모집해 충청도 천안군과 경기도 양성현(지금의 안성시 양성면 · 원곡면 공도면) 일대에 주둔하면서 훈련시켰다. 그때 화차를 제작하여 우차(牛車)에 싣고 일본군과의 전투에 투입했으나 우차가 적군이 발사한 화살에 맞아 불에 타버림으로써 초기의 변이중 화차(화포)는 실패했다.

그 후 변이중은 자신이 지은 '총통화전도설(銃筒火箭圖說)'과 '화차도설(火車圖說)'의 내용에 따라 화차, 총통 등 성능이 개선된 여러 가지 병기를 제작하기 시작했다.[18)]

---

18) 장성군 북이면 조양리 덕곡마을과 서삼면 송현리 공평마을에서 화차 제작 터가 발굴된 바 있다.

변이중은 자비와 집안 사촌동생 변윤중의 재정적 도움을 받아 화차 300대를 제작했으며, 그중 40대를 선박 편으로 경기도 고양에 소재하는 행주산성에서 분투하고 있는 권율 장군에게 보내 그해 2월 12일의 행주산성 전투를 승리로 이끄는 데 힘을 보탰다.

변이중이 제작한 화차는 견고한 목재를 사용했는데, 쇠로 수레에 장갑을 씌우고 4면에 40개의 총구를 만들어 40발을 연이어 발사할 수 있게 했다. 개인화기인 승자총통을 각 총구에 장치한 후 심지를 연결하여 발포하는 방식이다.[19]

변이중 화차

조선시대 태종 임금과 문종 임금 때 만든 화차는 주로 화살을 이용했으나 망암 변이중이 만든 화차는 승자총통이라는 총을 화차에 장착했다는 점에서 다르다. 변이중은 화차 도설을 짓고 설계하여 직접 화차를 제작했다. 변이중이 만든 화차는 수레 하나에 40개의 구멍을 열어 승자총통 40개를 도화선을 연결하여 발포하는 방식으로 만들었다.

장성에서 화차 300량을 만들어 그중 40량을 배편으로 행주산성에서 싸우고 있는 권율 장군에게 보내 행주대첩을 이루는 데 기여했다.

화차 등 무기류 전시관 시징당

19) 봉암서원 안내 자료

화차

화차 내부

화차 내부에서 발사 준비하는 모습

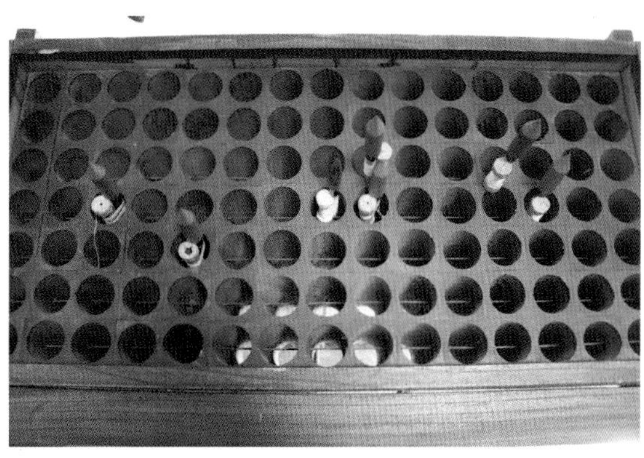

신기전

신기전

복원된 화차 옆에 전시된 신기전과 신기전기(발사대)

(시징당)

봉암서원 입구에 자리하고 있는 시징당(是懲堂)은 '오랑캐를 응징한다'는 뜻을 갖는 건물이다. 1986년 전라남도에서 변이중의 저서 '망암문집'을 참고하여 화차 3종, 총통 14종, 화살 11종, 신기전 6종, 포통 8종을 제작했는데 이를 보존하고 전시하기 위해 1989년에 완공한 화차 전시관이다.[20] 전시관의 규모는 115제곱미터이다.

(화차 복원 및 성능 시험)

변이중은 그가 지은 '망암집'에 화차를 그림으로 그려 설명해 놓은 '화차도설'을 비롯하여 18가지의 병기 만드는 법을 그림과 함께 자세히 설명했다.

이러한 자료를 토대로 변이중이 만든 화차를 복원하여 그 성능을 시험하는 작업이 2011년 1월부터 진행되었다. '망암집'에 수록된 '화차도'를 토대로 하여 조선시대의 화차 관련 여러 문헌과 중국 병서 중 화차 관련 자료를 분석하여 변이중 화차의 기본안을 마련했고 여기에 전문가들이 참여한 자문회의에서 기본안을 보완했다.[21] 이를 바탕으로 하여 전문업체에서 설계도를 그린 후 제작을 완료하여 성능시험을 실시했다.

세 차례에 걸친 발사시험에서 화차에 장착된 승자총통 및 화차의 운용 성능이 확인되었다. 시험 결과 변이중 화차는 사정권 150미터 내의 목표물을 향해 전면 14점의 승자총통(탄환 210발)을 발사할 수 있고, 전면 공격을 피해 측변으로 돌아서 접근하는 목표물에 대해서는 좌우 측면의 총통(각 13점, 탄환 195발)을 발사할 수 있는 성능을 가진 것으로 나타났다. 구체적인 실험 자료는 다음과 같다.

실험 일시	실험 장소	실험 내용	실험 결과
1차 2011. 09. 17.	경상남도 김해	승자총통 내구성 점검. 탄환 관통력 실험(총통 5회 실험 발사)	발사탄환 궤적 확인. 50미터 합판(12mm) 관통 확인. 탄환 유효화 망 범위 확인
2차 2011. 10. 07.	경기도 파주 (육군 제56사단)	승자총통 관통력 측정. 승자총통 탄환 속도 측정. 탄환 비산형태 확인(총통 9회 실험 발사)	승자총통 탄속, 관통력 확인. 유효 최대사거리 산출(유효 150미터, 최대 820미터)
3차 2011. 10. 28.	전라남도 장성 (육군기갑학교)	변이중 화차 연속 발사실험(효용성 및 파괴력). 발사 시 화차 내구성 점검(화차 2회 실험 발사)	화차 연속 발사, 견고성 확인(발사 시 내부 구조와 충격 정도). 탄환 유효화 망 범위 확인

자료: 장성군 · (사) 봉암서원(2011).

20) 봉암서원과 시징당을 안내해주고 설명해 준 변세섭 씨에게 감사드린다.

21) 전문가회의에는 최두환 전 충무공리더십센터 교수, 이상훈 해군사관학교 기획실장, 강신엽 전 육군박물관 부관장, 김건인 · 정동윤 육군사관학교 무기공학과 교수 등이 참여했다.

3. 임진왜란의 기록

○ 간양록

간양록(看羊錄)은 퇴계 이황의 문인 수은(睡隱) 강항(姜沆, 1567~1618)이 일본군에게 포로로 잡혀가 일본에서의 포로생활 경험과 현지 사정을 기록한 책이다. 기간은 1597년 9월에서 1600년 5월까지 약 2년 8개월이다.

강항은 정유재란 때 분호조판서(分戶曹判書) 이광정(李光庭)의 종사관으로 전라북도 남원에서 군량보급에 힘쓰다가, 남원읍성이 함락된 뒤 고향인 영광으로 돌아가 김상준(金尙寯)과 함께 의병을 모집했다.

그러나 영광 인근 지역 또한 일본군의 수중에 떨어지자 가족을 데리고 바닷길로 남쪽으로 내려가던 중 적선을 만나게 되었다. 같이 가던 형제자매들이 바닷물에 뛰어들었으나 일본군이 끌어 올려 포로로 삼았다.[22] 이 과정에서 강항은 부친이 탄 선박과 멀어지게 되었고, 그의 형제와 가족은 일본으로 끌려가게 되었다. 그의 일행은 이송되던 중 배 위에서 심한 갈증에 시달리던 어린 조카의 죽음을 목격했다.

22) 이채연, 『임진왜란 포로 실기연구』(서울: 박이정출판사, 1995), 73쪽.

간양록의 내용 일부

(1597년 9월 14일) 적은 이미 영광군을 불 지르고 산과 바다를 샅샅이 뒤져 사람들을 마구 찔러 죽였다. 나는 밤 열 시쯤에 배를 탔다.
(9월 20일) 해상의 왜선(倭船) 1천여 척이 이미 우수영에 당도했으므로 통제사는 중과부적으로 전략상 바다를 따라 서쪽으로 올라갔다는 소식을 들었다. (중략)
(9월 23일) 대낮에 당두에서 또다시 논잠포로 향했으나 아버지께서 행여나 논잠포에 계신가 해서였다. 이때 안개 속에서 괴이한 배 한 척이 문득 나타나 쏜살같이 달려오니 사공이 놀라 왜선이라고 외쳤다. 나는 순간 포로가 될 위기를 벗어날 길이 없다고 생각해 이내 옷을 벗고 물속에 몸을 던졌다. 처자 형제 등 배의 남녀 태반이 나를 따라 함께 물에 투신했다. 그러나 물가라 물이 얕아 적이 모두 건져내어 배에 눕히고 꽁꽁 동여 세웠다.
(9월 24일) 무안현의 한 해안가에 당도하니 땅 이름을 낙두(落頭)라고 했다. 이곳에는 적의 배 수천 척이 항구에 가득차서 붉은 기와 흰 기가 햇빛 아래 비치고, 우리나라 남녀가 반 수 이상 뒤섞여 있다. 양옆에는 어지러이 쌓인 시체가 산과 같고, 울음소리는 하늘에 사무쳐 파도와 같이 출렁이는 것 같았다. (중략)
둘째 형님의 아들 가련(可憐)은 나이가 여덟 살인데, 주리고 목말라서 짠 물을 마신 까닭으로 구토 설사하여 병이 나자, 적이 물속에 던지니 아버지를 부르는 소리가 오래도록 끊어지지 아니했다.

강항은 일본 도착 후 오쓰성(大津城)에 갇혀 있다가 오사카를 거쳐 교토 후시미성(伏見城)으로 이송되었다. 강항은 그곳에서 승려이자 학자인 후지와라 세이카(藤原惺窩)와 교유했으며, 사서오경을 일본어로 번역 간행하는 일에 참여하는 등 일본 주자학 발전에 기여했다.[23] 훗날 일본 주자학의 태두가 되는 후지와라는 강항으로부터 학문적 영향을 받았다.

강항은 3년에 가까운 포로생활을 하면서 어려운 환경 속에서 위험을 무릅쓰고 일본의 정세와 사회상을 습득하고 정리하여 본국에 알렸다.[24] 그는 후시미성에 억류되어 있을 때부터 현지의 관호(官號)와 형세 등을 적어 인편으로 서울에 보내고 있었다. 특히 학식이 높은 승려 요시히토(好仁)와 친교를 맺고 그에게 유학을 가르쳐 주는 한편 그에게서 들은 현지의 지리, 군사시설, 관제를 비롯한 정세와 정황을 비밀리에 인편으로 고국에 보고했다.

1600년 강항은 포로생활에서 풀려나 가족들과 함께 귀국했다. 강항이 적지에서 지켰던 절의와 그가 보낸 일본 관련 자료의 의미를 평가한 조정은 1602년에 그를 대구교수(大丘敎授)로 임명했다. 그러나 강항은 포로의 신세가 되어 죽음으로 절의를 지키지 못한 자신을 스스로 죄인이라 하여 얼마 후에 사임했고, 1608년에 순천교수(順天敎授)에 임명되었을 때에도 취임하지 않고 고향에서 독서와 후학 양성에 힘썼다.

강항은 포로 시절에 보고 들은 바를 일기 형식으로 기록한 책을 '건거록(巾車錄)'이라 이름 했다. '건거'란 죄인이 타는 수레라는 뜻이다. 포로가 된 자신은 죄인이라는 뜻에서 그렇게 이름 지었다.

책은 일본 현지의 정세를 적어 고국에 있는 임금에게 올린 적중봉소(賊中封疏),[25] 일본

23) 국립진주박물관, 『새롭게 다시 보는 임진왜란』(서울: 삼화출판사, 1999), 161~162쪽.
24) 국립진주박물관, 『임진왜란』(서울: 통천문화사, 1998), 148쪽.

의 관직, 지도, 장수들의 특징 등을 기록한 적중견문록(賊中見聞錄), 귀국 후 조정에 올린 예승정원계사(詣承政院啓辭), 일본에서의 생활을 기록한 섭란사적(涉亂事迹), 귀환할 때 현지에 남아 있는 포로들에게 준 격문(檄文)인 고부인격(告俘人檄)으로 구성되어 있다.

강항 사거 후에 그의 제자 윤순거가 1654년에 편집하여 1656년(효종 7)에 발간할 때 책의 제목을 '간양록(看羊錄)'으로 고쳤다.

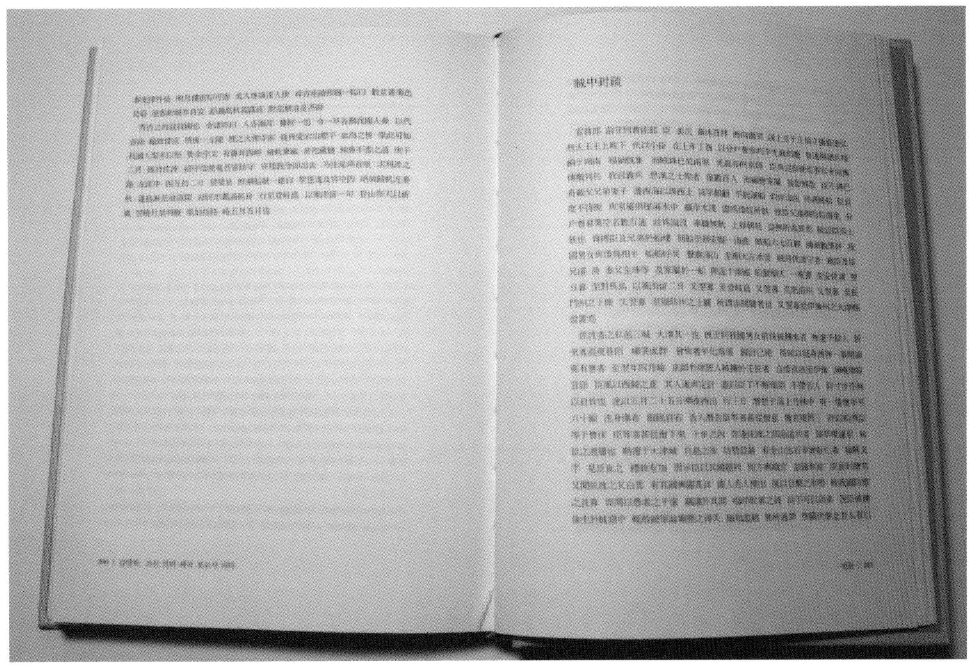

간양록(번역문)

25) 강항은 적중봉소를 세 본 작성했다. 하나는 1598년 이요에 있을 때 김석복을 통해 보낸 것이고, 하나는 1599년 후시미성에 있을 때 중국인 왕건공(王建功)을 통해 보낸 것이고, 다른 하나는 같은 것을 다시 써서 신정남을 통해 보낸 것이다. 이 중 선조 임금에게 전달된 것은 왕건공을 통해 보낸 것이다. 왕건공은 원본을 자신이 갖고 필사본은 다른 중국인을 통해 조선 조정에 보냈다. 이채연, 『임진왜란 포로 실기연구』(서울: 박이정출판사, 1995), 77~78쪽.

4. 전승 축제

○ 여수 거북선축제

여수 진남관 아래 이순신광장 일대에서 매년 거북선축제가 개최된다. 이순신 장군이 임진왜란 당시 큰 역할을 한 곳은 전라좌도 수군절도영(약칭: 전라좌수영) 본영이 있던 지금의 여수이고, 그때의 주력은 전라좌수영 함대였다. 전라좌수영이 본연의 기능과 역할을 해 준 덕분에 조선수군이 남해와 서해의 제해권을 장악할 수 있었다.

여수에서는 매년 5월 4일을 전후하여 축제 '진남제'를 개최해 왔다. 전라좌수영에 있던 이순신이 경상도 수군을 지원하기 위해 함대를 이끌고 첫 출정을 했던 1592년 5월 4일을 기념하는 행사이다.

이순신광장에서 열린 거북선축제 행사 중

수륙고혼천도대제 광경

2003년까지는 '진남제'라는 명칭을 사용했으나, 2004년에는 '진남제 · 거북선축제'라는 명칭을 사용했고, 2006년부터는 '여수 거북선축제'라고 변경된 명칭을 사용하고 있다.

1967년에 시작된 거북선축제는 가장 행렬인 통제영길놀이, 군대의 상징적 깃발인 둑에 지내는 둑제, 임진왜란 당시 수군들의 고혼 천도를 비는 수륙고혼천도대제 등의 행사를 개최한다. 수륙고혼천도대제는 해상에서 전몰한 조선, 명나라, 일본수군 모두의 넋을 기리는 제사이다.

거북선은 1592년 5월 29일 사천해전에 처음으로 출전한 이래 여러 해전에서 선봉 돌격선으로 출전하여 다수의 일본함선을 격파하고 판옥선과 함께 제해권을 장악하는 데 공헌한 전투선박이다. 거북선은 제작할 때 두꺼운 목재를 사용하여 선체를 견고하게 했고, 갑판 위에 철갑을 덮은 후 쇠못을 꽂아 적이 배 위로 올라갈 수 없게 함으로써 공격능력은 물론 선박 자체의 방호력을 향상시킨 함선이다.

거북선은 16개의 노와 2개의 돛을 겸용하여 항해했는데, 돛대는 세웠다 뉘었다 할 수 있게 되어 있었다. 함포 구멍은 모두 14개인데, 좌측과 우측의 현에 각각 6개가 있었고, 또한 선수의 용머리 부분과 선미의 거북꼬리 부분에 각각 1개씩 있었다.

○ 해남 명량대첩축제

1597년 7월 16일의 칠천량해전에서 삼도 수군통제사 원균이 지휘하는 조선수군을 궤멸시킨 일본수군은 여세를 몰아 2개월 후인 9월 16일 300여 척의 전함을 이끌고 명량해협으로 진입해 왔다.

전사한 원균에 이어 삼도 수군통제사에 재임명된 이순신은 열악한 환경 속에서 일본수군과의 일전을 기다리고 있었다. 칠천량해전에서 조선수군이 보유하고 있던 함선 대부분이 격파되거나 침몰되었기 때문에 조선수군이 보유한 함선은 13척에 불과했다. 그럼에도 이순신은 탁월한 전술전략으로 울돌목 명량해전에서 133척의 일본함선을 격파하는 승리를 거두었다.

울돌목은 해남군 문내면 학동과 진도군 녹진 사이의 좁은 해협을 말한다. 이곳의 가장 짧은 거리는 300여 미터이며, 가장 깊은 곳의 수심은 약 20미터이다. 이러한 지형적 요건으로 인해 이곳에는 급류가 흐르는데 특히 만조 시에는 시속 23킬로미터의 빠른 물살이 흐른다. 물살은 굴곡이 심한 암초 사이를 소용돌이치며 흐르는데 격류가 암초에 부딪혀

귀가 울릴 정도로 우레와 같은 소리를 내고, 이 소리가 마치 바다가 우는 것 같다고 하여 이곳을 명량(鳴梁)이라고 한다. 이러한 지형상의 특징과 이를 파악하고 있던 이순신의 전술이 어우러져 대규모의 일본함대를 격퇴할 수 있었다. 명량해전 승리로 조선 조정은 정유재란(1597~1598)의 전세를 역전시킬 수 있는 발판을 마련했다.

뜻깊은 명량해전을 기념하고 재현하는 축제가 2008년부터 매년 명량해협 울돌목 일원에서 개최되고 있다.[26] 축제에서는 울돌목 양안(兩岸)에 길이 420미터의 쇠줄을 연결해 적선을 격파, 침몰시키는 상황을 재현하기도 한다.

명량대첩축제. 조선수군을 향해 공격하는 일본수군(해남군청 사진 제공)

26) 해남군 화원반도와 진도군 사이에서 개최되는 이 축제는 전라남도와 해남군 · 진도군이 공동으로 주최하고 '명량대첩기념사업회'가 주관한다.

일본 함선을 향해 돌진하는 조선수군 함대
(사진 오른쪽 상단은 진도 녹진리 이충무공 승전공원의 이순신 장군 동상)

울돌목에서 접전을 벌이는 조선수군(안쪽)과 일본수군(바깥쪽)

(우수영 강강술래)

우수영 강강술래는 이순신이 조선의 병사들이 많다는 것을 일본군에게 보이기 위해 펼쳤던 일종의 의병전술로 마을 부녀자들을 남장시켜 옥매산(玉埋山)을 돌게 한 데서 기원한다.[27]

달밤에 손에 손을 잡고 원을 그리며 춤추던 놀이 강강술래는 임진왜란 이전부터 있어왔지만 이순신은 임진왜란 때 이를 의병술(疑兵術)로 활용했다.

조선수군이 울돌목 명량해전에서 일본수군과 해전을 벌일 때 일본전함은 350여 척이었으나 해협이 좁았기에 이 중 133척이 일선에 나와 전투에 임했고 나머지 함선들은 배후에서 대기하고 있었다.

반면 이순신이 이끄는 조선수군은 불과 13척이었다. 수적 불리를 절감한 이순신은 탐망선이나 보급선을 전함 판옥선 배후에 대기시키는 한편 아낙네들을 모아 군복을 입히고 수십 명씩 무리를 지어 산봉우리를 돌도록 했다. 먼 거리 바다에서 이를 바라본 일본수군은 수많은 조선 군사들이 산을 내려오는 것으로 오인하기도 했다. 아낙네들이 산봉우리를 돌면서 서로 손잡고 노래를 부르며 춤을 추었던 것이 바로 우수영의 강강술래이다.[28] 이순신이 의병술을 이용하여 심리전을 전개하고 일본수군을 물리친 이후 강강술래는 전국에 널리 전파되기 시작했다.

우수영 강강술래(해남군청 사진 제공)

우수영 강강술래

27) 해남 우수영관광지에는 강강술래 전수관과 2009년 9월 30일 강강술래가 세계문화유산으로 등재된 것을 기념하는 '강강술래 기념비'가 있다. 옥매산은 해남군 문내면과 황산면의 경계에 있는 해발 174미터의 낮은 산이다. 울돌목에서 가까운 거리에 소재한다.

28) 나승만, 『강강술래를 찾아서: 사람들을 연결하는 문화코드』(서울: 보림, 2003), 42쪽.

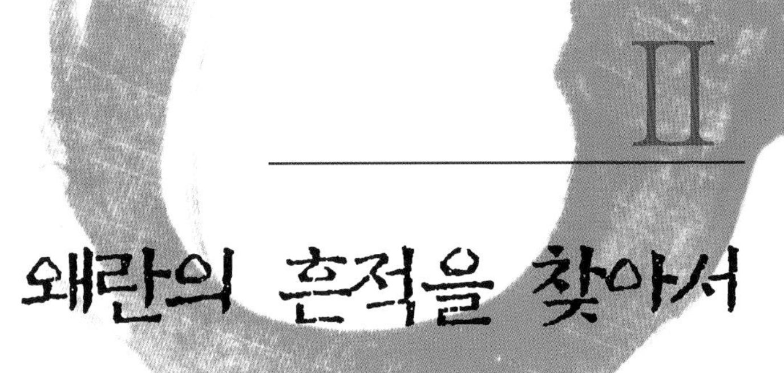

II 왜란의 흔적을 찾아서

1. 강진

강진 금강사

금강사(錦江祠)는 임진왜란 때 나라를 구한 충무공 이순신(1545~1598)과 그의 휘하에서 이순신을 도와 명량해전에서 승리를 거둔 전라우수사 김억추(金億秋, 1548~1618)의 충절을 기리기 위해 세운 사당이다. 이순신을 주향으로 모시고, 김억추를 배향했다.

1781년(정조 5)에 창건했으나 1868년(고종 5)에 서원 철폐령에 의해 철거되었다. 그 후 1901년(광무 5)에 제단을 설치하여 향사해 오다가 1946년 현재의 건물로 복원했다.

김억추는 1548년 11월 강진군 작천면 박산리에서 태어났다. 그는 1578년 31세 때 무과에 급제하여 훈련원 부장을 비롯한 여러 관직을 거쳤으며 순창현감 재임 당시 임진왜란이 발발했다. 때마침 선조 임금이 의주로 파천하면서 김억추의 용력을 믿고 순창에 있던 그를 서울로 불러올려 평안도 방어사에 임명하고 호종하게 했다.

그는 왕명을 받들어 어가를 호위하여 평양에 이르렀고, 대동강 도하(渡河) 때는 주사대장(舟師大將)에 임명되고 평양방어사로도 활약했다.

이때의 공로로 안주목사에 임명되었으나 허위보고를 행하고 군율을 어겼다는 대간(臺諫)의 탄핵을 받아 관직에서 물러났다. 그 후 주사장(舟師將)으로 대동강을 지키다가 여주목사가 되었으나 직무처리에 문제가 있다 하여 교체되었다. 1594년 만포진 첨절제사가 되었으나 사간원의 탄핵으로 다시 교체되었다. 이듬해에 만포진 첨절제사에 다시 임명되었으나 대간의 반대로 고령진 첨절제사를 맡게 되었다.[29)]

김억추는 정유재란 때 칠천량해전에서 전사한 이억기의 후임으로 전라우도 수군절도사(전라우수사)가 되어 이순신 장군의 명량해전을 승리로 이끄는 데 기여했다. 그 공로로 선조 임금으로부터 쇠로 만든 도끼를 하사받았다. 그 뒤 밀양부사를 거쳐 1608년 경상좌병사가 되었고 1611년에 제주목사에 임명되었다. 경상좌병사・충청병사・제주목사를 역임한 그는 선무원종공신 1등, 호성원종공신 1등에 올랐으며, 사후에 병조판서에 추증되고 '현무'의 시호를 받았다.[30]

정조 임금 때 사당 금강사를 세워 제사를 지내도록 했다. 사당은 앞면 3칸, 옆면 2칸 규모이며, 지붕은 팔작지붕으로 꾸몄다. 해마다 이순신의 탄생일인 4월 28일 청주 김씨의 후손들이 모여 이순신・이억추 두 분의 덕행과 충의를 기리는 제사를 지내고 있다.

금강사는 1986년 2월 17일 전라남도 기념물 제91호로 지정되었다.

금강사 삼문(三門)

금강사

29) 신종우의 인물사전

30) 김억추가 지은 '현무공 실기(顯武公實紀)'에는 명량해전 때 해남과 진도 양안(兩岸)에 쇠사슬을 설치하여 일본수군을 무찔렀다는 기록이 있다.

사당 입구의 이순신 동상(왼쪽)과 김억추 동상(오른쪽, 2004년 2월 건립)

○ 전라남도 강진군 강진읍 효자길 38-26

강진 양건당 충효정려각

양건당(兩蹇堂) 황대중(黃大中, 1551~1597)은 양정공 황사효(黃事孝)의 증손이며, 황윤정(黃允禎)의 둘째 아들로 태어났다. 그는 어릴 때부터 효성이 지극하여 효건(孝蹇)이라는 칭호를 얻었으며 성장해서는 참봉에 천거되었다.

임진왜란 때 장사로 뽑혀 전투에 참여했으며, 병사 황진(黃進, 1550~1593)을 따라 진주성 전투에 참가했다. 1593년 6월 제2차 진주성 전투 당시 성이 함락될 때 성을 빠져나온 그는 삼도 수군통제사 이순신 휘하에 들어가 활약했다. 이순신의 진중에서 활약하던 중 일본군의 총탄이 오른쪽 다리를 관통하여 다리 일부를 절개했다.

그는 1597년 8월 16일 병마절도사 이복남(李福男)과 더불어 남원읍성을 사수하다가 전사했다.

양건당 충효정려각은 황대중의 충효를 기리기 위해 1795년(정조 19)에 건립되었다. 1894년(고종 31)에 중수했고, 1907년에 중건했다.

정려각은 정면 1칸, 측면 1칸의 팔작지붕 건물이며 내부에 정려기(旌閭記), 양건 황공 정려 중수기(兩蹇黃公旌閭重修記) 현판 2매가 걸려 있다.

정려각 비문에는 젊어서 모친이 병을 앓고 있을 때 자신의 한쪽 허벅지 살을 잘라 약으로 다려 바쳐 병세를 회복시킨 후 한쪽 다리를 절게 되었는데 절룩거린다 하여 '효건'이라 불렸고, 임진왜란 때 일본군이 쏜 탄환이 다른 한쪽 다리를 관통하여 절개하니 양쪽 다리를 모두 절게 되었다. '건(蹇)'은 다리를 전다는 뜻이며, 양건(兩蹇)은 양쪽 다리를 모두 절룩거린다는 뜻이다.

양건당 황대중 충효 추모비 비문

효도도 어렵고 충성도 어렵거늘 하물며 충효를 쌍전함에는 얼마나 어려우랴. 우리 중조(中祖) 양건당 부군(府君)은 어려운 충효대도를 위하여 신명을 아낌없이 바쳤으니 참으로 민족 천재의 거울이요 자손 백세의 자랑이다. 부군의 휘는 대중이시오 자는 정숙(正淑)이시니 조야에서 이름 높으신 이조(李朝) 현상(賢相) 익성공 방촌 휘 희(喜)의 5대손이며 부위(副尉) 윤정(允禎)의 2남으로 명종 신해 단기 3884년에 백동 경저(栢洞京邸)에서 출생하시었다. 덕성에 학문을 겸하니 사림의 추앙이 높았다.

일즉 자당 진주 강씨께서 중병이 들어 백약이 무효이매 심히 근심한 나머지 자신의 고육(股肉)을 오려 약(藥)하여 바치시니 창천이 감동하여 친환(親患)은 치유되었으니 이로 인하여 좌편 다리를 절게 되니 세인은 이르되 효건(孝蹇)이라 칭하였다. 효명(孝名)이 주달되어 정릉 참봉으로 제수되었으나 노친을 봉양키 위하여 부임을 사양하였다.

임진년에 왜적이 침입하여 충분(忠憤)을 못 이기어 자진 출전하여 도처에서 수훈을 세웠으며 유명한 한산도전의 이충무공진에서 선두에서 지휘타가 적탄에 맞아 우편 다리를 절게 되니 세인은 이르되 충건(忠蹇)이라 칭하였다. 오호라 정유재란에는 불구의 몸으로 출전하여 포위당한 남원 고성(孤城)에서 적을 무찌르다가 중과부적으로 장렬하게 전사하니 때는 정유 8월 16일이니 향년 47세였다.

조정에서 통정대부 승정원 좌승지 겸 경연참찬관 춘추관 수찬관을 증하였다. 천고에 아름다운 양건의 당호는 세인이 부군의 충효를 감탄하는 애칭의 아호이다. 성산의 선영에는 사시에 향풍이 감돌고 구암(龜岩)의 고묘(古廟)에는 만년 창태가 아롱져있다. 우리들은 사백 성상 충효의 청전(靑氈)을 이어온 고가(古家)의 후예인지라 거룩한 조업을 각골명심하여 충효의 가성(家聲)을 천만대에 보전하리다.

단기 4307년 8월 일 13대손 의권 근배

충효문 입구

양건당 황대중 충효 추모비

양건려

황대중 지려

현판

(의마총)

황대중은 남원읍성에서 싸우다가 적탄에 맞았다. 달려온 전우 김완에게 칼을 주면서 그 칼을 가지고 적을 무찌르고 나의 시체는 거두어 나의 말에 실어주면 집으로 갈 것이라고 했다. 김완이 그대로 하니 말은 시신을 싣고 가족이 있는 구승리(龜昇里, 지금의 용상리)의 집으로 돌아왔다. 가족과 주민들은 그의 시신을 성묘산에 안장했는데 그의 나이 47세였다. 말은 그로부터 1년 후에 죽었는데 가족과 주민들이 이곳에 묻고 관리하고 있다. 2007년에 황대중의 후손들이 애마석상(愛馬石像)을 건립했다.

강진군 작천면 용상리 204-5에 자리하고 있는 의마총(義馬塚)은 2004년 11월 1일 향토문화유산 제20호로 지정되었다.

○ 전라남도 강진군 작천면 용상리 520 (구상마을)

강진 염걸 장군 묘소(사충 묘역)

의병장 염걸의 묘소는 두 동생과 아들의 묘와 같은 곳에 있다 하여 흔히 '사충 묘역'이라 부른다. 사충(四忠)은 의병을 일으켜 싸우다가 전사한 일가족 네 명을 일컫는데 퇴은당 염걸(廉傑)·정헌공 염서(廉瑞)·절재공 염경(廉慶) 3형제와 염걸의 아들인 염홍립(廉弘立)이 그들이다.

1545년 4월 강진군 칠량면 율변리에서 출생한 염걸은 어려서부터 글재주가 뛰어나고 힘이 장사였으며 성장하면서 말 타기와 활쏘기를 익혔다.

임진왜란이 일어나자 1592년 9월 의병을 일으켜 일본군을 무찌르는 데 공을 세웠다. 그는 강진 구십포(九十浦) 해안가에 사람의 형상을 한 허수아비 수백 개를 만들어 세우고 조선의 병사들이 많아 보이게 하는 의병전술을 구사했다. 또 후퇴하면서 적군을 정수사(淨水寺) 골짜기로 유인하여 기습 공격을 가했다.

염걸 장군 유적지 입구

염걸이 의병을 창의한 지점에 세운 파주 염씨 사충 순의비

사충의 묘(왼쪽부터 염홍립, 염걸, 염서, 염경의 묘)

염걸은 그 후 이순신 장군의 막하에 들어가 활약했으며, 부산 몰운대 전투에서 다시 공을 세웠다. 이순신은 염걸의 공로를 평가하는 보고서를 권율 장군에게 보냈고, 권율은 다시 조정에 보고하여 그가 수문장의 벼슬을 받도록 했다.

염걸은 1598년 거제도 해전에서 적탄을 맞고 전사했는데 이때의 해전에서 부자형제 4인이 모두 전사했다.

조정에서는 이들 네 명의 충신을 공신록에 기록하고 염걸에게는 병조판서, 동생인 염서와 염경에게는 병조참의와 승정원 동부승지, 아들 염홍립에게는 이조참의의 벼슬을 내렸다.

1981년 10월 27일 강진군 칠량면 단월리에 있는 '사충 묘역' 입구에 퇴은당공(退隱堂公) 염걸 신도비가 세워졌으며, 당시 창의지인 단월리 율변촌 앞 소나무 아래에 '사충 순의비'가 건립되었다. 현지에 가면 먼저 사충 순의비를 볼 수 있고, 순의비를 지나 직진하면 신도비를 볼 수 있으며, 신도비를 지나 언덕에 자리하고 있는 사충 묘역을 만나게 된다.

염걸 장군 묘소는 1978년 9월 22일 전라남도 기념물 제36호로 지정되었다.

○ 전라남도 강진군 칠량면 단월리 산 61 (율변촌)

강진 염걸 장군 임진왜란 전적지

1597년(선조 30) 봄 일본수군 함선 일부가 강진 구십포(옛 지명 구강포九江浦)를 향해 항진해 오자 염걸은 두 동생 염서와 염경, 그리고 아들 염홍립을 불러 놓고 국운이 불행하여 전란을 겪게 되었으니 마땅히 나라를 위해 목숨을 바칠 때라고 말한 후 인근의 용감한 장정들 300여 명을 불러 모았다.

염걸은 이들을 인솔하여 구십포 바닷가에 볏짚을 묶은 허수아비 수백 개를 세워 사람으로 위장했으며 이어 적의 함선들이 구십포에 진입하자 일전을 벌이다가 의병들을 후퇴시켰다. 일본군은 의병들을 추격해 왔고 정수사 골짜기에 매복해 있던 의병들은 집중 공격을 가하여 적군 다수를 사살했다. 염걸은 그 후 의병장에 임명되어 장흥 회령진, 순천왜성 전투에 참여했다.

구십포 해안의 전적지 안내문

구십포 해안

염걸 장군 임진왜란 전적지

이곳은 강진군 대구면 미포(彌浦)의 상구대미이며, 염걸(廉傑, 1545～1598) 장군이 임진왜란 때 300여 명의 의병을 일으켜 왜적과 싸운 전적지이다. 염걸 장군의 자는 국충(國忠), 호는 퇴은당(退隱堂)으로 어려서부터 남다른 효행과 뛰어난 학문으로 유명하였다. 기마와 궁술이 출중하였던 그는 1592년(선조 25) 임진왜란 때 조선에 쳐들어오는 왜적을 두 아우 서(瑞)와 경(慶), 외아들 홍립(弘立)과 함께 구십포(구강포)와 정수사 싸움에서 섬멸하였다.

특히 염걸 장군은 해안선을 따라 수백 개의 허수아비를 설치하여 조선 측의 병사가 훨씬 많아 보이게 하는 전술과 곳곳에 대나무 깔개를 설치하여 왜적이 쏜 화살을 다시 뽑아 사용하는 전술을 사용하여 적의 공격을 슬기롭게 막아냈다.

또한 염걸 장군은 왜적에게 후퇴하는 척 위장전술을 펼쳐 정수사로 가는 골짜기로 수천 명의 왜적을 유인 교란시켜 완전히 소탕하였다. 이 과정에서 아우 경이 순절하였다. 특히 칠량면 월송 앞 넓은 평야 일대에서 적들을 많이 사살하였는데, 여기에서 '신이 재앙을 내려 적들을 죽인 땅'이라는 뜻의 '앙급평(殃及坪)'이라는 지명이 유래하였다.

한편 이곳 해안선 주변 대구면 사당리 미산마을에는 사적 제68호인 대구면 도요지에 해당하는 미산 도요지가 다수 분포되어 있어, 고려시대 청자문화가 꽃피운 곳이었음을 알 수 있다. 또한 비록 규모는 크지 않지만 이곳 항구를 통해 강진에서 만들어진 고려청자들이 빈번하게 외부로 실려 나가 거래되었을 것으로 추정된다.

* 상구대미: 도자기(사기)가 무더기로 쌓여 있는 곳이라는 의미의 사투리 표현 '사그덤이'가 세월이 지나면서 점차 '상구대미'로 변한 것으로 추정되고 있다.

염걸은 1598년 정유재란 때 충무공과 함께 노량해전에서 싸웠으며 거제도까지 적을 추격하다가 54세를 일기로 전사했다. 이미 정수사 앞 전투에서 전사한 염경을 포함하여 거제도 해전에서 염걸·염서·염홍립이 모두 전사했다.

염걸의 승전 기록은 정수사와 고금면 승전비에 수록되어 있으며, 이들 네 명의 충신 부자형제의 묘소는 강진군 칠량면 단월리 산 61에 있다.[31)]

○ 전라남도 강진군 대구면 미산리 구십포 해안가

강진 염걸 장군 전승 기적비

정수사 주변 계곡은 임진왜란 당시 의병과 일본군 간에 격전이 벌어졌던 곳이다. 당시 전투에 참여했던 염걸 등 의병들의 충절을 기리기 위해 정수사 주지 스님이 2003년에 정수사 입구에 염걸 장군 전승 기적비(파주 염씨 임란사충 전적비)를 세웠다.

앞에서도 언급했지만 염걸(廉傑, 1545~1598)은 1592년 임진왜란 때 두 동생과 아들을 불러 나라의 위급을 구하는 길은 의병을 일으켜 왜적과 싸우는 길뿐이라고 역설하고, 각 고을에 격문을 보내 3백여 명의 의병을 모집했다.[32)] 그는 의병 창의부대를 편성한 후 구십포 해안에 상륙하는 일본군을 공격했으며, 후퇴하면서 적군을 정수사 앞 들판과 계곡으로 유인하여 적을 무찌르고 다량의 무기를 노획했다.

강진 등지의 바닷가 여러 고을 백성들은 염걸의 지략과 저항에 힘입어 오랜 기간 전화를 입지 않고 무사할 수 있었다. 충무공 이순신은 그의 공로를 장하게 여겨 1597년 4월 그를 의병장으로 임명했다.

염걸은 부산 몰운대 전투에서 일본수군을 격파했으며 1598년 노량해전 때 도주하는 적선을 쫓아가다가 거제도 앞바다에서 54세의 나이에 순절했다. 가족들은 그해 11월에 의대(衣襨)로 초혼하여 장사를 지냈다. 염걸은 1605년 4월 16일 선무원종공신 2등에 녹훈되었다.

---

31) 1983년 4월 28일 화순군 이양면 율리 유천사(柳川祠)에 묘정비를 세웠다. 1985년 3월 화순군청의 지원과 후손의 성금으로 사충각과 유천사 숭모문 사충문을 보수했으며, 충의당과 관리사를 개축하고 외삼문을 신축했다.

32) 파주 염씨 전자족보(http://www.pajuyom.kr/)

사당 충효사

염결 장군 전승 기적비

전승 기적비와 충효사(왼쪽)

(충효사)

정수사 입구에 '염결 장군 전승 기적비'와 사당 충효사가 자리하고 있다. 전승 기적비

뒤에 있는 충효사는 파주 염씨 문중에서 구십포와 강진 일원에 출몰한 일본군을 물리친 염걸, 염서, 염경, 염홍립 등 4인 부자형제 업적을 기리고 그 혼을 위로하기 위해 2003년에 건립했다.

○ 전라남도 강진군 대구면 정수사길 403

강진 정수사

강진 천태산 자락에 자리 잡고 있는 정수사는 통일신라 때인 800년(애장왕 1) 도선국사가 창건했다고 전해지는 사찰이다.[33] 사찰을 중심으로 양쪽에 계곡이 있어 창건 당시 쌍계사(雙溪寺)라고 이름 지었다. 그러나 중세에 이르러 원인 모를 화재로 사찰 건물이 소실되고 한동안 폐허 상태로 있던 것을 1579년 성운 스님이 중창했다. 그 후 이곳의 물이 유난히 맑고, 맑은 기운이 사찰에 깃들어 있다고 하여 1622년에 사찰의 이름을 정수사(淨水寺)로 개명했다.

정수사는 임진왜란 때 200여 명의 승병들이 상주하면서 일본군과 맞서 싸우고 기도했던 호국사찰이다.[34] 정수사 산문(山門) 밖은 임진왜란의 격전지이다. 일본군이 구십포에 상륙했을 때 염걸이 적군을 이곳 정수사 골짜기로 유인하여 섬멸한 전적지이자 나라를 위해 전투에 참가했던 의병·승병들을 수용했던 충절의 혼이 깃들어 있는 호국의 도량이다.

임진왜란 이후 퇴락의 길을 걷다가 6·25전쟁 때 다시 사찰의 상당 부분이 소실되었다. 큰 규모의 사찰이었으나 현재는 대부분 소실되고 대웅전, 요사채, 이름 없는 고려 도공들의 위패를 모신 도조사(陶祖祠), 응진당 등 소규모 건물만 남아 있다.

정수사는 고려시대 청자문화의 전성기에 청자를 굽던 도공들에게 심신의 피로를 풀어주고 선지식(禪知識)을 수백 년에 걸쳐 전해주던 공간이다. 도공들이 자주 찾아와 부처의 자비로움 속에서 정신 수양을 하고 마음을 닦아 깨끗한 마음으로 신비의 청자를 만들 수 있도록 기도를 올리던 정신적 귀의처였다. 강진군 대구면 고려청자 도요지에서 3킬로미터 정도의 가까운 거리에 정수사가 자리하고 있다.

정수사 대웅전과 석탑은 1985년 2월 25일 전라남도 유형문화재 제101호로 지정되었다.

---

33) 창건 연도가 도선국사의 생몰연대(827~898)와 맞지 않아 정확한 창건 연도는 알기 어렵다.

34) 대흥사 표충사의 서산대사유물관에 보관되어 있는 사령장(辭令狀) 가운데 한 장은 정수사에 전해 내려오다가 광복 후에 옮겨진 것이라고 한다.

정수사 대웅전과 석탑

사당 도조사

도조사

고려시대 청자를 굽던 옛 도공들의 위패를 모셨다.

도조사 앞의 혼불등.
고려청자 도공의 넋을 기리기 위한 등불이다.

○ 전라남도 강진군 대구면 정수사길 403

2. 고흥

고흥 무열사

진무성(陳武晟, 1566~1638)은 임진왜란 때 이순신 장군 휘하의 군관으로 해상전투에서 공을 세웠으며, 1627년 정묘호란 때도 전공을 세운 무관이다. 진무성을 추모하기 위해 1826년(순조 26) 고흥군 대서면 상남리에 사당 용강사(龍岡祠)가 건립되었다.

1868년(고종 5) 서원 철폐령에 의해 문을 닫았다. 1882년(고종 19) 후손들이 그의 고향인 동산마을로 사당을 옮겨지었으며, 진무성 장군의 영정을 안치한 후 사당의 명칭을 '무열사(武烈祠)'로 변경했다.

1941년과 1971년 두 차례에 걸쳐 중수했으며 경내에는 외삼문, 강당인 저존재(著存齋), 내삼문, 사우가 있고, 사당 뜰에 진무성 장군의 동상이 자리하고 있다. 매년 봄과 가을에 제사를 지내고 있다.

진무성은 왜란이 발발하자 자원 출전하여 옥포·적진포 등지의 해전에서 사도첨사 김완(金浣) 등과 함께 다수의 일본군을 사살했으며, 특히 당포해전 때는 일본함선에 뛰어들어 적군의 목을 베고 적선을 불태우는 등 용맹을 발휘했다.

1593년 6월 제2차 진주성 전투가 한창일 때 현장의 전황을 탐지하기 위해 단신으로 일본군의 눈을 피해 성중에 잠입한 일이 있었다. 이때 성중의 의병장 김천일 등을 만났으며 돌아오는 길에 일본군 여러 명을 참살하기도 했다.

무열사

진무성 장군 기적비

내삼문

재실

진무성 장군상

전란이 끝난 이듬해인 1599년(선조 32) 무과에 급제하고, 그 후에 왜란 때의 공로로 선무원종공신에 올랐으며, 1623년(인조 1)에는 경상도 도호부사에 임명되었다.

정묘호란이 있은 뒤에 그 공로가 인정되어 1627년(인조 5) 북방의 요지 구성부사(龜城府使)에 임명되어 복무했다. 1638년(인조 16) 고향으로 돌아왔으며 73세의 나이에 별세했다. 사후에 호조참판에 증직되었고, 1647년에는 호조참판 겸 오위도총부 도총관 직함이 추가로 내려졌다.

무열사에는 진무성 영정, 칠성검(七星劍), 일산(日傘) 그리고 1599년 무과에 급제했을 때 받은 교지 및 1614년·1633년·1647년에 각기 관직을 제수받았던 교지와 통문 등 79매의 고문서가 소장되어 있다.

무열사는 1981년 10월 20일 전라남도 기념물 제58호로 지정되었다.

진무송 장군 기적문

고흥의 두원면 신송리는 임진왜란의 명장으로 충무공과 함께 국난을 극복했던 진무송 장군의 숨결이 숨 쉬는 곳이다. 이곳은 장군의 태생지로 위국충절을 기리는 무열사에 위패와 함께 영정 및 유품들이 보관 전시되어 있다. 고흥지역은 여수와 함께 전라 수군 전략상 핵심이 되는 5관 5포가 배치된 지역으로 특히 임진왜란 중에는 걸출한 충절인물이 많이 배출되었는바 송계 진무송 장군은 그들 중에서도 용맹과 공적이 빼어났던 대표적 인물이셨다.

진무송 장군은 고려 초 호위 상장군으로 여양군(驪陽君)의 봉호를 받아 여양 진씨의 시조가 되시는 진총후(陳寵厚)의 후손이시다. 고흥의 여양 진씨는 장군의 증조인 진문(陳汶)이 용인서부터 이곳 신송리로 입향하여 터전을 마련하였는데 장군은 부사 진인해(陳仁海)와 담양 전씨 사이의 아들로 1566년 이곳 두원면 신송리에서 탄생하셨다. 장군은 어려서부터 기상과 위엄이 남달랐고 1592년 임진왜란이 일어나자 나라를 위한 큰 뜻을 갖고 충무공 이순신의 막하로 자원 출전하여 활약하였다. 당시 고흥 땅에는 장군과 의기가 투합하는 용맹한 인물들이 많았다. 사도만호 김완, 녹도만호 정운, 송희립 등은 바로 그러한 사람들이었고 이들과 함께 장군을 따라 전라좌수사였던 충무공의 막하에 들어가 옥포해전과 당포해전 웅포해전 등 주요 전투에 참전하였다. 장군은 적과의 접전에서 항시 선봉에 서서 적병들을 목 베고 적선을 불사르는 등 뛰어난 공을 세웠다.

충무공 이순신은 장계를 올려 승전사실을 고할 때 특별히 장군을 지목하여 공을 기록하였고 1593년 진주성 전투가 한창일 때는 현장의 정세를 염탐하기 위해 목숨을 아끼지 않고 성안에 잠입하는 용맹을 떨치기도 하였다. 7년여의 왜란이 끝난 후 장군은 왜란에서 세운 공으로 1600년 선무원종공신 1등에 훈록되는 영광을 얻었고 곧이어 1614년 충무위 부사용에 재임된 후 1622년 경흥도호부사 1627년 통제영 우후 구성도호부사 등 북쪽 방면의 군사 요직에 두루 임명되어 치적을 남겼다. 장군은 관직에서 은퇴한 후 향리에 돌아와 호를 송계(松溪)라 하고 향리의 자제들을 훈육하다가 73세를 일기로 세상을 떠났다.

사후 바로 호조참판에 추증되었고 1647년(인조 25)에는 호조판서 겸 오위도총부 도총관이 가증되었다. 장군 별세 후 그의 충절과 공덕이 인멸됨을 애석해하던 호남 열읍 유생과 영남유림들이 사우 건립을 발의하여 1826년 고흥군 대서면 상남리에 용강사를 건립하기에 이르렀다. 그러나 대원군의 서원 훼철령으로 일시에 훼철되었다가 1882년(고종 19) 후손들의 노력으로 현재의 위치에 사우를 복설하면서 명칭을 무열사라 개칭하고 장군의 영정을 봉안하게 되었다. (후략)

대한 광복 53년 서기 1997년 정축 3월

○ 전라남도 고흥군 두원면 서신길 53-12 (신송리)

고흥 발포만호성 충무사

발포만호성(鉢浦萬戶城)은 고흥군 도화면 발포리 성촌(城村)마을을 중심으로 전개되어 있는 성곽이다. 해안 방어를 위해 1490년(성종 21)에 쌓은 이 성곽의 현재 둘레는 560미터, 높이는 약 4미터이다. 4면에 성벽이 남아 있으나 동벽과 남벽은 민가의 담장으로 이용되고 있다. 성 안에는 동헌과 객사 등의 관아 건물터가 남아 있고, 배수로와 무기고의 터도 남아 있다. 또 동문, 서문, 남문, 망루 터도 확인되었으나 아직 복원에는 이르지 못하고 있다.

발포만호성은 1977년 10월 20일 전라남도 기념물 제27호로 지정되었다.

충무사 전경

발포 안내도
(① 충무사, ② 발포만호성 성벽, ③ 기념비, ④ 발포역사전시체험관, ⑤ 송씨 부인 동상, ⑥ 송씨 부인 사당)

충무사에서 바라본 발포항

기념비 '이충무공 머무신 곳'

발포만호성 성벽

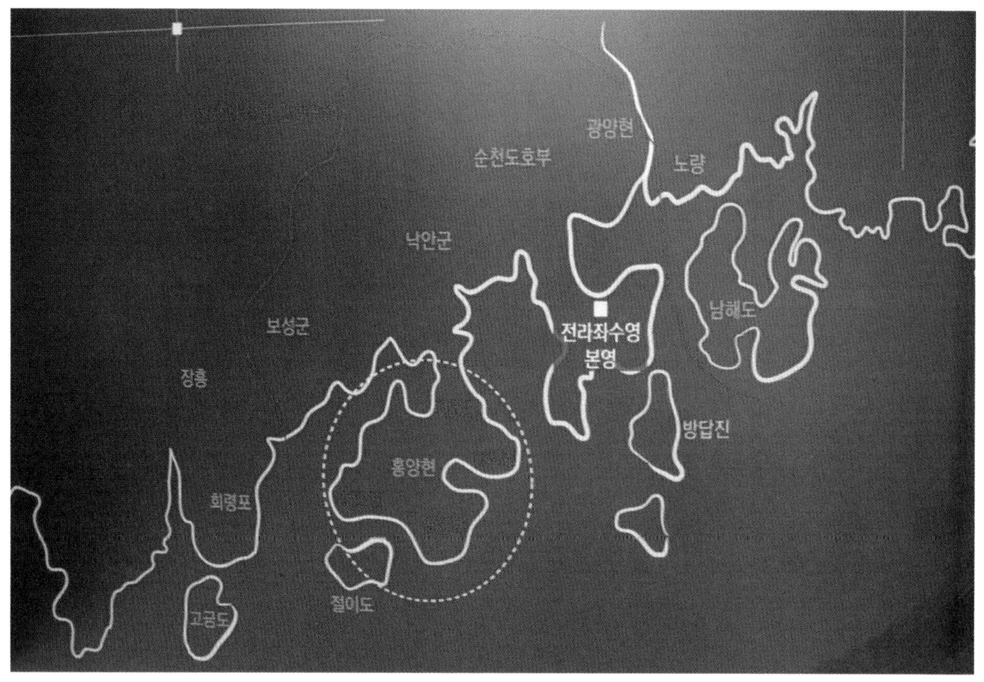

고흥(옛 흥양현) 4포(사도진, 여도진, 녹도진, 발포진)

성촌마을 입구에 있는 굴강을 지나면 바로 도로변 오른쪽에 있는 기념비 '이충무공 머무신 곳'을 보게 된다. 비석에 새겨진 글은 1955년 11월에 노산 이은상이 짓고 김홍현이 썼는데 내용은 다음과 같다.

이충무공 유적기념비
민족의 성웅 충무공이 일찍 발포만호가 되어 이곳에 와 계신 일이 있었으니 때는 저 임진란이 일어나기 십이 년 전이요 서른여섯 살 되시던 해 칠월이었다. 여기 그날에 겪으신 공의 사적을 대강 적건대 당시의 전라감사 손식(孫軾)이 남의 말을 듣고 공을 짐짓 벌하기 위하여 공에게 진짜는 법을 시험하다가 공의 엄격하고도 정밀함을 보고 도리어 뉘우치며 우대한 일이 있었던 것은 오히려 다행한 일이거니와 공은 언제나 정의를 지킴으로써 일신의 영달에는 해로움을 입었던 것이니 그때 전라좌수사 성박(成鎛)이 발포로 사람을 보내어 객사 뜰 안에 있는 오동나무를 베어가 거문고를 만들려 하므로 공은 거절하며 말하되 이것은 나라의 소유물이요 또 심은 지 오래된 나무이거늘 어찌 하루아침에 베어갈 수 있을 것이냐 하고 꾸짖어 돌려보냄으로 수사의 함원(含怨)을 산 일도 있었고 또다시 이용(李鄘)이 수사가 되었을 때에도 그에게 아첨하지 아니하여 무서운 모함에 빠질 뻔도 하였으며 다시 그 뒤 서른여덟 살 되시던 해 정월에 군기경치관 서익(徐益)이 와서 군대 무기를 검열하고 가 조정에 거짓 보고를 올림으로 말미암아 마침내 파직되어 이곳을 떠나셨으니 공은 이같이 여기 와 머무신 일 년 반 동안 괴로운 시련과 어려운 박해 속에서 젊은 시절의 한때를 보내셨으나 여기서 뜻을 기르고 힘을 닦아서 뒷날 임진란 칠년 국난에 민족과 역사를 주검에서 건지신 것을 생각해보면 발포 비록 남쪽 끝 외진 데라 할지라도 공의 오십사 년간 일생을 통하여 특히 깊은 인연을 맺은 곳이요 또 겨레의 잊지 못할 거룩한 지역이라 이에 노래를 읊어 기념하노니 바라보라 언덕마다 끼치신 발자취를 앞바다 우는 물결 호령소리 들리시네. 발포여 영광 있으라. 님 계시던 곳이니라. 단기 사천 이백 팔십 팔년 십일월 고흥군 교육회 세움.

(충무사)

충무사는 충무공 이순신을 기리는 사당이다. 이순신이 이곳에서 발포만호로 재임한 것을 기념하고 그의 애국충정을 기리기 위해 1976년에 '충무공 유적 고흥 보존위원회'가 구성되었다. 위원회는 유적지 복원사업에 나서 발포만호성의 남쪽 기슭, 성곽의 북벽 바깥에 인접한 경사지에 1976년부터 1980년까지 5년간에 걸쳐 충무사를 건립했다.

충청병사(忠淸兵使) 군관으로 재직하던 이순신은 36세 때인 1580년 7월 이곳에 발포만호로 부임하여 1582년(선조 15) 1월 모함을 받아 만호직에서 파면되기까지 18개월간 이곳에서 근무했다.[35)]

주요 시설로는 충무공 영정을 모신 사당과 내삼문, 외삼문이 있다. 매년 충무공 탄신일인 4월 28일에 충무공 탄신제를 거행하고 있다.

(굴강)

발포리 성촌마을로 들어가는 길목에 방파제가 있고 그 안쪽에 작은 규모의 굴강이 있다. 이곳 발포 굴강은 방파제, 군수물자를 싣고 내리던 선착장, 선박수리소 역할을 한 선소(船所)였다. 훼손되어 있던 굴강을 근년 마을주민들이 뜻을 모아 복원하여 옛 모습을 찾았다(방축대).

35) 만호(萬戶)란 조선시대 때 각 도의 여러 진(鎭)에 파견된 종 4품의 무관직을 말한다. 이순신은 1580년(선조 13) 7월 36세에 발포 수군만호가 되었다. 감사 손식(孫軾)이 벌을 주려고 발포에서 이순신을 불러 시험했으나 진서강독(陣書講讀)과 진도작성(陣圖作成)을 보고 "내가 그대를 진작 알아보지 못했다"고 경탄했으며 그 후에는 그를 높이 대접했다.

굴강

굴강

발포 굴강

발포만호성의 외곽시설물이며 이 성이 수군의 성이기 때문에 산성이나 읍성과 달리 방어 전면이 바다 쪽으로 향하고 있다. 이 성은 지형적으로 만(灣)이 조성된 지역으로 천연적인 방어력을 갖춘 지역이다. 이 성의 남동쪽 해안에 병선(兵船)을 정박시켜 유사시에 대비하는 정박 처인 굴강이 마련되어 있는데 지금도 굴강이 원래의 지형여건과는 다소 변화가 있으나 굴강 규모와 그 형태는 지니고 있다.

현존 굴강은 부정방형 형태로 동서 긴 변이 40미터, 서쪽 계단이 있는 남북 폭이 23미터이고 입구 유입구 쪽은 11미터 정도로 마치 평면 형태가 주머니와 같다. 원래 굴강 석축은 석축 경사를 완만하게 하여 축조한 것으로 보이며, 입구 쪽은 암반지대로 암반을 따냄으로 굳이 석축할 필요가 없었다고 보인다. 이러한 조건은 지금도 입구에 그대로 남아 있는 듯하다. 나머지 석축 구간은 규격이 20~30센터미터 내외의 깬 돌을 경사로 30~40도 정도로 완만하게 하여 높이 약 3미터 내외의 높이로 축조한 상태로 남아 있다.

조선조 후기에 그려진 발포지도에 의하면 이 굴강에는 거북선을 비롯하여 3척의 병선이 정박해 있었다. 또한 굴강 언덕에 선창(船倉)이라는 건물 1동이 있었음을 보여주고 있다. 이 선창은 굴강과 병선을 관리하는 건물이었다고 한다.

(전라좌수영 관할 5관 5포)

발포진성은 전라좌수영 산하의 5관(순천·낙안·보성·광양·고흥) 5포(사도·여도·녹도·발포·방답) 중 수군만호가 다스린 수군진성으로서 1490년(성종 21)에 축성되어 1894년(고종 31)에 폐지된 조선시대 초기의 성곽이다. 만호(萬戶)가 다스렸다하여 발포만호성이라고 부르기도 한다.

임진왜란 당시 남해안의 제해권을 장악하여 일본수군을 격파하고 국난을 극복하는 원동력이 된 전라좌수영의 관할하에 있던 군현은 순천부, 낙안군, 보성군, 흥양현, 광양현 등 5관(官)이었다. 해역을 방어하는 수군진은 사도진(蛇渡鎭), 방답진(防踏鎭), 여도진(呂島鎭), 녹도진(鹿島鎭), 발포진(鉢浦鎭) 등 5개의 진포(鎭浦)를 가리키는데 흔히 오포(五浦)라고 불렀다.

흥양현(현재의 고흥군)은 전라좌수영 5관 5포 중 1관 4포가 포진했던 군사요충지였다. 1관(흥양현)은 연해 육지의 행정구역이고, 4포는 전라좌수영 본영을 바다 쪽에서 지키는 사도진, 여도진, 발포진, 녹도진이다.[36)]

○ 전라남도 고흥군 도화면 발포리 968

고흥 쌍충사

쌍충사(雙忠祠)는 충렬공 이대원(李大源, 1566~1587)과 충장공 정운(鄭運, 1543~1592)의 충혼을 모시는 사당이다. 이대원은 1587년 녹도만호(鹿島萬戶)가 되어 남해안에 출몰하는 왜구를 물리쳤고, 다시 흥양(고흥)에 왜구가 침입하자 이에 맞서 싸우다가 손죽도 해상에서 순절했다.

정운은 1591년 녹도만호가 되어 1592년에 옥포·당포·한산해전에서 일본군과 싸웠으며 부산 몰운대 앞바다에서 순절했다. 이순신 장군의 요청으로 이대원을 모시고 있던 사당에 정운을 추가로 모시게 되었다. 녹도만호를 지낸 이대원과 정운 두 사람의 충신을 모시게 되면서 사당의 명칭을 쌍충사로 변경했다.[37)]

정유재란 때 소실된 것을 1681년(숙종 7)에 새로 지었으며, 2년 뒤인 1683년 조정으로부터 쌍충사 사액을 받았다. 1735년(영조 11)에 보수했고 1868년 흥선대원군의 서원철폐령에 의해 철거되었다가 1922년 고흥 유림에서 뜻을 모아 다시 지었다.

---

36) 변동명, '조선시기 흥양지역 1관 4포의 역사, 『임진왜란과 고흥』(2002), 49쪽. 사도진에는 종3품 첨사가 주둔했고, 여도진, 발포진, 녹도진에는 종4품 만호가 주둔하여 지휘했다.

37) (사) 녹도진쌍충사모충회 '쌍충제전' 자료

현재의 건물은 1942년 일본인들이 폐허로 만든 것을 1947년에 '녹도 쌍충사 복구 기성회'가 결성되어 사당을 중건했으며 1957년에 다시 고쳐 지었다. 경내에는 1947년에 중건된 사당과 1957년에 건립된 강당, 관리사 등의 건물이 있다.

건물 배치는 맨 위쪽에 앞면 2칸, 옆면 1칸 반의 사당이 있고 사당 아래 왼쪽에는 앞면 5칸, 옆면 3칸 규모의 팔작지붕 강당이 있다. 오른쪽 밑으로는 관리사를 배치하여 강당과 마주 보게 했다.

도양읍 봉암리 해안가 언덕 위에 자리하고 있는 쌍충사 앞에 서면 녹동 항구와 소록도를 바라볼 수 있다.

(이대원)

함평사람 이대원의 자는 호연(浩然)이다. 1583년 18세에 무과에 급제하고 1586년 21세의 젊은 나이에 선전관이 되었으며, 이어 1587년 녹도만호에 부임했다.

이대원은 왜구가 남해안에 출몰하자 즉시 출동하여 왜구의 우두머리를 포로로 잡았으며 그의 직속상관인 전라좌수사 심암(沈岩)에게 왜구와의 전투 경과를 보고했다(제1차 손죽도해전, 1587. 02. 10.).

한편에서 심암은 평소 이대원과 가까운 관계에 있던 한 여인에 대한 관심이 있던 차에 이대원이 세운 공로마저 탐이 나기도 하여 그를 불러 그 공을 자신에게 돌릴 것을 요구했다.[38] 이대원은 이를 거절했고 심암은 며칠 후 전열을 가다듬고 다시 공격해 온 수많은 왜구를 격퇴하라고 이대원에게 명을 내렸다.

이대원은 출정하기 전에 지원군을 보내준다는 악속을 믿고 기다렸으나 전투가 시작되어도 지원병은 오지 않았고, 수많은 왜구 선박에 둘러싸여 싸우던 그는 적의 포로가 되었다.[39] 왜구 수장은 그에게 항복할 것을 종용했으나 이대원은 거부했고 결국 그는 왜구 선박의 돛대에 묶인 채로 살해당했다(제2차 손죽도해전, 1587. 02. 17.).

38) 고흥군청, 『고흥의 흔적을 찾아서』(2010), 131쪽.

39) 고흥군청, 앞의 책.

이대원 절명시(絕命詩) -이대원이 제2차 해전 당시 지은 시-	
日暮轅門渡海來(일모원문도해래)	진중에 해 저무는데 바다 건너와
兵孤勢乏此生哀(병고세핍차생애)	병사는 외롭고 힘은 다하여 이 내 삶이 서글프다.
君親恩意俱無報(군친은의구무보)	임금과 어버이 은혜 모두 갚지 못하니
恨入愁雲結不開(한입수운결불개)	한 맺힌 저 구름도 흩어질 줄 모르네.

제2차 해전에 앞서 현지 관찰사의 장계로 심암과의 일을 알게 된 조정에서는 심암을 교체하고 후임에 이대원을 전라좌수사로 임명했으나, 때는 이미 이대원이 살해된 다음의 일이었다. 후에 이씨 문중과 이대원의 여인이 억울함을 글로 적어 조정에 상소했다. 조정에서는 이대원에게 병조참판의 벼슬과 '충렬'이라는 시호를 내렸다. 선조 임금은 손죽도에 사당을 지어 순절한 이대원 장군의 위패를 모시게 했는데 이것이 이대원 사당(李大源祠堂)이다.[40] 제사는 매년 음력 3월 3일에 모시고 있다.

쌍충사 연혁	
1587. 02. 17.	정해왜변 당시 녹도만호 이대원 손죽도해전에서 전사. 사당 녹도사에 배향
1592. 04. 13.	임진왜란 발발
1592. 09. 01.	정운, 부산포해전에서 전사. 이순신, 녹도진의 이대원 사당에 정운을 함께 배향할 수 있도록 선조 임금에게 장계를 올려 합향하게 함.
1597	정유재란 당시 녹도사 소실. 네 번 헐리고 다섯 번째 건립됨.
1683. 06.	숙종 임금 쌍충사 사액. 매년 양력 4월 30일 쌍충제전 거행
1735. 01.	영조 임금, 쌍충사 제수 하사

쌍충사 및 녹도진 성터 입구

사당 쌍충사

40) 이대원 사당은 2003년 5월 27일 전라남도 문화재자료 제239호로 지정되었으며, 여수 손죽도(삼산면 손죽리 1164)에 소재한다.

정운 영정

이대원 영정

쌍충 영정

쌍충사 묘정비

쌍충사에서 바라본 소록대교(사진 왼쪽은 소록도)

(정운)

정운(鄭運, 1543~1592)의 본관은 하동이며, 전라남도 영암(현재의 해남군 옥천면 대산리)에서 출생했다. 1570년(선조 3) 무과에 급제한 뒤 거산도찰방·웅천현감·제주판관 등을 역임했다. 평소 강직한 천성 탓에 재임 중 상관들과 알력이 있었고, 시기의 대상이 되기도 하여 관료 생활은 순탄하지 못했다. 그의 나이 49세 되던 1591년 유성룡의 천거로 녹도만호에 임명되었다.

녹도만호진은 왜구가 빈번하게 침입하는 길목에 위치하는 진이다. 그가 만호로 임명된 해가 임진왜란 발발 1년 전이었는데 정운은 부임과 동시에 군기와 병선을 철저히 점검하고 관리하기 시작했다.

1592년 2월 이순신은 휘하부대 순시에 나섰다. 이순신이 녹도진을 찾았을 때 정운은 녹도만호로 있었는데 전쟁대비에 만전을 기하고 있었다. 정운이 준비를 더욱 치밀하게 한 이유는 1587년 인근 해역에서 '손죽도해전'이 발생했기 때문이다. 손죽도사건 이후 조정은 해안지방 방어책을 마련하면서 용력을 인정받던 정운을 녹도만호로 임명했고 정운은 부임 직후부터 방어태세를 확실히 하여 당시 상관이었던 전라좌수사 이순신의 칭찬을 받았다.

1592년 5월 1일 임진왜란 발발 18일째인 이날 전라좌수영으로 수군 장수들이 모였다. 왜란 초기 경상우수사 원균은 일본군의 공격을 피해 사천 곤양 부근에 이르러 전라좌수사 이순신에게 원군을 요청했다. 다수의 전라좌수영 장수들은 경상도 해안으로 출동할 것을 주장했고, 전라좌수사 이순신은 전라우수사 이억기가 도착하기를 기다리고 있었다. 5월 3일 밤 장수 중 한 사람인 녹도만호 정운이 이순신을 면담하고 출전을 강하게 요청했다. 단독면담 직후 이순신은 동명이인의 중의장 이순신(李純信)을 불러 출전준비를 명했다.

충무공 이순신 장군이 경상도 출병을 결정하면서 정운은 이순신이 지휘하는 조선수군의 선봉장이 되어 옥포·적진포·당포·당항포·한산해전에 참가하여 분전했다.

8월 24일 전라좌수영군은 경상좌수영군과 연합함대를 이루어 일본수군이 진을 치고 있는 부산포를 공격하기로 했다. 9월 1일 이른 아침 부산포를 향해 가던 중 동풍이 갑자기 일어나고 파도가 넘어 들어 조선수군은 함대를 정비하여 화준구미에 당도했다.

인근 해역에서 일본전함 5척을 만나고, 다대포 앞바다에 이르러서는 8척, 서대포 앞바다에서는 9척, 절영도에서는 2척을 만나 모두 격파했다. 이어 부산포로 돌진했는데 일본함선 400여 척은 선창 동쪽의 산기슭에 줄지어 정박하고 있었다. 이때 우부장(右部將) 정운은 죽음을 무릅쓰고 분전했다. 다수의 적군을 사살하고 적선 100여 척을 격파하면서 군기를 노획하는 전과를 올렸다. 그러나 정운은 9월 1일 몰운대 앞바다에서 전투 도중 적탄에 맞아 전사했다. 그의 사후에 병조참판 직위와 충장(忠壯)이라는 시호가 내려졌다.

쌍충사는 1990년 2월 24일 전라남도 기념물 제128호로 지정되었다.

○ 전라남도 고흥군 도양읍 목넘가는길 34 (봉암리 2202)

고흥 서동사

재동서원 경내에는 사당 서동사, 사당 창효사, 동재, 서재, 유물관, 경효재, 양호문, 묘정비, 칠현신 사적비, 임란공신 추모비 등이 있다. 서동사에는 충신 11위, 창효사에는 효자 4위를 각각 모시고 있다.

서동사(西洞祠)는 여산 송씨 충강공 송간(宋侃, 1405~1480)을 주벽으로 송대립(宋大立, 1550~1598)·송심(宋諶, 1590~1637)·송순례(宋純禮, 1528~1597)·송희립(宋希立, 1553~1623)·송건(宋建, 1558~1592), 그리고 매월당 김시습(金時習, 1435~1493) 등 11위를 향사하고 있다.

1785년(정조 9) 송간·송대립·송심과 고흥 유씨 유탁(1311~1371)·영광 정씨 정연희(1566~1635)를 봉안하기 위해 두원면 운곡리에 '운곡사'라는 이름으로 창건했다.

6년 후인 1791년에는 건립 당시의 주역이던 정효목·신응택 등의 주선으로 여산 송씨, 고흥 류씨, 영광 정씨의 분사(分祠)가 합의되었다. 그로부터 5년 후인 1796년(정조 20)에는 3성씨를 분리하여 건물을 따로 마련했다.

운곡사 건립 당시의 주역인 정효목·신응택·송지행·송기수의 주재로 송간의 시호를 받기 위해 유거지인 동강면 마륜리 서재동에 단독 서원을 건립하여 '재동사'라고 칭했다. 1796년(정조 20) 서재 송간의 유거지인 동강면 마륜리 서대동에 운곡사 강당을 옮겨 세충사로 개칭하였다.

1801년(순조 1) 송순례·송희립·송건을 추가로 배향하면서 육충사(六忠祠)로, 1833년에 송상보·송득운·송석륭을 추가로 배향하면서 세충사(世忠祠)라고 했다. 그 후 태학관과 전국 유명 서원에서 매월당 김시습을 배향하라는 통문이 도착함에 따라 1846년(헌종 12)에 합설 봉안하고 '서동사'라고 칭했다.

1868년 전국 서원 훼철령이 내린 후 이곳에 물훼령(勿毁令)의 교지가 있었으나 이미 훼철된 후였다.

1956년 유림의 뜻을 모아 옛 터 건너편 대서면 화산리에 복설하고 송홍연 등을 추배하면서 충강사(忠剛祠)라고 했다가 1965년 유림의 발의로 재동서원(齋洞書院)이라고 고쳤다. 1982년 유림의 공론에 따라 김시습을 재차 배향하면서 서동사로 환원했다.

서동사는 1987년 9월 8일 전라남도 문화재자료 제155호로 지정되었다.

(창효사)

그동안 효와 열 신위(神位)를 합사해 왔으나 효열(孝烈)을 분리하기로 결정한 송씨 문중에서는 1980년에 사당 창효사를 재동서원 경내에 건립하고 송석룡·송명규·송찬문·송정규 등 효자 4위를 배향했다.

재동서원

칠현신 사적비와 유물관

사당 서동사

서동사 입구

사당 창효사

경효재

유물관

재동서원 삼문 앞 임란공신(壬亂功臣) 추모비

송씨 가문의 전공자
충양공 송순례는 반호(潘胡)의 난을 평정하고 임진왜란 때 공을 세움. 창의장군 송대립은 정유재란 때 첨산에서 순절함. 판관 송건은 임진왜란 때 함창에서 순절함. 수사 송희립은 이충무공과 노량에서 승리를 거둠. 현감 송상보는 행주와 당포에서 공을 세움. 어영장 송홍연은 진주성전투와 이몽학의 난 때 공을 세움. 영장(營將) 송득운은 의주까지 어가를 호종했으며 운량(運糧)의 공이 있음. 증 참판 송진부는 용성에서 순절함. 증 승지 송심은 병자호란 때 철령에서 순절함.

○ 전라남도 고흥군 대서면 동서로 243-51

고흥 송씨 쌍충 일렬각

송씨 쌍충 일렬각은 임진왜란 때 일본군과 싸우다 전사한 송제(宋悌, 1547~1592)와 그의 부인 능성 구씨(綾城具氏)의 자결 열행을 표창하고, 병자호란 때 순절한 송제의 조카 송덕일의 충렬을 기리기 위해 1797년(정조 21) 후손 송계필의 상소에 의해 건립된 정려각이다. 1920년에 1차로 중수했으며, 1979년 2차로 보수공사를 하여 오늘에 이르고 있다.

(송제)

송제는 고흥군 대서면 화산리에서 출생했다. 1593년(선조 26) 강진군수로 재직할 당시 충청지역으로 격문을 보내 병사 200명을 인솔하고 절도사 황진의 막하로 들어가 성주전투(1593. 01. 15)에서 일본군과 싸웠다.

송제는 일본군의 기세로 미루어 볼 때 그들은 반드시 진주성에 침공할 것이라고 예측하고 여러 창의사에게 건의하여 복수장 고종후, 해미현감 정명세와 함께 진주성에 입성했다. 그는 진주성전투 마지막 날인 1593년 6월 29일 중과부적으로 성이 함락될 때 일본군과 싸우다가 목숨을 잃었다.

정조 임금 때 그에게 호조참의를 추증하고 '쌍충일렬지려(雙忠一烈之閭)' 편액을 단 정문을 건립했다.

송씨 쌍충 일렬각

송제 지려

능성 구씨 지려

(송덕일)

송덕일(宋德馹, 1566~1616)은 내금장 송인(宋仁)의 아들이며, 송제의 조카이다. 무예에 뛰어났던 그는 1585년(선조 18) 무과에 급제했다.

임진왜란 때 훈련원 첨정으로 임금을 의주로 호종했으며 선조 임금으로부터 호위장군의 칭호와 함께 은대(銀帶, 은으로 새긴 장식을 가장자리에 붙인 띠)를 하사받았다. 1597년 정유재란 때 진도군수에 임명되자마자 이순신의 막하로 달려갔으며 명량해전에서 승리를 거두는 데 일조했다.

그 후 북방을 지키게 되었는데 부녕부사 재임 중에 여진족의 침입을 받자 정병 7백 명을 이끌고 이를 격파했다. 그 공로로 경상좌도 병마절도사에 올랐으나 부임 전에 여진족 잔당 고면을의 야습을 받아 전사했다. 조정에서는 그에게 병조판서의 직위를 내렸다.

송씨 쌍충 일렬각은 1985년 2월 25일 전라남도 기념물 제74호로 지정되었다.

○ 전라남도 고흥군 대서면 서호1길 9 (화산리 507-1)

고흥 송씨 쌍충정려

마륜리 마서마을에 소재하는 송씨쌍충정려(宋氏雙忠旌閭)는 임진왜란 때 순절한 송대립과 그의 아들 송심의 충절을 기리기 위해 1644년(인조 22)에 명정을 받아 건립한 정려이다.

현재의 건물은 1915년에 중수한 것으로 정면 3칸, 측면 2칸의 팔작지붕이다. 내부에는 1644년(인조 22)에 내려진 명정 판액 2매와 1915년에 기우만이 쓴 중수기가 걸려 있다. 송씨 쌍충 정려는 1987년 6월 1일 전라남도 기념물 제110호로 지정되었다.

(송대립)

송대립(宋大立, 1550~1597)은 여산 송씨 고흥 입향조인 송간(宋侃)의 6세손으로 1550년 고흥군 동강면 마륜리에서 송관(宋寬)의 아들로 태어났다. 1594년 임진왜란 중에 무과에 급제하여 당시 지도만호로 있던 아우 송희립과 함께 이순신의 막하에서 활약했다.

정유재란 때는 권율 장군의 명을 받아 의병을 모집하여 여러 전투에서 공을 세웠으며 고향인 흥양(지금의 고흥군 동강면)에서 일본군과 싸우다가 전사했다.

형제로는 동생 송희립과 송정립이 있는데 이들 3형제는 모두 임진왜란 때 의병으로 활동했다.

정려 입구 표지석

송씨쌍충정려

송씨쌍충정려

충신 송공 부자 정려기

충신 훈련원정 송대립지려

충신 병마절제도위 송심 지려

(송심)

송대립의 아들 송심(宋諶, 1590~1637)은 1614년 무과에 합격했으나 연로한 어머니를 모시기 위해 벼슬을 하지 않다가 1623년(광해군 15) 인조반정 이후 천거되어 선전관 등 여러 벼슬을 역임했다.

1636년 병자호란 때 함경도 병마절도사 이항(李沆)의 휘하에서 척후장으로 활약했다. 인조 임금이 청나라에 항복하여 조선과 청나라 간에 화의가 성립되었지만 일부 후금군(後金軍)이 횡포를 부리며 철수할 때 그들을 추격하다가 안변(安邊) 남산역(南山驛)에서 분전 끝에 전사했다.

조정에서는 이들 송대립・송심 부자의 충절정신을 기리기 위해 쌍충 정려로 포상하고 송대립에게는 병조참의, 송심에게는 좌승지의 직위를 내렸다.

○ 전라남도 고흥군 동강면 마륜마서길 49-6

고흥 신군안 의병장 유허(이충무공 친필 첩자)

신군안(申君安, 1544~1598)은 흥양(지금의 고흥)에서 현감을 지낸 신수재(申秀才)의 아들로 태어났다. 그는 무과에 급제하여 훈련원 첨정을 지낸 다음 정유재란 때 고향에서 의병을 일으켜 바다와 육지를 돌며 일본군과 싸우던 중 1597년 12월 삼도 수군통제사 이순신으로부터 의병장으로 선임되었다는 첩자를 받았다.[41]

41) 첩자는 고을의 수령이 민간인에게 주는 위임장이다. 이 경우는 의병장으로 임명한다는 위임장이다.

(이충무공 친필 첩자)

이충무공 친필첩자(李忠武公親筆帖子)는 임진왜란 당시 수군통제사 이순신이 전시 체제하의 긴급한 상황에서 왕명에 따른 직권으로 발행한 차첩문서이다.

차첩문서제도는 칠천량해전 패전 후 조선수군의 전력이 크게 약화된 1597년 말 연해지역 의병장들에게 공식적으로 그 지휘권을 부여함으로써 원활한 군사 활동을 뒷받침하기 위한 목적에서 시행되었다.

신군안이 받은 이 첩자는 이순신이 수군통제사로 재임하던 중 직접 써서 발급한 의병장 차첩으로서 현재까지 남아 있는 유일한 차첩문서이다.[42] 첩자의 주요 내용은 다음과 같다: ① 연해지역 각 관(官)과 현지 의병에 대한 지휘 통솔권이 삼도 수군통제사에게 주어졌다. ② 신군안이 보낸 의병활동 결과 보고에 대해 치하한다. ③ (신군안을) 의병장으로 임명하니 더욱 분발하여 싸우되 특히 군율을 엄격히 지키도록 하라. ④ 1597년 12월 (목포) 고하도에서 흥양의 부호군(副護軍) 신군안에게 차첩한다.

신군안 의병장 유허 전경

42) 고흥군청, 『고흥의 흔적을 찾아서』(고흥, 2010), 129쪽.

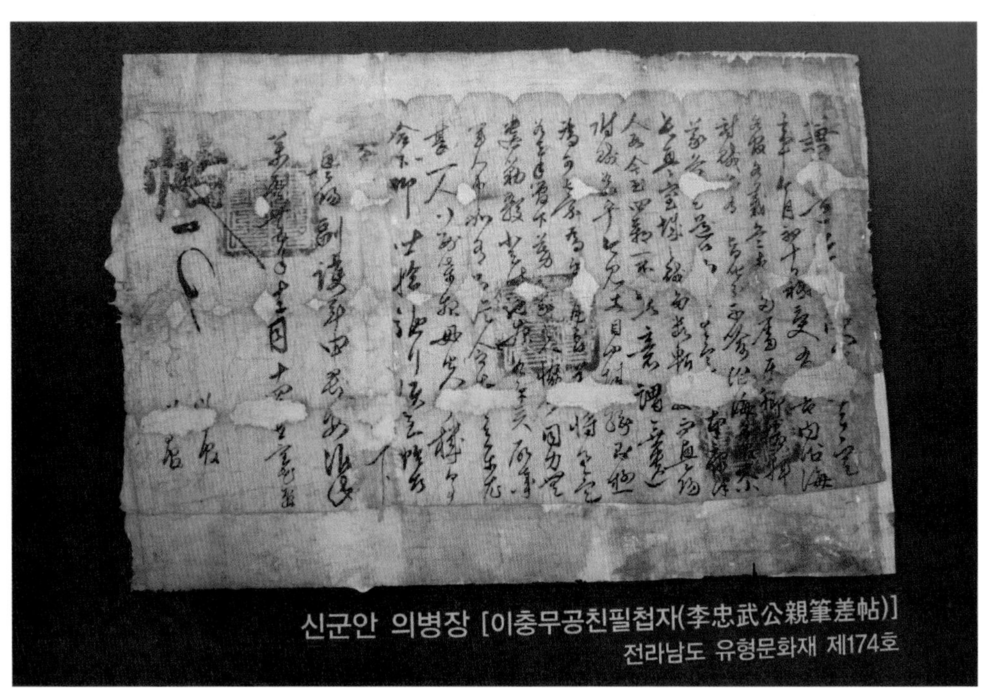

첩자 복사본

재실 명승재

사당 저존사(명승재 뒤)

재실 사당 입구 경화문

저존사 현판

신군안은 의병장 임명장을 받고 연해지역 7개 읍을 중심으로 의병활동을 계속하여 많은 전과를 올리던 중 1598년 진중에서 순절했다.

이충무공 친필첩자는 1990년 12월 5일 전라남도 유형문화재 제174호로 지정되었으며, 2004년부터 국립진주박물관에 위탁 보관되고 있다.

○ 전라남도 고흥군 두원면 두원로 1274-5 (대전마을)

고흥 신여량 장군 정려

임진왜란 때 순국한 봉헌(鳳軒) 신여량(申汝樑, 1564~1606) 장군의 충절을 기리기 위해 1753년(영조 29)에 명정을 받아 유허지에 정려를 건립했다.[43] 정려에 대한 1차 중수는 1838년(헌종 4)에 있었고, 1937년에 2차 중수가 있었는데 당시 중수상량문은 후손 신규환이 지었다.

1955년 최병심이 찬한 정려기가 정려각 내부에 걸려 있다. 현재의 정려는 1967년에 중수할 때 단청을 했으며 1989년에 도비 및 군비 지원을 받아 복원된 것이다. 정려 안에는 현판 3개가 걸려 있다.[44]

신여량은 고령 신씨 고흥 입향조인 신석(申碩)의 6세손으로 부친 신홍해(申弘海)와 모친 흥덕 장씨(興德張氏) 사이에서 장남으로 태어났다. 그는 15세 때 아버지를, 16세 때 어머니를 여의고 4년간 시묘를 살았다.

신여량은 1583년 과거에 급제했으며 그 후 선전관 등 여러 벼슬을 거쳤다. 1592년 임진왜란이 일어나자 동생들과 함께 선조 임금을 의주까지 호종했다. 그 후에는 전라우수사 이순신을 도와 사천·당포·당항포해전에 참가했고, 정유재란 때는 이순신의 선봉인 경상우도 수군우후(水軍虞候)로 고금도, 당포, 부산 근해 등 여러 곳의 해전에 참가하여 공을 세웠다. 그 뒤 권율 장군의 부장이 되어 행주산성전투에서 공을 세웠으며 통영에서는 이순신을 도와 철정(鐵釘)·화전(火箭) 등을 사용하여 적선을 격침시켰다.

1600년 7월 목포 해역의 잔적(殘賊) 토벌작전에서 수백 명의 일본군 무리를 소탕했으며, 1603년 목포 앞바다에 출몰한 일본군 잔적 토벌 시에는 지원군을 파견했다.[45]

전라우수사로 재임 중이던 1606년 약탈행위를 계속하는 일본군 잔적을 섬멸하러 벽파진에 도착하여 작전을 하던 중 그해 3월 7일 잔적 무리의 야간 기습공격을 받아 전사했다.

1691년(숙종 17) 흥양 유림 신숙 등에 의해 정순상서(呈順上書)가 올려졌다.[46] 60여 년이 흐른 1753년(영조 29)에 병조판서 겸 전라우도 수군절도사, 전라우도 병마절도사에 증직되고 충신정려를 받기에 이르렀다. 이때 명정액(命旌額)과 함께 예관이 파견되어 치제했다.

43) 신여량의 사망 연도는 자료마다 다르다. 신여량 정려 중수기에는 1606년 3월 7일 벽파진에서 전사한 것으로 되어 있다.

44) 고흥군청 홈페이지

45) 목포주민들이 이에 감사하여 '구휼선정송덕비'를 세웠다.

46) 고흥군청 홈페이지

신여량 장군 정려 입구

신여량 장군 정려각

신여량지려

신여량은 1833년(순조 33) 나주 충장사와 금산대첩단에 신여정・신여극과 함께 배향되었다. 1982년에는 고흥군 남양면 탄포리 소재 충의사에도 배향되었다. 신여량 장군 정려는 1987년 6월 1일 전라남도 기념물 제111호로 지정되었다.[47] 고령 신씨 고흥군 종중에서 관리하고 있다.

신여량 장군 정려 중수기

마륜(馬輪)은 예부터 충절의 고장이라 여기 정연한 정려는 옛 임진왜란 때의 구국충절이신 자헌대부 병조판서 신여량 장군의 만고의 위훈을 밝혀 후세에 전승키 위한 충려(忠閭)이다. 공의 자 중임(重任) 호 봉헌(鳳軒) 계출(系出)은 고령이니 1564년 갑자에 승 호조판서 휘(諱) 홍해공(弘海公)과 홍덕 장씨 사이의 3남 중 장남으로 이 마을에 태생하시다. 총명 영특하여 10여 세에 경병학(經兵學)을 통달 터니 1583년 계미에 20세로 무과 급제하여 북경(北境) 수비에 적공(積功)하고 1592년 임진에 왜적의 내침으로 이 강산이 초토화되니 선조 왕께서 몽진함에 따라 대가를 호종하시고 이어 남해안의 왜적을 당포 노량 한산 등지에서 초대 귀선장(龜船長)으로서 이순신 장군과 더불어 대첩공(大捷功)을 세우신 후 1606년에 진도 벽파진에서 왜 잔적(倭殘賊)을 소탕 중 동년 3월 7일에 진중 순국하시니 애석토다. 연부역강(年富力强) 43세를 일기로 한 많은 생을 마치시다.

현지 주민은 물론 상왕과 상하 조신(朝臣) 모두가 비통해 마지않았다. 그 찬혁한 전공은 선조(宣祖)로 하여금 누차의 상가(賞加)와 유교서(諭教書) 등이 내리고 호궤도(犒饋圖)와 승첩도 등이 하사되셨고 누진 관작 가선(嘉善)에서 자헌대부 병조판서에 추증되셨다.

1753년 영조 29년 4월에 명정 건립 견관(遣官) 치제 이래로 3차의 보수를 거쳐 1987년 6월 1일 지방문화재 제111호로 지정과 동시에 정부보조금과 자주(子姓) 헌성(獻誠)으로 1990년 4월 제4차 중수(重修) 단청을 마쳤기로 장군의 영령을 추도하는 뜻에서 그 훈공 약기와 헌성록을 부기하여 중수기를 새겨두어 공의 정충대절 길이 빛나리라.

단기 4323년 경오(庚午) 4월 23일

○ 전라남도 고흥군 동강면 마동안길 64-3 (마륜리)

47) 정려는 나라에 공을 많이 세운 사람이나 효자・열녀의 집 앞에 나라에서 세운 붉은 문이다.

고흥 황정록 부인 송씨 순절지

발포만호 황정록(黃廷祿)의 본관은 장수이며, 동래도호부사 황박(黃博)의 아들이다. 임진왜란 당시 황정록은 3년간 발포만호로 근무했다. 한산해전 때 그는 발포함대를 이끌고 나아가 한산해전에서 일본전함 1척을 불태우고 적군 수십 명을 사살했다. 그 후 안골포해전과 부산포해전에서도 공을 세웠다.

1597년 바다를 다시 건너오는 가토 기요마사를 공격하라는 조정의 명을 받들지 않았다는 죄목으로 이순신은 체포되어 서울로 압송되고 원균이 조선수군의 지휘권을 넘겨받았다. 그해 7월 발포함대를 이끌고 일본수군을 공격하기 위해 출동한 조선함대는 칠천량에서 일본수군함대의 기습을 받았다. 조선수군함대는 이때 거의 궤멸되었고 그 과정에서 황정록도 적탄에 맞아 전사했다.[48]

발포역사전시체험관

황정록의 부인 송씨 동상

48) 황정록의 출생 및 사망 연도는 통일되어 있지 않다. 그가 왜란 중 전사했다는 기록도 있고 왜란 종료 후에도 벼슬을 했다는 기록이 있다. 후자의 경우는 황정록이 칠천량해전에서 살아남아 관직에 머물렀던 것으로 볼 수 있다.

황정록의 부인 송씨 동상(발포역사전시체험관 옆)

발포만호성과 사당 충무사가 있는 도화면 발포리 바닷가에 건립된 발포역사전시체험관은 왜란 당시 지역의 수군과 의병들이 국난 극복을 위해 일본군을 물리친 역사를 공부할 수 있는 곳이다.

이곳 전시체험관 뒤의 언덕 위에는 황정록의 부인 송씨 동상이 세워져 있다. 부군의 전사 통지를 받아 든 송씨 부인은 비통한 마음에 갓난아이를 업고, 큰아이는 양팔에 껴안고 마을 동쪽에 있는 우암바위에서 바다에 투신, 순절했다.[49]

○ 전라남도 고흥군 도화면 충무사길 101-13 (발포리)

49) 표인주, '임진왜란과 1관 4포 유적의 구술 및 민족문화의 형성과 변화', 『임진왜란과 고흥』(2002), 206~207쪽.

3. 곡성

곡성 유월파 정열각

유월파 정열각(柳月坡旌烈閣)은 임진왜란 때 의병장으로 일본군과 싸우다가 전사한 유팽로(柳彭老, 1554~1592)의 충절과 남편의 시신을 거두고 자결한 부인 원주 김씨의 열행을 기리기 위해 1625년(인조 3)에 세운 정각이다.

유팽로는 1554년 2월 24일 옥과 합강마을에서 유경안(柳景顔)의 아들로 출생했다. 자는 군수(君壽), 호는 월파(月坡)이며 어려서부터 부모에 대한 효성이 지극했다.

유팽로는 1579년(선조 12)에 진사시에 합격하고 이어 1588년(선조 21)에 식년문과에 급제한 후 이듬 해 홍문관(弘文館) 부정자(副正字)에 임명되었다.

1592년 3월 성균관 학유로 박사(博士)에 제수되었으나 다음 달인 4월에 임진왜란이 일어나자 낙향하게 되었다.

그가 접촉했던 인물은 고경명·최경회·양대박·영규 대사 등이었다. 유팽로는 양대박·안영 등과 함께 피난민 500명과 노비 100여 명을 거느리고 전라남도 담양에서 고경명과 회동했다. 5월 29일 담양 추성관에서 고경명·양대박·유팽로 등이 창의기병했다.

유팽로는 고경명을 의병장으로 추대한 후 자신이 좌부장을 맡았으며, 이종사촌 형인 양대박은 우부장을 맡아 호남연합의병 결성에 큰 역할을 담당했다.

그는 고경명·양대박 등과 함께 의병부대를 이끌고 호남지역으로 침입하기 위해 금산에 집결해 있는 일본군과 접전을 벌이다가 전사했다.[49] 그의 나이 39세였다. 그가 제1차 금산성 전투(1592. 07. 09.)에서 전사한 후에 사간원 사간(司諫)의 직위와 승정원 좌승지의 직위가 내려졌다. 1601년 광주 포충사에 모셨으며 1604년에는 이곳에 정열각을 건립했다. 1626년에는 선조 임금이 정려기(旌閭記)를 하사하여 그의 뜻을 기렸다. 1647년에 금산 종용사에 모셔지고 1694년(숙종 20)에는 옥과 영귀서원에도 모셔졌다.

유월파 정열각은 1984년 2월 29일 전라남도 문화재자료 제25호로 지정되었다.

유월파 정열각

49) 유팽로 묘소는 전라북도 남원시 대강면 방동리 직동마을 앞산에 있다.

충신 유팽로정려

유팽로의 처 열부(烈婦) 숙부인(淑夫人) 김씨정려

2002년 건립된 사당 도산사(道山祠)

도산사 현판

도산사 왼쪽에 있는 유팽로 생가 터 표시와 단비(壇碑)

도산사 바로 밑에 있는 유월파 정열각

(열녀 정려문)

1623년(인조 1)에 의절(義絶)을 지킨 유팽로의 부인 원주 김씨에게 정려문이 내려졌다. 정려문은 합강 마을 뒷산 월파 단소(壇所) 옆 정열각 내에 유팽로 정려문과 나란히 걸려 있다.

의병창의. 1592년 4월 20일 유팽로는 낙향하는 길에 전라북도 순창군 대동산 아래 관아 앞에서 500여 명을 모아 거병했다.

의병을 옥과 합강마을로 데려와 마을 뒷산 옥출산 정상에서 군비를 비축하고 전쟁에 대비하여 훈련을 실시하는 유팽로

1592년 7월 9일 금산성 전투에서
선봉장이 되어 일본군과 싸우는 유팽로

1592년 7월 10일 금산성 전투에서 순절한 유팽로의 수급을 평소
타던 말 오려(烏驪)가 입에 물고 와 고향 주인집으로 향하는 모습

○ 전라남도 곡성군 옥과면 합강길 13-8 (합강리 48)

4. 광양

광양 도사리 섬진나루터

1597년 정유년 8월 3일, 일본군 일부는 섬진강 하구에서부터 물줄기를 타고 주변지역을 약탈하면서 섬진강을 거슬러 올라가기 시작했다. 이들이 상륙하여 내륙으로 진격하면서 주민들이 사는 마을에서는 살상, 약탈, 강간이 이어졌고, 이들을 뒤따르던 일본인 인신매매상은 무차별적으로 젊은 사람들을 포박하여 짐승처럼 끌고 다녔다.

일본군은 하동군 악양 나루터에 정박하고 있었다. 이 무렵 이순신은 진주 손경례의 집에서 수군통제사에 재임명되어 수군 재건을 위해 전라도 좌수영 방면으로 향하고 있었다.[51] 하동을 벗어나 구례로 가던 이순신은 일본수군이 나루터에 정박해 있는 것을 보고 곡성을 거쳐 순천으로 우회한 일이 있다.[52]

도사리 섬진나루는 한 때 조선수군이 강을 타고 들어오는 일본군 선박을 공격하기 위한 매복 작전을 수행했던 곳이다. 왜구·일본군의 진입로였던 섬진나루에 군사가 배치되기 시작한 것은 왜란이 종료된 후인 1602년경부터이다. 1705년에는 이곳에 정식으로 수군진(水軍陣)이 설치되어 수군 장교인 별장이 일정한 규모의 병력을 거느리고 주둔하기 시작했다.

---

51) 백의종군하던 이순신은 1597년 8월 3일 삼도 수군통제사 임명을 받은 시점을 전후하여 섬진강 하구에서 구례로 이어지는 물줄기와 남해안 해역을 살펴보았다. 이보다 훨씬 앞선 시기에 전라좌수사 이순신이 본영을 섬진강 하구 동쪽을 지키는 통영의 한산도로 옮긴 것도 바다에서 호남내륙으로 들어갈 수 있는 섬진강 수로를 지키기 위한 것이다. 당시로서는 복잡한 남해안이나 서해안을 돌아 내륙으로 가기보다는 섬진강 수로를 이용하는 것이 빠르고 효율적인 접근이었다.

52) 제장명, 『이순신 백의종군』(서울: 행복한 나무, 2011), 126쪽.

이곳 섬진진에는 1895년 진이 폐쇄되기까지 4척의 병선과 200~300명의 군사가 주둔하여 섬진나루를 경비했다. 그리고 선박세와 통행세를 비롯한 각종 세금을 인근 고을로부터 거두어들이는 조세행위를 병행하여 진 운영의 재정을 충당했다.

도사리 섬진나루터(왼쪽부터 수월정 유허비, 수월정, 석비 좌대, 섬진강 유래비)

섬진강 유래비

섬진진터 석비 좌대(두꺼비 석상)

수월정 유허비

수월정에서 바라본 섬진강

(섬진진터 석비 좌대)

섬진나루터에는 섬진진의 책임자인 수군 별장들의 공적비와 좌대로 쓰인 두꺼비 석상 4기가 남아 있다.

섬진진터 석비 좌대

섬진진터는 임진왜란 당시 전라좌수사 이순신이 군사를 매복 주둔시킨 곳으로 선조 36년(1603)에는 도청창(覩廳倉)이란 창고를 설치하고 민간인 지원병으로 구성된 모군(募軍)으로 지키게 하였다. 숙종 31년(1705)에는 진(鎭)으로 승격시켜 통영에 있던 삼도 수군통제영의 직할진이 되었다가 고종 32년(1895) 갑오개혁 때 폐쇄되었다.

예전에는 석비 좌대가 17개가 있었다고 하나 현재는 4기만이 남아 있는데 이곳이 섬진진이었던 점을 고려할 때 수군 별장의 공적비 좌대였을 것으로 추정된다.

좌대의 크기는 길이 173cm, 폭 105cm, 높이 72cm이며, 등에는 비신을 올려놓을 수 있도록 가로 44cm, 세로 15cm, 깊이 10cm의 홈이 파여져 있다. 석조 두꺼비상은 치아가 빠진 입모양, 간략한 발 모습, 독특한 머리모양으로 투박한 조선시대 조각 기법의 특징을 잘 보여주고 있다.

(수월정 · 수월정 유허비)

석비 좌대 왼쪽에 있는 것이 정자 수월정과 수월정 유허비이다. 수월정은 광양 출신으로 선조 임금 때인 1598년 나주목사를 지낸 정설(鄭渫)이 여생을 보내기 위해 세운 정자이다. 이곳의 자연풍경을 본 송강 정철은 수월정기(水月亭記)라는 가사를 지어 칭송했고, 수은 강항(姜沆)은 수월정 삼십영(水月亭 三十詠)이라는 시조를 지어 수월정과 섬진강 경치의 아름다움을 노래했다.

수월정 유허비는 1971년 정설의 후손들이 수월정이 이곳에 있었다는 것을 기념하기 위해 세운 것이고, 현재의 수월정은 1999년 광양시에서 옛터에 새로 지은 것이다.

(섬진강 두꺼비 전설)

광양시 다압면 도사리 섬진마을(일명 매화마을)에 위치한 섬진나루에는 '섬진강' 이름의 유래가 된 두꺼비 전설이 전해오고 있다. 1999년에 세운 섬진강 유래비에 그 전설이 소개되어 있다.

섬진강 유래비
본디 이 강의 이름은 모래내, 다사강(多沙江), 두치강(豆置江)이었던 것이 고려 말부터 섬진강(蟾津江)이라 부르게 되었다. 고려 우왕 11년(1385년)에 왜구가 강 하구에 침입했을 때 광양 땅 섬거(蟾居)에 살던 수십만 마리의 두꺼비가 이곳으로 떼 지어 몰려와 울부짖자 이에 놀란 왜구들이 피해갔다는 전설이 있다. 이때부터 두꺼비 섬(蟾)자를 붙여 섬진강으로 불렀다고 전한다. 예부터 주요 통행로인 섬진나루에는 1705년에 수군 진(水軍鎭)이 설치되어 1895년 진(鎭)이 폐쇄될 때까지 수백 명의 병사와 여러 척의 병선이 주둔하였다. 지금 이곳에는 당시 수군장교였던 별장의 기념비 좌대로 사용했던 돌 두꺼비 4기가 남아 있다.

○ 전라남도 광양시 다압면 도사리 135-1 섬진마을

광양 중흥산성·중흥사

광양시 옥룡면에 있는 중흥산성(中興山城)은 6개의 산봉우리를 아우르며 성안으로 계곡을 품고 있다. 계곡 능선을 따라 자연지형을 잘 이용하여 일정한 두께로 흙을 다져 쌓은 토성이다. 옥룡 하운마을에서 산길을 따라 오르다 보면 중흥산성 옛터를 볼 수 있다. 이곳은 백운산 중턱의 한재를 중심으로 구례·남원·하동·화개로 통하는 교통의 요충지였다.

외성은 길이가 4킬로미터 정도이며, 외성 안쪽에 240미터에 이르는 내성을 흙으로 쌓았다. 중흥사 입구 세심정에 남문, 옥룡면 추산리로 넘어가는 오솔길에 북문 터가 남아 있다.

중흥산성에 둘러싸여 있는 중흥사는 통일신라시대 말기에 창건된 사찰이다. 임진왜란 때 이곳 중흥사는 의병·승병의 훈련장으로 사용되었으며, 부근 일대에서는 의병·승병 연합군과 일본군 간에 전투가 벌어졌던 곳이다. 결국 사찰은 난중에 소실되어 폐사되었다. 그 후 작은 암자가 건립되어 유지되어 오던 중 1936년 중건했으나 다시 폐사되었다. 1963년 하태호에 의해 다시 중건되었다. 중흥산성은 1999년 12월 30일 전라남도 기념물 제178호로 지정되었다.

중흥사 대웅전

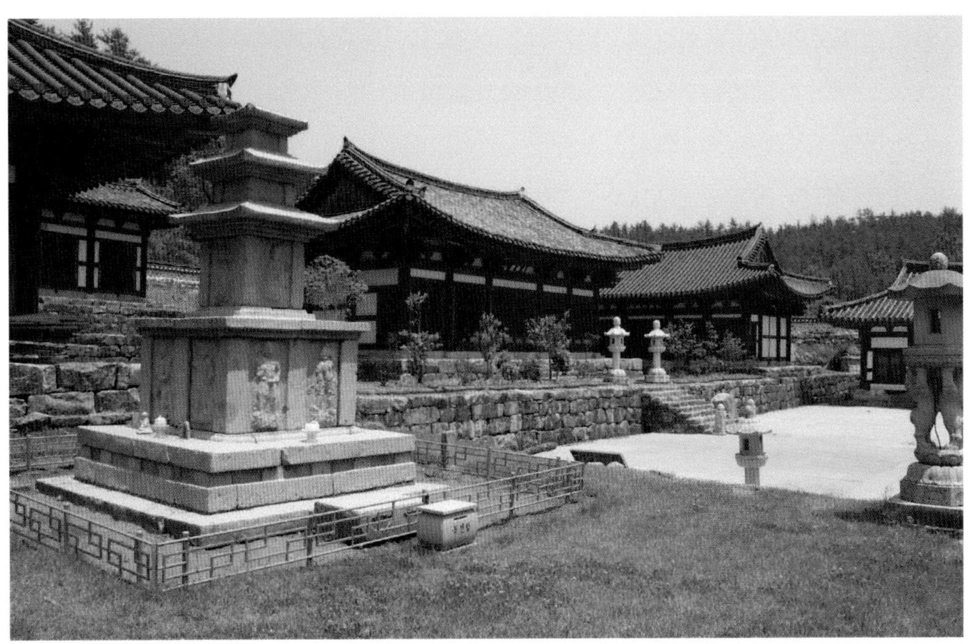

삼층 석탑(보물 제112호)과 대웅전

○ 전라남도 광양시 옥룡면 운평리 산 22

광양 형제 의병 유적지(쌍의사)

백운산을 끼고 있는 형제의병장마을 신룡리는 임진왜란 당시 의병을 일으켜 공을 세우고 전사한 강희보(姜希輔)·강희열(姜希悅) 형제가 출생한 마을이다.

강희보와 강희열은 1560년경에 광양시 봉강면 신촌마을에서 진주 강씨 강천상(姜天祥)의 아들로 태어났다. 1592년 임진왜란이 발발하자 형 강희보는 광양에서 100여 명의 의병을 모았으며, 단성(丹城, 지금의 경산남도 산청)으로 가 일본군과 싸우고 돌아왔다.

침공 초기에 위세를 떨치던 일본군은 경기도 행주산성 전투에서 권율 장군에게 패한 후 다소 위축되었고 명나라군과의 강화협상도 있고 하여 1593년 4월부터는 서울에서 철수하여 남하하기 시작했다. 10만 명에 달하는 일본군은 6월 하순 경상남도 진주로 진군하여 진주성을 포위하기 시작했는데 이는 1592년 10월 제1차 진주성 전투 때의 패배를 설욕하기 위함이다.

일본군이 진군해 오자 진주성을 지키던 조선군 병졸들은 흩어지기 시작했으나 의병장 김천일이 휘하 군사를 이끌고 의병과 합세하여 성곽 수비에 나섰다.

진주성이 고립무원의 지경에 이를 무렵 진주성의 위급한 상황을 전해들은 강희보 등 여러 의병부대는 의병을 이끌고 김천일 휘하로 들어갔다. 무과에 급제한 동생 강희열도 조방장(助防將)으로 당시 영남과 호남을 잇는 군사요충지인 구례 석주관을 지키던 중에 진주성의 위급한 상황을 듣고 바로 휘하 군사를 이끌고 진주로 가 수성군에 합류했다.

일본군이 6월 21일 진주성을 포위하면서 전투는 시작되었다. 진주성 사수에 나선 조선군·의병 병력은 1만 명이 안 되었으나 일본군은 10만 명에 달하는 대규모 병력이 참가했다. 9일간의 혈투 속에 조선군과 의병은 거의 전멸했고 일본군 또한 다수의 전사자가 발생했다. 6월 27일 강희보가 전사했고, 성이 함락되던 날인 6월 29일 강희열도 전사했다. 진주성을 점령한 일본군은 성을 폐허로 만든 후 철군했다.

쌍의사 입구

쌍의사 입구 분의문(奮義門)

사당 쌍의사

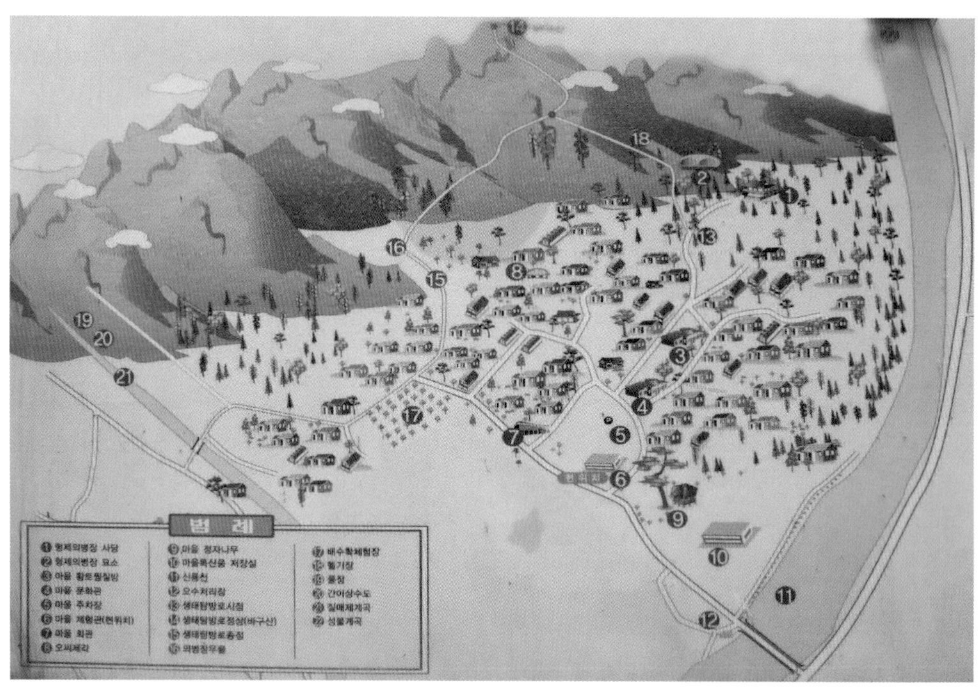

안내도(① 사당 쌍의사, ② 형제 의병장 묘역)

조정에서는 1607년(선조 40) 강희보 · 강희열 형제를 진주 창렬사에 배향했고, 1740년(영조 16)에 강희보에게는 호조좌랑(정6품), 강희열에게는 병조참의(정3품)를 각각 추증했다.[53]

1970년에 강씨 문중과 광양의 유지들이 '강희보 · 강희열 형제장군 숭모회'를 결성하여 이듬해에 사우 뒤편에 위치한 묘소와 묘비를 보수했다. 1988년에 사당 쌍의사(雙義祠)를 건립했으며, 1999년에는 사우를 중건하여 오늘에 이르고 있다.

○ 전라남도 광양시 봉강면 신촌길 28-18 (신룡리 461)

53) 경상남도 진주 창렬사(彰烈祠)에는 김시민 · 김천일 · 강희보 · 강희열 등 39위의 위패가 봉안되어 있다. 39인의 명단은 김현우, 『임진왜란의 흔적 1』(파주: 한국학술정보, 2012), 261쪽 참조

5. 광주

광주 고씨 삼강문

고씨 삼강문(高氏三綱門)은 임진왜란 때의 의병장 고경명 일가의 충절을 기리기 위해 세운 정문으로 1충(忠), 3효(孝), 2열(烈), 1절(節) 등 7인의 정려가 모셔져 있다.

1충은 고경명, 3효는 그의 장남 고종후, 차남 고인후, 손자 고부금(高傅金)이며, 2열은 그의 딸 영광 유생 노상룡(盧尙龍)의 처와 그의 질부인 고거후(高居厚)의 처 광산 정씨(光山鄭氏)이다. 두 열녀는 정유재란 때 일본군에게 붙잡히게 되자 자결하여 절개를 지켰다. 1절은 고경명의 동생 고경형(高敬兄)이다.

1595년에 고경명·고경형·고종후·고인후가 정려되었으며, 1597년에는 노상룡의 처 고씨, 1655년에는 고부금, 1844년에 고거후의 처 광산 정씨가 각각 정려되었다.

고씨 삼강문은 1844년에 세운 것으로 앞면 4칸, 옆면 1칸의 맞배지붕 건물이다. 문 옆에는 고씨 문중의 제각인 추원각(追遠閣)이 있다.

고씨 삼강문은 1985년 2월 25일 광주광역시 기념물 제12호로 지정되었다.

고씨 삼강문

고경명지려

고종후지려

고인후지려

(고경명)

고경명(高敬命, 1533~1592)은 본관은 장흥, 호는 제봉(霽峰), 시호는 충렬(忠烈)이다. 지금의 광주광역시 압촌동에서 대사간 고맹영(高孟英)의 아들로 태어난 그는 1588년(명종 13) 임금이 직접 성균관에 나와 실시한 식년문과 시험에 장원급제하여 성균관 전적으로 관직에 들어갔다.

호조좌랑, 사간원 정언(司諫院正言), 서산군수, 동래부사 등 여러 관직을 거쳤으며, 임진왜란 발발 1년 전인 1591년 동래부사 재직 당시 건저의사건(建儲議事件)이 발생하여 파직당하고 고향으로 돌아왔다. 건저의사건이란 좌의정으로 있던 정철이 선조 임금에게 둘째인 광해군을 세자로 삼으라고 주청을 올렸다가 임금의 노여움을 사 귀양을 가게 된 일을 말하는데 이때 고경명도 함께 실각했다.

고경명은 이듬해 임진왜란이 일어나자 60세의 고령으로 여러 곳에서 도망쳐 온 관군을 모으고 의병을 불러 모아 6천여 명의 의병을 이끌고 전선으로 향했다.

고경명 의병 모집문
지사들이여, 모두 일어나 의로운 칼을 들어 나라를 구하고 왕은(王恩)에 보답할지어다. 내 비록 몸은 늙었을지언정 말에 오르니 힘이 솟고, 분한 마음에 적개심은 불타 오른다. 선비 호걸들이여, 장성현 남문 의병청에 모이시라. 우리 모두 통분의 눈물을 뿌리며 죽음으로써 나아갈진대 반드시 대첩을 거두리라. 1592년 임진년 7월 20일 고경명

의병을 모아 선조 임금이 있는 평안도 의주를 향해 출발했으나 가는 도중 1592년 7월 9일 금산에서 마주친 일본군과 싸우다가 전사했다. 이때 고경명, 차남 고인후, 유팽로・안영이 모두 전사하고 장남 고종후만 살아남았다(제1차 금산성전투).

아버지와 아우, 동료들을 잃은 고종후는 다시 의병을 일으켜 1593년 6월 하순 진주성을 지키기 위해 싸웠으나 성이 함락되자 김천일과 함께 남강에 투신하여 자결했다.

고경명의 딸은 선비 노상룡(盧尙龍)의 아내가 되었는데 정유재란 때 일본군을 꾸짖고 굽히지 않다가 살해당했다. 이들을 기리기 위해 1601년 나라에서 사당을 세우고 '포충사'라고 사액했다.

(고인후)

의병장 고인후(高因厚, 1561~1592)는 고경명의 차남이다. 본관은 장흥, 호는 학봉, 시호는 의열이다. 1577년 진사가 되고, 1589년 증광문과에 병과로 급제해 학유에 이르렀다.

1592년 임진왜란 때 전라남도 광주에 있다가 아버지 고경명이 흩어진 군사를 수습할 때 도왔으며, 제1차 금산성전투에서 아버지와 함께 싸우다가 전사했다. 사후 예조참의에 추증되고 금산의 종용사에 배향되었다. 고인후 묘소는 담양군 창평면 유천리 고씨 종손집 근처에 모셔져 있다.

○ 광주광역시 남구 압촌길 66 (압촌동 산 14)

광주 동호사

동호사(東湖祠)는 1946년 지역 유림의 발의로 고려시대 말기의 공신인 심덕부(沈德符, 1328~1401)를 비롯하여 심징, 심선, 심풍, 심광헌, 등 5인의 충절을 추모하기 위해 세운 사우이다. 매년 2월 25일 제향을 올린다.

정안공 심덕부는 청화부원군 심용의 아들로 경상북도 안동에서 태어났다. 1375년(고려

우왕 1)에 예의판서로 강계도만호를 겸했다. 고려 말기 최무선이 제조한 화포를 사용해 진포(지금의 군산)에서 왜구를 격파하는 데 공을 세웠으며, 조선 개국공신으로 새 도읍 궁궐 조성도감의 판사가 되어 수도 건설에 주도적인 역할을 했다. 1399년 좌의정에 제수되었다.

인수부윤 심징은 세종 임금 때 가정대부(嘉靖大夫)로 인수부(동궁)의 사부를 역임했다.

망세정 심선은 가정대부, 경기도 관찰사, 황해도 관찰사를 역임했다.

묵헌 심풍은 1482년(성종 13)에 태어나 이조정랑에 올랐으나 기묘사화에 연루되어 전라남도 영암으로 유배되었으며, 유배지에서도 조광조를 유배형에 처한 것은 부당하다는 요지의 상소를 올렸으나 뜻을 이루지는 못했다.

삼암(三岩) 심광헌(沈光憲)은 심풍의 아들로 음서(蔭敍: 나라에 공을 세운 신하나 지위가 높은 관리의 자손을 과거를 치르지 아니하고 관리로 채용하던 일)로 주부(主簿)가 된 후 임진왜란 때 의병을 모집했으며 충무공 이순신 휘하로 들어가서는 해상전투에서 공을 세워 부사로 임명되었다. 그의 묘소는 경기도 연천군 미산면 아미리에 있다. 선무원종공신에 올랐다.

동호사

현판

동호사 삼문

만취 심원표의 학덕을 기리기 위해 지은 정자 만취정과 나란히 있는 동호사(오른쪽 끝 부분)

○ 광주광역시 광산구 본량본촌길 29

광주 양씨 삼강문

광산구 박호동에 소재하는 양씨 삼강문(梁氏三綱門)은 1593년 6월의 제2차 진주성 전투에서 순절한 충민공 양산숙(梁山璹)과 그 가족 6명 등 7인의 충·효·열·행을 기리기 위해 세운 정려문이다. 정면 5칸, 측면 1칸의 맞배지붕 건물이다. 정려는 선비 홍탁의 상소로 1635년(인조 13)에 건립되었다.

원래는 양산숙을 비롯하여 효자 2인, 열녀 2인, 절부 2인 등 모두 7인을 모셨으나, 회진 임씨 문중으로 출가한 양산룡의 딸 제주 양씨는 임씨 문중에서 따로 정려를 모시고 있어 현재는 6인의 정려를 모시고 있다.

삼강문은 이들이 생전에 살았던 박뫼마을 앞 도로변에 자리하고 있다. '양씨 삼강문' 현판은 1803년(순조 3) 이헌중이 썼다.

양씨 삼강문 전경

양씨 삼강문

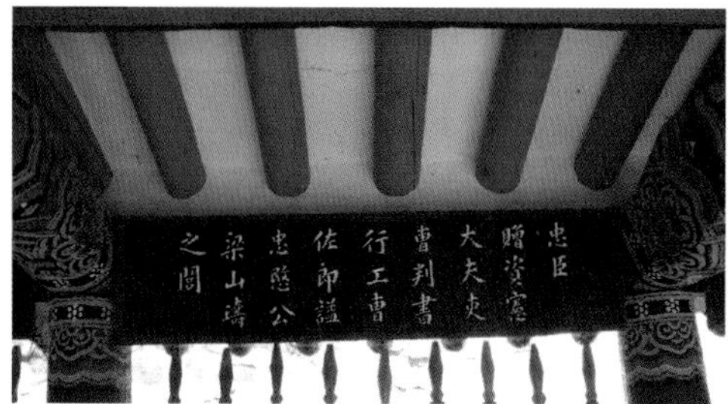

충신 양산숙의 정려

양산숙의 처 절부(節婦) 이씨 정려

양씨 삼강전

(양산숙)

양산숙은 1561년 이곳 박뫼마을(박산)에서 문신 양응정(梁應鼎)의 셋째 아들로 태어났다. 양응정은 나이 38세 때 과거에 장원급제하여 성균관 대사성과 홍문관 부제학을 지낸 학문이 깊고 문장이 뛰어났던 인물이다.

양산숙은 그의 나이 16세에 아버지가 의주목사로 부임함에 따라 그곳으로 따라갔다. 그 뒤 성혼(成渾)의 문하에서 학문을 닦았으며, 공부를 마친 뒤에는 반계(蟠溪)라는 곳에 정사(精舍)를 짓고 수양에 힘썼다.[54] 양산숙은 동서 분당 시 서인(西人)으로 조헌과 함께 이이·성혼을 지지했으며, 동인(東人) 이산해·유성룡을 배격하는 상소를 올리기도 했다.

그의 나이 31세 되던 1592년에 일본군이 침공해 오자 양산숙은 고향인 박뫼마을(지금의 광주광역시 광산구 박호동)로 와 형 양산룡, 동생 양산수와 함께 어머니 죽산 박씨 앞에서 저희 삼형제는 나라가 위태로운 이때 나라를 구하기 위해 목숨을 바치기로 뜻을 모았다고 말씀드렸다. 모친의 허락을 받은 후 양산숙은 나주에 있는 전 부사(府使) 김천일을 찾아갔다. 그의 집에는 송제민(宋齊民)·이광주(李光宙)·서연후(徐延厚) 등이 김천일의 거병 소식을 듣고 모여들었다.

양산숙은 김천일을 의병장으로 하여 의병 모집을 하자고 제의했고 자리에 있던 모두가 찬동했다. 각각 흩어져 고을마다 격문(檄文)을 뿌리고 장정과 군량을 모으니 10여 일 만에 장정 수백 명과 많은 양의 군량을 모을 수 있었다.

이보다 앞선 상주 북천전투(1592. 04. 25.)에서 이일(李鎰)이 이끄는 관군이 패하고 사흘 후인 4월 28일의 충주 탄금대전투에서는 신립(申砬)이 지휘하는 관군마저 패하고 신립 본인은 전사했다. 신뢰했던 장수들이 연이어 패하자 선조 임금은 도읍 서울을 떠나 북쪽으로 파천 길에 올랐다.

이 소식을 접한 양산숙은 분개하여 모집한 의병을 근왕병(勤王兵)이라 칭하고 강도 높은 훈련을 실시했다. 이 무렵 전라감사 이광(李洸)이 군사를 거느리고 금강(錦江)부근까지 진군했다가 서울이 이미 적군에 의해 점령되었다는 말을 듣고는 군대를 해산시켰다. 해산된 부대의 병사들은 뿔뿔이 헤어져 귀향했으며 일부는 의병군에 합세했다. 고경명도 두 아들과 함께 담양에 의병청을 설치하고 의병활동을 시작했다.

그해 7월 9일 제1차 금산성 전투에서 고경명 부자 등 수많은 의병이 순절했고 8월 18일

54) 정사(精舍)는 학문을 닦기 위해 지은 집을 말한다.

의 제2차 금산성 전투에서는 호서의병장 조헌이 이끄는 700여 명이 전멸당했다.

호남지역으로 밀고 내려오려는 일본군을 격퇴하며 그해 7월 경기도 수원 부근까지 올라간 김천일부대는 독성산성(禿城山城)에 진을 치고 싸웠다. 그 후 강화도로 진영을 옮겨 주둔하던 김천일은 양산숙에게 의병활동과 일본군의 동향에 관해 보고하는 밀서를 써주고 임금이 있는 의주 행재소로 보냈다. 상인으로 변장하고 길을 떠난 양산숙과 곽현은 고생 끝에 행재소가 있는 의주에 도착했다.

양산숙은 선조 임금에게 김천일이 의병을 일으켜 전라병사 최원(崔遠)과 함께 군사를 합하여 경기도 수원 및 강화도 방면으로 진격했으며, 고경명과 조헌도 의병을 일으켰고, 경상도에서는 김호(金虎), 정인홍(鄭仁弘), 박성(朴惺), 곽재우 등이 의병을 일으켜 적을 무찌르고 있다고 보고했다.

임금은 김천일을 판결사(判決事)로 올려 창의사(倡義使)라 칭하게 하고, 고경명을 초토사(招討使)로 칭하게 했다. 이때 양산숙은 '흥부(興復)'라는 일종의 국토회복계획안을 올렸는데 임금은 이를 보고 즉석에서 그에게 공조좌랑(정5품)에 임명하고 교지를 내렸다. 양산숙이 다시 돌아와 그 같은 임금의 뜻과 소식을 전했다.

일본군은 1593년 4월 중순부터 서울에서 철수하여 남하하기 시작했다. 서울을 빠져나간 적군은 경상도로 내려가 진주성 결전을 준비하고 있었다. 한편 조정으로부터 적을 추격해도 좋다는 명이 내리자 김천일은 진주성에 입성했다.

최경회 · 고종후 · 심우신 · 장윤 · 강희보 · 황진 등이 모여들었다. 당시 명나라 장수들은 대구, 상주, 남원 등지에 주둔하고 있었다. 김천일로부터 병력 지원 요청서를 받아든 양산숙은 6월 20일 대구에 있는 명나라군 총병(總兵, 사령관)을 찾아갔으나 거절당했다.

양산숙이 돌아온 다음날부터 전투는 본격적으로 시작되었다. 지원군이 없는 상황에서 성곽 안의 병사들은 결사 항전을 외치며 성을 포위한 일본의 10만 대군과 9일 동안 격전을 치렀다. 명나라군은 제2차 진주성 전투에는 단 한 사람의 병력도 지원하지 않았다.

6월 29일 장대 빗속에 동문의 석벽이 무너지자 일본군은 물밀듯이 성벽을 넘어 들어왔다. 최경회 · 김천일 등 장수들은 남쪽 촉석루로 몰렸고 마지막 순간에 김천일은 아들 김상건을 품에 안고 남강 물에 뛰어들었다.

그에 앞서 김천일은 양산숙에게 일단 자리를 피했다가 다시 거사를 도모하여 이 원수를 갚아달라고 했으나 양산숙은 단호히 고개를 내저은 후 김천일, 최경회 등과 같이 물속에 뛰어들어 그의 나이 32세에 순절했다. 뒤에 나라에서 양산숙에게 좌승지의 직위를 내리고 정려를 명했다.

(양산룡 · 양산수)

효자로 모셔진 양산룡(梁山龍)과 양산수(梁山岫)는 양산숙의 형제들이다. 양산숙이 김천일을 도와 의병에 가담하여 강화도(江華島)에 머무르고 있을 때, 호남 지방에서 재물과 곡식을 모아 1만여 명의 병사가 먹을 수 있는 군량을 조달하는 일에 앞장섰다.

이들은 정유재란 때는 일본군이 접근해오자 가족들을 피난시키기 위해 나주 삼양포(三洋浦)에서 뱃길로 떠나려고 했는데 삼양포에서 일본군에게 쫓기는 어머니를 구하려다 순절했다.

양산숙의 어머니 죽산 박씨(竹山朴氏)는 일본군과 조우한 후 도망가다가 바다에 투신했으며, 그의 부인 광산 이씨(光山李氏)는 일본군에 항거하다가 자결했다. 김광운에게 출가한 누이 제주 양씨(濟州梁氏) 역시 일본군을 만나자 바다에 몸을 던져 자결했다. 양산숙의 어머니를 비롯한 가족들이 바닷물에 몸을 던져 지조와 정조를 지켰다.

양씨 삼강문은 1985년 2월 25일 광주광역시 기념물 제11호로 지정되었다.

이름	정려	비고
양산숙	충신	양팽손의 손자, 양응정(梁應鼎)의 아들. 1593년 6월 29일 제2차 진주성 전투 당시 순절
양산룡	효자	양산숙의 형. 군량미를 모아 의병활동을 지원. 정유재란 때 피난하다가 나주 삼양포에서 일본군을 만나 어머니 죽산 박씨와 함께 바다에 투신, 순절
양산수	효자	삼양포에서 형 양산룡과 어머니 죽산 박씨를 구하려다 함께 바다에 투신, 순절
죽산 박씨	절부	부제학(副提學) 양응정의 처이자 양산숙의 어머니. 삼양포에서 일본군과 조우하자 아들, 딸과 함께 순절
광산 이씨	절부	양산숙의 처. 정유재란 때 무안 승달산에서 일본군을 만나 도피하던 중 자결
김광운의 처 제주 양씨	열녀	양응정의 딸, 양산숙의 누이. 정유재란 때 삼양포에서 일본군과 조우하자 투신, 자결
제주 양씨	열녀	양산룡의 딸. 나주 회진(會津)에서 일본군에게 잡혀 압송 중 영산강에 투신, 자결. 임씨 문중에서 정려를 세워 모심.

○ 광주광역시 광산구 박뫼안길 5 - 8 (박호동)

광주 충장사

충장사(忠壯祠)는 임진왜란 때 의병을 일으킨 충장공 김덕령의 충절을 기리기 위해 세운 사당이다.

경내에는 김덕령의 영정과 교지가 봉안되어 있는 사우 충장사, 동재와 서재, 은륜비각과 해설비, 유물관, 충용문, 익호문 등이 세워져 있다.

유물관에는 중요민속자료로 지정된 김덕령 장군 의복과 장군의 묘에서 출토된 관곽, 친필 등이 전시되어 있다. 사당 뒤쪽 언덕에는 김덕령의 묘와 묘비가 있으며 가족묘도 조성되어 있다. 사우와 묘역은 1975년 2월에 정비되었다.

(김덕령)

김덕령(金德齡, 1567~1596)은 지금의 광주광역시 북구 충효동(옛 이름 충효리) 석저촌(石低村)에서 김붕섭(金鵬燮)의 둘째 아들로 태어났다. 성장하면서 형 김덕홍(金德弘)과 함께 성혼(成渾)의 밑에서 공부했다.

임진왜란이 일어나자 형과 함께 의병을 일으켰으며, 고경명과 연합하여 전라도로 침입하는 일본군을 물리치기 위해 전주에 이르렀다가 어머니를 공양하라는 형의 권유에 따라 귀향했다.

김덕령은 1593년 모친 상중에 담양부사 이경린(李景麟), 장성현감 이귀(李貴) 등의 권유를 받고 담양에서 의병 5,000명을 규합했다. 이에 선조 임금은 그에게 형조좌랑의 직함과 함께 충용장(忠勇將)의 군호를 내렸다.

그의 지략과 용맹이 알려져 1594년 전라북도 전주에 내려와 있던 세자 광해군으로부터 익호장군(翼虎將軍)의 호를 받고, 이어 선조 임금으로부터 다시 초승장군(超乘將軍)의 군호를 받았다.

그 뒤 최담년(崔聃年)을 별장으로 삼아 전라북도 남원에 머물다가 경상남도 진주로 옮겼다. 이때 조정에서는 효율적인 작전 수행과 군량 조달문제 등을 감안하여 각지의 의병 조직을 통합하여 충용군(忠勇軍)에 소속시키는 조치를 내렸다. 이때 의병장이 된 김덕령은 곽재우와 함께 권율 장군 휘하에서 영남 서부지역 방어임무를 받았다.[55] 1594년에는 거제도 장문포에서 충무공 이순신과 함께 수륙합동작전을 전개했으나 일본군이 유인작전에 걸려들지 않아 성과를 거두지는 못했다. 1595년에는 경상남도 진해, 고성에 상륙하려는 일본군을 기습하여 격퇴시켰다.

1596년 도체찰사 윤근수(尹根壽)의 노속을 장살(杖殺)한 죄로 투옥되었으나 임금의 명으로 석방되었다.[56] 그해 7월 충청도 홍산(鴻山, 지금의 부여)을 중심으로 이몽학(李夢鶴)이 반란

55) 한국민족문화대백과사전

56) 곤장을 쳐서 사람을 죽게 만드는 일을 장살(杖殺)이라고 하는데 김덕령은 장살사건으로 인해 주변, 특히 막료와 병사들의 불만을 사게 되었다.

을 일으켰다. 김덕령은 권율의 명을 받아 의병을 모집하여 반란을 진압하기 위해 출병했으나 운봉(지금의 남원)에 이르렀을 때 이미 반란이 평정되었다는 소식을 듣고 진주로 돌아갔다.

그러나 그는 이몽학과 내통했다는 충청도 순찰사의 종사관 신경행(辛景行)과 반란군에 가담했던 한현(韓絢)에 의해 반란군의 무리로 지목되어 체포되었다. 서울로 압송되어 심문을 받던 그는 옥중에서 장독(杖毒)으로 인해 사망했다. 이 무렵은 명나라와 일본 간의 강화협상이 진전되고 있어서 전쟁은 소강상태였으나 김덕령이 사망한 후 의병들의 사기는 저하되었다.

김덕령은 1661년(현종 2)에 누명을 벗고 관작이 복원되었으며, 1668년 병조참의에 추증되었다. 1678년 광주의 벽진서원에 배향되었고 이듬해에는 숙종 임금이 벽진서원을 의열사(義烈祠)로 사액했다. 그에게는 1680년에 병조판서 직함이 더해졌다. 정조 임금은 1788년 그에게 의정부 좌찬성의 직함을 추증하고 '충장(忠壯)'이라는 시호를 내렸다.

영조 임금은 전라도 관찰사 이광덕이 올린 김덕령 사건 조사보고서를 읽고 김덕령의 억울함을 알았으며 의병장으로서의 충용을 표창하여 병조판서에 추증했다. 영조 임금 때 형 김덕홍(金德弘), 아우 김덕보(金德普)도 의열사에 함께 배향되었다.

그 후 흥선대원군의 서원철폐령에 의해 의열사는 철거되었다. 철거되었던 의열사는 1974년 충장사라는 이름으로 이곳에 건립되어 김덕령의 충절을 기리고 있다.

충장사 입구

충장사 안내도(① 김덕령 묘소, ② 사당, ③ 비각, ⑨ 유물관)

유물관

충장사

김덕령 은륜비(헌종 8년 건립)

김덕령 은륜비 해설

○ 광주광역시 북구 송강로 13 (금곡동 1023)

광주 충효동 정려비각(김덕령)

충효동 정려비각(旌閭碑閣)은 의병장으로 활약한 김덕령과 그의 부인 흥양 이씨, 김덕령의 형 김덕홍, 아우 김덕보 등 일가족의 충효와 절개를 기리기 위해 나라에서 마을 앞에 세운 비석과 비각이다.

김덕령은 김덕홍(金德弘, 1558~1592)이 고경명의 지휘 아래 참전한 제1차 금산성전투에서 전사하자 상중(喪中)임에도 의병을 모집하여 일본군의 전라도 진출을 막기 위해 경상도 진해・고성 등지에서 싸웠다. 그러나 이몽학의 반란에 연루되었다는 모함을 받아 체포되고 혹독한 고문 끝에 20일 만에 옥사했다. 그의 부인 이씨는 정유재란 때 담양 추월산에 피신해 있다가 일본군의 추격을 받아 순절했다.[57)]

김덕보(金德普, 1571~1627)는 담양부사 이경린(李景麟), 장성현감 이귀(李貴) 등의 권고로 김덕홍・김덕령 등과 함께 의병을 규합하여 일본군을 전라도 지역에서 격파했다. 그러나 김덕홍이 고경명과 함께 금산성 전투에서 전사한데다가 김덕령이 무고에 의해 옥사하자 김덕보는 고향으로 돌아가 세상의 일에는 뜻을 두지 않고 학문연구에만 힘을 기울

57) 이 책 '담양 추월산 흥양 이씨 순절지' 참조.

였다. 1627년(인조 5) 정묘호란이 일어나자 안방준(安邦俊)과 함께 의병을 일으켰으나 노병(老兵)이기에 전장에는 가지 못했다.

비각 안에는 정조 임금이 김덕령, 금산에서 전사한 그의 형 김덕홍(金德弘), 일본군에게 굴하지 않고 순절한 그의 처 흥양 이씨, 노모에게 효성이 지극했던 아우 김덕보 등의 충·효·열을 표창하기 위해 마을 이름을 '충효리'로 한다는 내용의 표리비(表里碑)가 있다.

비의 앞면에는 '조선국 증 좌찬성 충장공 김덕령 증 정경부인 흥양 이씨 충효지리(朝鮮國贈左贊成忠壯公金德齡贈貞敬夫人興陽李氏忠孝之里)', 뒷면에는 김덕령 일가의 충효열에 대한 찬양과 정조 임금이 직접 마을 이름을 지어 내렸다는 충효리의 유래가 적혀 있다.

1788년(정조 12) '충효리'라는 마을이름을 하사받았고, 이듬해인 1789년에 유래를 적은 이 비를 세웠다. 비의 높이는 2.2미터이다. 비각은 1792년에 세운 것으로 규모는 정면 3칸, 측면 2칸의 맞배지붕이다.

충효동 정려비각은 1985년 2월 25일 광주광역시 기념물 제4호로 지정되었다.

충장공 김덕령 충효리비

옛날에 충용장군 김덕령 공이 초야에서 일어나 의병을 일으켜 흉악한 왜적을 막아냈다. 위엄과 명성이 일본에까지 진동하였으나 불행하게도 뜻밖의 화를 당하여 죽었다. 그의 형 덕홍도 금산전투에서 먼저 죽었고 부인 이씨도 왜적을 만나 절개를 지키며 죽었다. 충과 열이 한 집안에 모였는데도 억울한 원한이 풀리지 못하고 아름다운 빛이 나타나지 못하니 군자들이 슬피 여겼다.

현종 임금께서 비로소 공의 원통함을 씻어주고 병조참의를 추증하였으며, 숙종 임금께서는 병조판서를 가증하고 의열(義烈)이라는 사액을 내려주셨다. 지금 임금 무신(戊申: 정조 12년, 1788년)에는 또 좌찬성을 가증하고 충장이라는 시호를 내려주었으며, 이씨에게는 정경부인을 추증하고, 덕홍에게도 지평을 추증하였다. 이어 공의 고향마을을 충효리라 이름지어 주고, 비석을 세워 표시하기 위하여, 신(臣) 서유린더러 그 뒷면을 기록하라고 명하였다. 신이 명을 받고 송구스러워하며 물러나와 생각해 보았다.

국가에 일이 있게 되면, 하늘은 반드시 난국을 건질만한 인재를 낳아서 대비하는 것이다. 그러나 시기와 질투에 걸리지 않고 성공한 사람은 적다. 더구나 공처럼 불행한 분은 너욱 그러하다. 세상에서 공을 원통하게 여기는 이들은 항상 공을 악무목[岳武穆, 송나라의 충신 악비(岳飛)]과 비교하지만, 무목은 언성(郾城) 대첩이라도 있었다. 하지만 공은 의병을 일으킨 초기부터 이미 권력자들의 방해를 받아, 뜻을 품은 채 무기를 준비하였으나 백에 하나라도 써보지를 못하였다. 그러다 마침내 터무니없는 트집으로 죽고 말았으니 공을 무목처럼 죽게만 하였어도 다행일 것이다. 아, 하늘이 공을 낳은 것이 지사들에게 분통만을 남겨주자는 것이었는가.

그러나 여러 임금께서 원통함을 씻어 표창해주어 거의 유감이 없게 하였으니, 시호나 정표가 모두 특별한 은혜에서 나왔다. 충신이 훌륭한 대우를 받는 것이 어찌 생사에 따른 차이가 있겠는가. 공의 아우 덕보에게도 지행(志行)으로 집의를 추증하여 세 형제를 의열사에 함께 모시게 했다. 국가의 위로가 김씨에게만 치우친 듯하나 이는 오직 충용이 있기 때문이다. 이제 성군(聖君) 덕화(德化)가 널리 나타나 숨겨진 일들이 모조리 밝혀져, 억울함이 벗겨진 것 중에서도 공은 실로 으뜸을 차지한다. 크고 두꺼운 비석에 대서특필하니 단청처럼 빛나고, 한때에 굽혀졌던 일이 백세(百世)까지 퍼지게 되었으니, 공에게 무슨 슬픔이 있겠는가. 그렇다면 하늘이 공을 낳은 것은 이 우주에 충용을 불러일으키려 한 것이니, 어찌 공의 가문에만 영광이겠는가.

충은 반드시 효에서 근본하나니, 공이 집에서 효도한 것이 바로 나라에 충성하게 된 것이다. 더구나 형이 앞에 죽고 아내가 뒤에 죽어 한 집안의 충렬이 진실로 한 나라의 중히 여긴 바가 되었도다. 이것도 효도에서 나온 것이다. 마을의 정표를 충렬이라 하지 않고 충효라 한 것은 임금의 뜻이 이와 같았기 때문이다. 훗날 이 정려에 경의를 표하고 이 비석을 읽는 사람들은 어찌 먼저 효도에 힘쓰지 아니할 것인가. 삼가 써서 후세에 알리노라.

1789년(정조 13) 3월 서유린

정려비각

정려비각 내에 있는 충효리비

정려비각

○ 광주광역시 북구 충효샘길 7 (충효동 440)

광주 포충사

포충사(褒忠祠)는 임진왜란 초기 호남 지방에서 의병 7천 명을 모집하여 금산성 전투 및 진주성 전투에서 순절한 고경명·고종후·고인후 3부자와 유팽로·안영 등 5인의 충절을 기리기 위한 사액 사당이다.

흥선대원군이 서원철폐령을 내렸을 때 장성의 필암서원과 함께 훼손되지 않은 전라도 지방의 2개 서원 중 하나이다.

안내도

유물전시관 정기관

제봉집

제봉문집 목판

격문

나라에서는 고경명과 함께 순절한 장남 고종후와 차남 고인후 3부자를 위해 1595년에 정문을 세웠고, 1601년(선조 34)에 임금의 명으로 사우를 건립하여 고경명 3부자와 함께 의거했다가 순절한 유팽로·안영 등 5인을 함께 배향했다.

임진왜란이 지나고 사회가 어느 정도 안정된 1601년 호남의 유생들이 지역의 충절인물을 모실 사우 건립을 청원하고 1603년에 광주 제봉산 아래에 다섯 분의 충절을 기리기 위한 사당을 건립했다. 이어 제자인 박지효(朴之孝)와 고경명의 후손들이 사액을 청하니 나라에서 '포충(褒忠)'이라는 액호를 내리고 예관(禮官)을 보내 제사를 지내도록 했다.

사우 내 주벽(主壁)에 고경명을 제향하고 동쪽 배위에 고종후·유팽로, 서쪽 배 위에 고인후·안영을 배향했다. 고경명 외에 4인의 행적은 다음과 같다.

배향 인물
○ 고종후(高從厚, 1554～1593): 고경명의 장남. 1570년 진사가 되고, 1577년 별시 문과에 급제한 후 임피현령, 지제교(知製敎)를 역임했다. 임진왜란 때 제1차 금산성 전투(1592. 07. 09.)에 참가했으나 아버지와 아우를 잃은 뒤 다시 의병을 일으켜 일본군에게 대항했다. 1593년 6월 29일 진주성을 사수하기 위해 전력을 다했으나 성은 함락되었다. 김천일 등과 함께 남강에 투신하여 순절했다. 후에 이조판서에 추증되었다. 호는 준봉, 시호는 효열(孝烈)이다.
○ 고인후(高因厚, 1561～1592): 고경명의 차남. 1577년 진사가 되고 1589년 증광내과(增廣內科)에 병과(兵科)로 급제하고 성균관 학유(學諭)를 지냈다. 임진왜란 때 부친과 함께 제1차 금산성 전투에서 순절했다. 후에 예조참의에 추증되었고, 인조 임금 때 영의정에 가증되었다. 시호는 의열(義烈)이다.
○ 유팽로(柳彭老, 1554～1592): 호는 월파(月坡), 본관은 문화(文化)이며 유경안(柳景顔)의 아들이다. 1588년 식년 문과에 을과(乙科)로 급제, 홍문정자(弘文正字), 성균관 학유(學諭)를 지내다가 임진왜란이 일어나자 고향인 곡성 옥과에 내려오게 되었다. 양대박, 안영 등과 함께 의병을 일으켜 담양에서 고경명의 의병과 합세했다. 제1차 금산성 전투에서 전사했다. 사간(司諫)에 추증되었다.
○ 안영(安映, 1564～1592): 호는 청계(淸溪), 본관은 순흥(順興)이며 교리(校理) 안처순(安處順)의 증손자이다. 임진왜란이 일어나자 서울에 있는 어머니를 모시러 상경하다가 고경명이 이끄는 의병군에 가담하여 여러 전투에서 전공을 세우고 금산성전투에서 고경명을 보좌하여 싸우다 전사했다. 장악원 첨정에 추증되었다.

포충사는 일제강점기 때 폐사되었으나 광복 후 지역의 유림에서 다시 세웠고 그 뒤 1978년의 호국선열 유적지 정화작업 당시 예전에 있던 사당은 보수하는 한편 새로운 사당 건립 공사를 시작했다.

2년 후인 1980년 새로운 사당과 유물전시관인 정기관(正氣館), 내삼문, 외삼문, 정화비, 관리사무소 등이 준공되었다. 포충사는 1974년 5월 22일 광주광역시 기념물 제7호로 지정되었다.

(충노 봉이·귀인의 비석)

포충사 경내 좌측에 있는 옛 사당으로 올라가는 입구 홍살문 옆에 충노(忠奴) 봉이(鳳伊)와 귀인(貴仁)의 비석이 세워져 있다. 이들 두 사람은 고경명 집안의 노비로 있다가 의병에 참여했는데, 1592년 제1차 금산성 전투에서 고경명과 둘째 아들 고인후 부자가 전사하자 시신을 거두어 장사지냈고 그 이듬해 다시 고경명의 큰 아들 고종후를 따라 제2차 진주성 전투에 참가하여 일본군과 싸우다가 주인과 함께 순절한 충의의 인물이다. 고씨 가문에서 비석을 세워 이들의 희생과 충의정신을 기리고 있다.

유물기념관 내에 걸려 있는 벽화. 창의거병도(오승윤 작)

구국출병도(양인옥 작)

금산 구국혈전도(오승우 작)

포충사

신위(좌로부터 안영, 고인후, 고경명, 고종후, 유팽로)

고경명 초상

호남순국열사비(구 사당 앞)

구 사당

구 사당(옛 포충사)

충노 봉이·귀인을 기리는 비석(오른쪽은 포충사)

(정기관)

유물전시관인 정기관(正氣館)에는 다양한 유품과 자료가 전시되어 있다. 고경명의 유품 친필 마상 격문(馬上檄文)과 목판이 전시되어 있으며 의병 창의에서 순절까지를 그린 기록화 3점이 걸려 있다.

제봉문집 목판(霽峰文集木版)도 있는데 이는 제봉 고경명의 유고 문집으로, 고경명의 막내아들 고명후가 남원부사로 있을 때 간행한 것이다.58) 이 목판에는 고경명의 시문집인 '제봉문집' 5권과 누락된 부분을 보충한 '속집' 1권, '유집' 1권이 있다. 또한 여러 사람과 서석산(지금의 무등산)에 다녀온 기행문인 '유서석록', 임진왜란 때 고경명과 맏아들, 둘째 아들 삼부자의 활약상을 적은 '정기록', 고씨 문중의 갖가지 내용을 정리한 '제하휘록' 등 여러 문적들이 있다.

○ 광주광역시 남구 포충로 767 (원산동 947-1)

광주 학산사

광주시 서창동 불암마을 팔학산 기슭에 위치해 있는 학산사(鶴山祠)는 임진왜란 때 제1차 금산성 전투에서 일본군과 싸우다가 순절한 의병장 김세근(金世斤, 1550~1592)의 충의를 기려 제사지내는 사당이다.

김세근의 본관은 김해 김씨이며 경상남도 함안군 마륜동에서 출생했다. 그의 방조(傍祖) 김일손이 무오사화에 연루되어 참살당하자 김세근의 아버지 김석경(金碩慶)은 식솔들을 거느리고 이곳으로 이주해 왔다.

김세근은 1577년 28세 때 문과에 급제한 후 홍문관의 여러 관직을 역임하고 35세 때 종부시 주부(宗簿寺主簿)에 올랐다.

1592년 4월 그의 나이 42세 때 일본군이 부산에 상륙하여 곧바로 서울로 진격하니 선조 임금은 의주로 몽진하게 되었다. 이 무렵 김세근은 사복시 주부(정6품) 벼슬을 사임하고 고향으로 내려와 요양 중에 있었다. 그해 6월 12일 충청지역 의병장인 스승 조헌(趙憲)의 격문을 받은 김세근은 의병 300여 명을 모아 인근의 계곡에서 훈련시킨 후 전주로 향했다. 그리고 그곳에서 흩어져 있던 관군 200여 명을 규합하여 충청북도 영동 부근의 일본군을 공격했다.

58) 제봉문집 목판은 1992년 3월 16일 광주광역시 유형문화재 제20호로 지정되었으며 원판은 광주광역시 남구 원산동 947-4에 소재한다.

김세근은 자신이 훈련시킨 장정들을 이끌고 추성회맹(秋城會盟)에 참가하여 유팽로, 김덕홍, 안영 등과 더불어 고경명의 의병군 대열에 합세했다. 전라북도 전주에서 의병 군진을 정비하던 그는 일본군이 금산(錦山)으로 침입한다는 소식을 듣고 의병들을 이끌고 금산으로 갔다. 고경명이 지휘하는 의병과 합세하여 금산 와평들에서 일본군과 교전하던 김세근은 7월 9일 고경명 등 의병들과 함께 전사했다.[59]

조정은 그에게 가선대부 병조참판의 벼슬을 내리고 선무원종공신에 서훈했다. 광주 유림에서 그의 넋을 추모하는 사우 건립을 발의하여 1958년 학산사를 세웠다. 매년 봄 음력 3월 22일 제사를 지낸다.

(청주 한씨)

김세근의 부인 청주 한씨(淸州韓氏, 1551~1592)는 김세근이 금산성 전투에서 순절했다는 비보를 전해 들었다. 시동생 김수근과 아들 김추남(金秋男)이 금산으로 달려가 유해를 수습하려 했으나 뜻을 이루지는 못했다. 초혼으로 선영 밑에 장사지낸 다음날 청주 한씨는 '부사충(夫死忠)하고 부사열(婦死烈)은 인지본(人之本)'이라는 유고를 남기고 부군이 전장(戰場)으로 떠나면서 자신에게 준 단검으로 자결했다. 조정에서는 부인 한씨에게 '정부인' 칭호를 내렸다.

사우 안에는 선무원종공신 녹권과 출전 시 부인에게 주었던 단검이 유물로 보관되어 있다.

59) 가락 광주광역시 종친회(http://cafe.daum.net/garak-gg/)

학산사 전경

학산사

사당 학산사

강당

○ 광주광역시 서구 불암길 82-100 (서창동 불암마을)

6. 구례

구례 김완 장군 전승 유허비

김완 장군 전승 유허비(戰勝遺墟碑)는 선조 임금 때의 무신 김완의 충절을 기리기 위해 1887년(고종 24)에 세운 비석이다.[60]

김완(金完, 1577~1635)은 영암 출신으로 정유재란 당시 무과에 급제하여 경상도 방어사 고언백(高彦伯)의 진중으로 가던 중 전라북도 남원에서 일본군을 만나게 되자 남원진사 조경남(趙慶男), 정사달(丁士達) 등과 함께 지금의 전라남도 구례군 산동면 원촌리에서 일본군과 싸워 승리를 거두었다. 이를 기념하기 위해 1887년(고종 24)에 그 후손과 주민들이 당시의 격전지인 산동면 원촌들에 전승기념비를 세웠다.

1981년에 현재의 위치로 비석을 옮기고 복조 비각을 세워 보호하고 있다. 비각 안에는 '학성군 김공 전승 유허비'가 있는데 비문은 진주의 유학자 소휘면이 지었다.

김완 장군 전승 유허비는 1981년 10월 20일 전라남도 기념물 제50호로 지정되었다.

60) 유허비란 옛 선현들의 자취가 있는 곳을 후세에 알리거나, 이를 계기로 그들을 추모하기 위해 세운 비를 말한다.

유허비각 입구

비각

유허비

비각 현판

(김완)

김완의 본관은 김해, 자는 자구(子具)이며 1577년 8월 23일 영암군 서호면 몽해리에서 이성현감 김극조(金克祧)와 천안 전씨 사이에서 장남으로 태어났다. 임진왜란 때 전라도 병마절도사 이복남 밑으로 들어가 활약했으며, 1597년(선조 30) 무과에 급제한 후에는 경상도 방어사 고언백의 휘하로 들어갔다.

그 후 1615년(광해군 7) 과거시험인 관무재시(觀武才試)에 합격했다. 고산진 절제사를 거쳐 창성방어사로 있을 때인 1624년 '이괄의 난'이 일어나자 이를 평정하는 데 공을 세웠다. 그 공로로 진무공신 3등, 가의대부 학성군으로 서훈되었다. 1748년에는 영조 임금으로부터 양무(襄武)라는 시호를 받았다.

○ 전라남도 구례군 산동면 원촌리 294-2

구례 석주관 칠의사 묘

석주관 칠의사 묘(七義士墓)는 정유재란 당시 전라남도 지방의 관문인 석주관(石柱關)을 사수하다가 숨진 구례 출신 의병 7인의 무덤이다.

섬진강 하구에서 물길을 따라 올라가면 오른쪽으로는 경상남도 하동, 왼쪽으로는 전라남도 광양을 만나게 된다. 조금 더 올라가면 섬진강 강물은 구례로 이어진다. 이 물길은 임진왜란과 정유재란 당시 일본군의 주요 침입 경로였다.

이 경로상에 있는 석주관은 경상도 지방에서 전라도 지방으로 통하는 관문으로 군사전략상 매우 중요한 곳이었다.

1597년 정유재란 때 일본군은 전라도 장악을 제1차 목표로 설정하고 이 지역을 집중 공격했다. 당시 구례현감 이원춘(李元春)이 석주관 만호(종4품 무관직)를 겸임하여 석주관성을 방어하고 있었다.

8월 7일 고니시 유키나가가 이끄는 일본군이 구례 지역을 점령하고 석주관으로 진격해 오자 적의 기세에 눌린 이원춘은 남원읍성으로 후퇴했다.[61] 이때 왕득인(王得仁)은 의병을 모집하여 진주 방면에서 구례로 온 일본군과 싸웠으나 당해내지 못하고 그와 의병들이 모두 전사했다.

일본군이 구례에 들어와 살인, 방화, 약탈행위를 계속하자 그해 11월 초, 구례 7개 읍내 20대의 젊은 선비들을 주축으로 하여 수백 명의 규모를 갖춘 의병군이 다시 일어났다. 이번에는 왕득인의 아들 왕의성(王義成)과 각 면으로부터 모여든 이정익(李廷翼)·한호성(韓好誠)·양응록(梁應祿)·고정철(高貞喆)·오종(吳琮) 등이 주축이 된 의병연합이었다. 여기에 구례 화엄사에서 온 승병 153명이 가세하여 석주관을 지켰다.

석주관 성곽 아래의 협곡을 사이에 두고 좌측과 우측 산등성이에 의병부대 일부(다섯 의병장의 부대)를 배치하고 산 정상부에는 복수장 왕의성(王義成)이 나머지 의병들을 데리고 포진했다. 1598년 봄 수많은 일본군이 밀려왔고 의병들이 이에 대항했으나 왕의성을 제외한 5명의 의병장과 의병들은 대부분 전사했다.[62] 왕득인의 의병전투 이후 제2차 석주관 전투 역시 대부분의 구례 의병이 사상당하고 물러났다.

석주관은 이곳에서 의병부대를 이끌다가 산화한 7의사의 충절을 기리기 위해 조성한 유적지이다. 남원으로 퇴각하여 남원읍성 수성전 때 전사한 구례현감 이원춘의 묘도 같이 조성되어 있어 묘의 수는 모두 8기이다.

1804년(순조 4) 나라에서 왕득인 등 7인의 의사에게 각각 조봉대부 사헌부 지평이라는 관직을 내렸고, 1946년에는 뜻있는 지방 유지들이 뜻을 모아 칠의각과 영모정을 건립했다.

61) 석주관성을 지키다가 남원읍성으로 퇴각한 현감 이원춘은 9일 후인 8월 16일 남원읍성 전투에서 전사한다.

62) 왕의성은 1636년 병자호란 때 다시 의병을 일으켰다.

칠의사 묘에서 바라본 석주관 칠의사 유적지

사당 칠의사

칠의사 위패

칠의사 묘(8기 중 1기는 구례현감 이원춘의 묘)

정유 전망 의병 추념비
(왼쪽 뒤의 비석은 전몰의병지위 戰歿義兵之位)

칠의사 단비(왼쪽은 이원춘의 단비)

7의사 순절 사적비.
오른쪽 뒤에 의병 항쟁 부조물이 보인다.

의병 항쟁 모습을 새긴 부조물. 칠의사 묘역 앞쪽에 있다.

석주관 칠의사단에는 높이 77센티미터, 폭 29센티미터, 두께 12센티미터 규모의 칠의사 단비(壇碑) 및 이원춘 단비가 세워져 있는데 단비를 바라볼 때 왼쪽부터 이원춘 · 왕득인 · 왕의성 · 이정익 · 한호성 · 양응록 · 고정철 · 오종의 순서로 되어 있다.

석주관 칠의사 유적지 입구 우측에는 칠의사와 의병들의 충의정신을 기리기 위한 사당과 기념관이 건립되어 있다. 언덕 위쪽에 있는 사당 칠의사(七義祠) 건물은 정면 3칸, 측면 2칸의 팔작지붕이다.

석주관 칠의사묘는 1963년 1월 21일 사적 제106호로 지정되었다.

(석주관성)

고려시대 말기 왜구의 공격을 막기 위해 이곳에 진을 설치한 적이 있으며 임진왜란 때는 전라도 방어사 곽영(郭嶸)이 호남지역의 일본군을 막기 위해 옛 진터에 석주관성을 쌓았다. 성의 북쪽과 남쪽은 지리산에서 백운산으로 이어지는 산줄기가 있고 그 사이에 섬진강이 흐르고 있어 군사적 방어지형으로 중요한 길목이다. 경사진 산허리를 따라 만든 성곽의 길이는 약 736미터이고 돌로 쌓아 만든 벽의 높이는 50~120센티미터이다.

성벽에 일정한 간격으로 활이나 총을 쏠 수 있게 갈라놓아 적의 공격으로부터 방어할 수 있도록 했다. 석주관성은 1993년 11월 10일 사적 제385로 지정되었다.

○ 전라남도 구례군 토지면 섬진강대로 4638-8

구례 손인필 비각

손인필(孫仁弼)은 고려시대의 효자 손순흥(928~994)의 후손으로서 석주관성(石柱關城)과 노량해전에서 분전하다 순절한 의병이다.

정유재란 당시 백의종군하던 이순신은 1597년 4월 26일 구례에 도착해 구례현감 이원춘의 극진한 대접을 받았으며 손인필의 집에서 묵었다.

3개월여가 지난 그해 8월 석주관성이 무너지기 3일 전 이순신은 삼도 수군통제사로 임명된 후 수군 재건을 위해 서쪽의 우수영 방면으로 향하고 있었다. 그가 구례에 들어와 석주관성에 이르렀을 때 이원춘과 유해(柳海)가 나와 맞이했으며 일본군 토벌에 관해 이야기했다. 이날 저녁 이순신의 숙소에 손인필이 곡식을 들고 찾아왔다. 8월 3일자 난중일기는 손인필의 장남 손응남(孫應男)도 이른 감을 가지고 찾아왔다고 적었다.

손인필 부자는 이순신을 따라가 그 막하에서 활약하게 되었고, 이순신 장군이 떠난 후에는 손인필의 3남 손숙남(孫淑男)이 다른 의병들과 함께 석주관성을 지켰다. 손인필은 1598년 일본군과 교전 중 조총에 맞아 전사했고 장남 손응남 또한 전사했다. 사후에 군자감정에 증직되었다.

손인필 사후 4년째 되던 해인 1602년(선조 35) 가족들이 현재의 구례군 간전면 삼산리 뒷산에 초혼장으로 안장하여 모셨다. 그로부터 360여 년이 지난 1964년 그의 후손들이 비각을 세워 선조의 충절을 기리고 있다.

이순신이 묵었다는 손인필의 집은 현재 남아 있지 않으나 집터로 추정되는 구례공설운동장에서 구례경찰서 로터리 중간 지점 도로변에 손인필 비각이 자리하고 있다. 손인필 비각은 구례군 향토문화유산 제25호로 지정되어 있다.

손인필 비각

손인필은 조선시대 명종 시기에 구례에서 태어나 임진왜란이 일어나자 군관민을 모아 왜군을 물리치고 공을 세운 관군 지휘관이었다. 젊은 날 왜적을 진압하기 위해 장군에 뜻을 두고 처음 남무(南武)라는 직책으로 군수품 조달과 군인을 모집하는 일을 맡게 되었다.

손인필은 군자감(軍資監)에 소속되어 군수품의 저장과 출납을 맡았으며, 종4품의 계급인 첨정에 이르렀다. 특히 이순신 장군이 인간적으로 가장 고독하고 어려웠던 백의종군 시기에 가장 큰 힘이 된 인물이 군자감 손인필이었다. 어려울 때 따뜻하고 진실되게 맞아 준 손인필을 이순신 장군은 유난히 아끼고 사랑하였다.

1597년 4월 26일 충무공 이순신은 백의종군 길에 구례 손인필의 집에 오셔서 주무시고, 1597년 8월 3일 이순신 장군이 수군통제사로 부임하여 다시 구례에 오셨을 때도, 손인필 3부자와 이현춘 원감 및 구례군민과 왜적을 물리칠 작전회의를 하고, 이날 밤 늦게야 북문 밖 손인필의 집에 가셔서 주무셨다. 이순신 장군이 잠 못 이루며 장차 있을 해전을 염려하자 손인필과 그의 장남 손응남이 구례군민을 모아 함께 전장으로 가겠다고 위로하였다.

손인필 부자는 이순신 장군과 함께 노량해전에 참전하여 선두에서 격렬하게 싸웠다. 전투가 끝나갈 무렵 손인필의 장남 손응남이 먼저 적탄에 맞아 순절하자, 손인필은 판옥선을 몰고 적진 깊숙이 들어가 왜군을 무찌르다 적탄에 맞아 순절하였다.

구례 간전면 삼신마을에 안장하고, 조선의 조정에서는 손인필 부자의 충절을 표창하였다.

손인필 비각

비

○ 전라남도 구례군 구례읍 봉성로 127 (봉북리 260)

7. 나주

나주 금성관 망화루(의병 출병식)

금성관(錦城館)은 조선시대 성종 임금 때 나주목사 이유인(재임: 1487. 04. 12. ~ 1489)이 망화루와 함께 세운 객사이다.[63] 정면 5칸, 측면 4칸 규모의 팔작지붕 건물이다. 지붕 처마를 받치기 위해 장식하여 만든 공포가 기둥 위에만 있는 양식의 건물이다.

금성관의 정문은 2층짜리 건물 누각 망화루이다. 임진왜란 때 이곳 망화루 앞에서 의병장 김천일이 의병 출정식을 거행했다.

나주목의 관아문 정수루

나주읍성 동점문

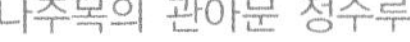

63) 객사는 고려시대 초기부터 조선시대에 걸쳐 전국 각 고을에 설치했던 건물로 관사 또는 객관이라고도 한다. 외국 사신이 방문했을 때는 객사에 묵게 하고 연회를 베풀어주는 공간이었다. 조선시대에는 객사에 위패를 모시고, 초하루와 보름에 궁궐을 향해 망궐례를 올렸다.

금성관

금성관

망화루

금성관 망화루 앞 출정식(나주 정렬사 유물관 자료)

1592년 5월 16일 김천일(金千鎰)은 나주공관에서 뜻을 같이 한 선비들과 회합을 가졌다. 이 모임에는 송제민, 양산룡・양산숙 형제, 양산룡의 처가 사람인 유온・유경지, 김천일의 외가인 이광익과 이광주, 그리고 임환, 서정후 등이 참석했다. 이들은 주로 나주 남평지역에 사는 사람들이었다.

그리고 6월 3일 김천일은 금성관 망화루 앞에서 서울 수복을 위해 창의 거병했는데 이때 의병의 수는 300명이었다. 의병장 김천일과 의병들은 이 땅에서 속히 일본군을 몰아내자고 결의했다.64)

금성관의 건물들은 임진왜란 때 피해를 보았는데 목사 김개가 1617년 4월 21일 여러 건물을 보수했고 1775년 8월 30일 목사 이명중도 개수공사를 했다.

일제강점기에 나주읍성과 나주관아는 크게 훼손되기 시작했다. 조선총독부는 당시 동헌이었던 제금헌(製錦軒)의 내부를 개수하여 나주군청 청사로 사용했다. 1919년에 군청 청사를 금성관으로 옮겼다. 군청으로 쓰이던 제금헌은 잠업전습소로, 향사당은 금융조합으로 사용하다가 1926년에는 나신면사무소, 1943년에는 나주수리조합(광복 후 영산강농지개량조합)으로 사용했다.

금성관의 동익헌과 서익헌, 망화루 등은 일제강점기 때 사라지고 금성관만 남았으나 이를 개조하여 사용함으로써 원형이 크게 변형되기도 했다. 1963년에 금성관 보수공사를 했다. 금성관 앞에 나주군청 청사가 있었으나 2005년에 철거하고 외삼문인 망화루를 복원했다. 1976년 원래의 모습에 가깝게 금성관을 해체 복원하여 오늘에 이르고 있다. 금성관은 1972년 1월 29일 전라남도 유형문화재 제2호로 지정되었다.

○ 전라남도 나주시 금성관길 8 (과원동 109-5)

나주 나대용 장군 생가・소충사

나주시 문평면 오룡리 오륜회관 왼쪽 뒤편에 나대용 장군의 생가가 자리하고 있다. 그의 생가는 남향집으로 정면 4칸, 측면 1칸의 초가집이다.

나대용(羅大用, 1556~1612)은 오룡리 제봉산 아래 오륜동에서 첨추(僉樞) 나항(羅亢)의

64) 망화루 앞은 김천일의 의병 출정식뿐만 아니라 영조 임금 때의 나주 괘서사건, 구한말 단발령 의거, 일제강점기 항일학생운동이 일어났던 역사적인 장소이다.

아들로 태어났다. 그는 어릴 때부터 영산강에 출몰하는 왜구의 노략질에 분노를 느끼고 있었다. 19세까지 신동재(新洞齋)에서 공부하고 틈틈이 활쏘기와 말 타기를 익혔다.

1583년(선조 16)에 훈련원 별시 무과에 합격하여 무관생활을 시작한 그는 훈련원 봉사로 근무하다가 사임하고 낙향하여 본격적으로 거북선 연구에 몰두했다. 고향인 오룡리 오륜마을에서 거북선에 대한 설계도와 제작 과정을 연구하던 그는 1590년 마을 앞 방죽골에서 첫 시험을 끝내고 임진왜란이 일어나기 1년 전인 1591년 전라도 수군절도사 이순신의 휘하에 들어갔다. 그는 이순신의 지도 아래 거북선 제작 책임자가 되어 제작에 착수한 지 1년이 지난 시점에 여수 앞바다에서 거북선 진수 및 발포실험에 성공했는데 이때가 1592년 4월 12일이었다.

나대용 생가 입구

생가

생가 경모당

그는 1592년의 옥포해전과 사천해전 당시 유군장(遊軍將)을 맡아 거북선을 앞세우고 적선을 격파하거나 격침시켰으며 때로는 복병장이 되어 적의 후미를 기습하기도 했다. 그는 전투지휘에 능했을 뿐 마니라 각종 무기와 전투 선박을 스스로 고안해내기도 했다.

나대용은 이순신을 도와 사천해전을 비롯하여 당포해전, 당항포해전, 명량해전, 노량해전 등에서 공을 세웠다. 사천해전 때는 이순신과 나대용이 부상을 입기도 했다. 이순신이 처음으로 적탄에 맞았을 때 나대용도 왼쪽 허벅지에 총알을 맞고 쓰러졌다. 나대용은 한산해전에서 재차 부상을 당하기도 했다. 1594년에 강진현감으로 제수되었고 이어 금구현감, 능성현감, 고성현감을 역임했다.

1598년 노량해전 때는 이순신이 적탄에 맞아 순국한 다음에도 전투를 지휘하여 마무리 지었다. 1600년에는 '창선'이라 이름 지은 배 25척을 새로 건조했고, 남해현령으로 재직할 당시인 1610년(광해군 2)에는 해추(海鰌)라는 쾌속선을 고안 건조했다. 그러한 공로로 1611년 경기도 수군을 관할하는 교동수사에 임명되었으나 해전 때 입은 상처가 도져서 부임하지 못하고 57세 되던 1612년 1월 29일 별세했다.

1975년 나대용 장군 기념 사업회에서 그의 생가와 가까운 곳에 그를 기리는 사당 소충사와 기적비를 건립했다. 그의 묘소는 생가가 있는 마을에서 약 3킬로미터 떨어진 문평면 대도리 소사마을 산기슭에 있다. 그가 직접 만든 배를 물에 띄워 실험했다는 방죽이 마을 앞에 있었으나 지금은 논으로 바뀌었다.

나대용 장군의 생가와 묘소는 1977년 10월 20일 전라남도 기념물 제26호로 지정되었다.

(소충사)

소충사(昭忠祠)는 해상 전투력 강화를 위해 노력한 나대용의 충절정신을 기리기 위해 1977년에 건립되었으며 매년 4월 21일 과학의 날에 추모제를 거행하고 있다.

소충사 입구

소충사 묘정비

소충사

나대용 장군 영정

안내도. 중앙 상단의 소충사를 중심으로 왼쪽에 나대용 생가가 있고 오른쪽에는 영산강 물길이 보인다.

나대용 장군상(2012. 04. 21. 제막)

○ 전라남도 나주시 문평면 오륜길 28-5 (나대용 생가)

○ 전라남도 나주시 문평면 오룡리 오륜마을 (소충사)

나주 나씨 삼강문

나씨 삼강문(羅氏三綱門)은 나사침을 비롯하여 3대에 걸친 충신 2인, 효자 2인, 열녀 4인의 행적을 기리기 위해 세운 정려문이다. 앞면 3칸, 옆면 1칸 규모의 맞배지붕 건물이다.

나사침(羅士忱, 1526~1596)은 16세 때 어머니가 병으로 위급해지자 자신의 손가락을 잘라 피를 내어 봉양하여 어머니의 병을 낫게 했다고 한다. 또한 그의 손자인 나득소(1607~1640)는 어려서부터 효성이 지극하여 아버지 나덕현이 별세하자 삼년상을 치르고 정성을 다하니 나라에서 그의 할아버지 나사침과 함께 효자로 정려했다.

나사침의 장남 나덕명(羅德明, 1551~1610)과 6남 나덕헌(羅德憲)은 기축옥사에 연루되어 종성지방에 유배되어 있다가 1592년 임진왜란이 일어나자 의병을 일으켜 공을 세워 충신으로 정려되었다.

나사침의 넷째 아들인 나덕현(羅德顯)의 처와 그의 딸인 윤항의 처 나주 나씨는 정유재란 때 일본군에게 쫓기는 몸이 되자 강물에 투신하여 정절을 지켰다.

또 1627년 정묘호란 때 친가가 있는 안주성에 피신해 있다가 성이 함락되자 분신자살한 나사침의 손자 나수소의 처인 언양 김씨와, 그의 손녀인 김집의 처 나주 나씨가 열녀로 정려되었다.

나사침에 대한 명정이 있어 정문이 세워진 이후 차례로 효(孝) 열(烈)이 추가되었으며, 1779년(정조 3)과 1803년(순조 3)에 충신 나덕명·나덕헌이 각각 명정을 받았다. 이들 8인의 사적은 다음과 같다.[65]

- ○ 나사침(1526~1596): 나주 출신으로 자는 중부(仲浮), 호는 금호(錦湖)이다. 16세 되던 해에 어머니가 병환으로 위급하자 손가락을 잘라 피를 내어 봉양하여 모친의 병을 회복시켰다. 1614년(광해군 6) 임금의 명으로 '삼강행실도'가 증보될 때 수록되었다. 나주 금호사에 주벽으로 배향되었다. 효자 정려
- ○ 나덕명(1551~1610): 나사침의 장남. 자는 극지, 호는 소포이다. 기축옥사에 연루되어 종성으로 유배되었으나 임진왜란 때 의병을 일으켜 공을 세웠으며 그 공로로 유배에서 풀려났다. 나주 금호사에 배향되었다. 충신 정려
- ○ 나덕헌(1573~1640): 나사침의 여섯째 아들로 자는 헌지, 호는 장암이다. 기축옥사에 연루되어 유배되었다가 풀려난 후 임진왜란 때 공을 세웠다. 나주 금호사에 배향되었다. 충신 정려
- ○ 나득소(1607~?): 나사침의 손자이고 나덕현의 아들이다. 어려서부터 효성이 지극했으며 부친이 사망하자 3년간 시묘했다. 그 효성으로 인조 임금 때 명정이 내렸다. 효자 정려
- ○ 하동 정씨: 나사침의 넷째 아들 나덕현의 처이다. 정유재란 때 일본군에게 쫓기는 몸이 되자 강물에 투신하여 순절했다 선조 임금이 열녀 정려를 내렸다.
- ○ 나주 나씨: 나사침의 딸로 충의위 윤항의 처이다. 정유재란 때 하동 정씨와 함께 강물에 투신했다. 선조 임금이 열녀 정려를 내렸다.
- ○ 언양 김씨: 나사침의 손자 나수소의 처이다. 정묘호란 때 친가인 안주성에 피신해 있다가 성이 함락되자 분신, 자살했다. 그 열행으로 인조 임금이 열녀 정려를 내렸다.
- ○ 나주 나씨: 나사침의 둘째 아들 나덕준의 딸로 임진왜란 때 일본군으로부터 자신을 지키기 위해 목숨을 끊었다. 선조 임금이 열녀 정려를 내렸다.

1947년 도로건설로 인해 원래의 자리에서 약간 뒤로 옮긴 나씨 삼강문은 1974년 고쳐지어 오늘에 이르고 있다. 나씨 삼강문은 1984년 2월 29일 전라남도 문화재자료 제91호로 지정되었다.

65) 나주시청 홈페이지

나주 나씨 삼강문

○ 전라남도 나주시 남내동 15

나주 정렬사비

정렬사비(旌烈祠碑)는 임진왜란 때 의병장으로 활약한 김천일(金千鎰)의 충절을 기리기 위해 1626년(인조 4) 나주지역 유림에서 김천일의 사우 정렬사에 세운 비석이다. '창의사 김공 정렬사비(倡義使金公旌烈祠碑)'라고 새겨져 있다.

김천일의 의병활동을 기록한 비문은 1626년 나주목사를 지낸 당대의 석학 신풍군(新豊君) 장유(張維)가 지었으며, 글씨는 이숙(李潚), 비명은 김상용(金尙容)이 썼다. 당시 관찰사 민성징(閔聖徵)과 나주목사 유여각(柳汝恪)·조홍립(曺弘立)이 세웠다.[66] 1986년에 현재의 자리로 옮겨왔고 1991년에 보호각을 세웠다.

비는 거북받침돌 위에 비 몸을 세우고 네모난 형태의 머릿돌을 올린 모습이다. 머릿돌에는 용 모양을 생동감 있게 조각해 놓았다. 총 높이 326센티미터, 비신 높이 174센티미터, 너비 64센티미터의 규모이며 화강암에 1,700여 자를 기록했다.

정렬사비는 1981년 10월 20일 전라남도 기념물 제48호로 지정되었다.

정렬사비 번역문(원저 신풍부원군 장유, 역자 정윤국)

만력 계사년(1593) 봄에 명나라 군사와 우리 군사가 경성에 있는 왜적을 포위하고 전선을 압축해 들어가자 왜적들이 남쪽으로 도망을 쳐 창의사 김공이 군사를 거느리고 그 뒤를 쫓아 영남으로 내려가 진주에 진군하였다. 이해 6월 갑진일에 왜적이 총병력을 투입해서 진주성을 포위한 지 9일 만에 함성(陷城)되어 여러 장수들과 함께 죽으니 선조 임금이 크게 슬퍼하고 좌찬성의 증직을 내리고 위령제를 지내게 했다. 공이 죽은 지 14년 뒤에(1606) 호남 선비들이 나주에 공의 사당을 짓고 조정에 사액을 청하니 정렬사라 액(額)을 내리었고 또 20년이 되는 천계(天啓) 병인(丙寅)(1626)에 나주 사람들이 묘정비를 세우면서 공의 높은 충절을 기술할 비문을 내게 청해 왔다.

지난 임진년에 왜노(倭奴)의 많은 병력이 침입해 들어와 부산을 점령하고 동래를 함락시킨 후 줄곧 북상하니 모든 성과 진이 소문만 듣고도 무너지고 이일과 신립의 군사가 계속해서 패전하니 선조대왕은 서쪽으로 몽진해서 떠나고 왜적은 경성을 함락하였다. 이때 공은 전 부사(府使)로 관직을 그만두고 나주 전사(田舍)에 있다가 이 소식을 전해 듣고 슬피 울어 거의 혼절했다가 얼마 후에 용기를 내어 말하기를 "내가 울기만 하면 국난극복과 임금님의 피난에 무슨 도움이 되겠는가? 우리 집은 여러 대 벼슬한 가문인데 새 새끼처럼 구차하게 숨어서 피난할 수도 없고 장차 의병을 일으켜서 전쟁터로 나아가야 하겠으나 강하고 약한 것이 너무나 다르니 주검이 있을 뿐이지만은 죽지 않으면 나라에 보탬이 될 수 없다" 하고 고경명, 박광옥, 최경회, 정심 등에게 격문을 보냈다. 의사 송제민, 양산숙, 양산룡, 임환, 이광주, 서정후 등이 소식을 듣고 모여들어 날쌘 군사 수백 인을 얻었다.

6월 3일에 모든 군사들과 피를 마셔 국난에 몸 바칠 것을 맹세하고 북서쪽으로 행군해 떠났다. 공은 원래 병약했는데 이때 흔연히 사람들에게 말하기를 "오늘 칼 차고 말에 오르니 유쾌한 기분이 날아갈 것 같다" 하였다. 이때는 충청, 전라, 경상 삼도 순찰사의 군사가 용인에서 패전한지라 군사들의 사기가 떨어져 있으므로 공이 의병들에게 타이르기를 "우리는 의병이라 앞으로 나아갈 뿐이요 후퇴해서는 안 되겠으니 가고 싶은 사람은 돌아가도 좋다" 하니 모든 사람들이 감격해서 한 사람도 도망치는 자가 없었고 용인에서 패전하여 낙오된 삼도 관군이 조금씩 찾아와 충청도에 이르렀을 때는 병력이 수천 명에 달하였고 수원에 주둔하게 되자 군세가 매우 늘어났다.

---

66) 번역문 중간에 "큰 전선 사백여 척을 타고"라는 표현이 있다. 비명 원문에는 '사백소(四百艘)'라고 되어 있어서 본래의 뜻은 크고 작은 배 400척을 동원했다는 뜻으로 풀이할 수 있다. 당시 이곳에서 전선 400척을 동원하는 일은 불가능했던 일이며 일반 선박을 포함하여 400척을 동원했거나 잘못된 표기로 보인다.

공은 장사를 뽑아 유격전을 벌여 많은 승리를 얻었고 또 금령(金嶺, 龍仁)에 있던 왜적을 무찌른 다음 막료 양산숙 등을 의주 행재소에 보내서 장계를 올렸다. 이때 우리 관군 장수들은 의병활동을 방해하고 왜적들은 더욱 극성을 부리므로 공이 참모들과 상의해서 강화도에 들어가 주둔하니 도망쳐 숨어있던 관리들이 공이 왔다는 소식을 듣고 점점 찾아오고 모든 관군들도 모여들었다. 공이 여러 군사들과 약속을 정한 후에 강변에 진지를 설치하고 함선을 배치해서 지키고 싸울 준비를 하니 경기도 내의 사민들이 모여 있는 곳마다 단결해서 모두 의병이라 이름 짓고 공에게 따랐다. 양산숙 등이 행재소로부터 돌아와 공에게 장예원 판결사의 직첩(職牒)과 창의사 호칭을 전해 주었고 이때부터 행조(行朝, 피난정부)의 명령이 양호(兩湖) 지방에 비로소 전달되었다. 왜적들이 경성을 점령해 있은 지 오래되었으므로 피난 갔던 도성 백성들이 돌아와서 그들과 섞여 있는지라 공이 용감한 사람을 모집해서 몰래 도성 안으로 들여보내서 역순(逆順)과 이해(利害)로 설득시키니 성중 백성들이 모두 감동해서 공에게 협조하는 자 수만 인이 되어 혹 왜적을 가만히 죽여서 그 머리를 군전(軍前)에 드리는 자가 있고 스스로 빠져나와 공을 찾아 강화로 오는 자가 하루에 백 명이 넘어 초막이 사방에 가득히 들어서 땅이 좁아 모두 수용하지 못할 형편에 이르렀다. 공이 때때로 병력을 출동시켜 한강 연안에 있는 여러 곳의 왜적을 기습하니 왜적들이 줄지어 도망쳤다. 공이 여러 장수들과 큰 전선 사백여 척을 타고 양화진까지 들어가 수길(秀吉)의 죄상을 써서 방문을 붙이고 도성 안에 있는 왜적에게 도전하였으나 성중에 있는 왜적들이 끝내 나오지 못했다.

다음 해(1593) 정월 명나라 제독 이여송이 이미 평양을 수복하고 개성부(開城府)에 진군해서 장차 경성의 적을 치려 할 때 공이 도리(道里), 지세와 적의 정세 등 모든 자료를 제독(이여송)에게 제공하고 곧이어 선유봉(현 양화대교 남쪽)에 진군하여 제독의 작전을 지원하면서 때때로 적군을 괴롭히니 왜적들이 날로 위축되어 도성 백성들을 많이 죽이고 그들의 군막을 불사른 후에 경성을 비우고 영남으로 도망쳤다. 이에 공은 장군과 참모들을 데리고 도성으로 들어가서 불타버린 종묘 터에 나아가 재배(再拜) 통곡하였다. 이때 조정에서 공에게 왜적을 추격하라는 명을 내렸다. 공이 병중에 누워 있다가 이 명령을 받고 벌떡 일어나 말하기를 "내가 죽을 곳을 얻었다" 하였다. 이즈음 공의 부하는 여러 관군 장수들에게 빼앗기고 겨우 수백 인만 남아 있을 뿐이었다. 공이 이들을 거느리고 남으로 내려가니 왜적은 영남해안에 장기(長期) 진지를 만들고 장차 서쪽으로 호남을 침범하려 하나 우리의 제군(諸軍)이 서로 협조가 안 되어 왜적과 부딪치는 것을 회피할 뿐이었다.

공은 "호남은 나라의 근본이요 진주는 실로 호남의 울타리라" 하고 진주를 지켜 호남을 보호할 것을 주청한 후 회보(回報)를 기다리지 못하고 진주에 들어가니 진주는 실로 황폐되어 성지(城池)와 무기 모두 쓸 만한 것이 없었다. 공은 절도사 최경회, 황진, 복수장 고종후, 의병장 장윤 등과 이곳을 사수하기로 하였다. 며칠 후에 적의 유격대가 이미 성동(城東)에 이른지라 공이 정예기병을 내보내서 격퇴하였고 얼마 후에 적병의 대부대가 다가와 성을 둘러싸서 진지를 세웠다. 보병과 기병이 바로 성문으로 몰려오면 공이 강궁수(强弓手)로 하여금 쏘게 하니 적들이 더 접근해 오지 못하고 다시 대(竹), 나무로써 방패를 만들고 그 사이에 총구멍을 내어 놓고 성을 공격하거늘 우리 군사들이 그때그때 상황에 따라 응전하였고 적이 또 토산(土山)을 쌓고 그 위에 망루를 지어 성중을 내려다보며 포탄을 비 오듯이 쏘아대니 공 또한 성중에 토산을 쌓고 거기에서 화포를 쏘아 적의 산상에 있는 집을 쳐부수고 적장 몇 사람이 성 동쪽 산꼭대기에 모여 있는 것을 발견하고 가만히 총을 쏘아 두 번째 앉아 있는 자를 맞추어 땅에 쓰러뜨렸다. 공이 원래 무릎이 아파서 자유롭게 걷지 못하므로 견여(肩輿)를 타고 밤낮없이 성을 순시하면서 손수 죽(粥)을 들고 다니며 성을 지키는 군졸들에게 먹이니 군졸들이 감격해서 더욱 목숨을 바쳐 싸웠다.

이에 앞서 왜적의 두목 수길(秀吉)이 제로군(諸路軍)이 모두 승리하지 못함을 분히 여겨 전령을 보내서 여러 장수들의 책임을 추궁하고 반드시 이름 있는 도읍 하나를 무찔러 그들의 희생 대가를 얻으라고 하는 고로 이번 싸움에 성을 오래도록 빼앗지 못하고 적병 반 이상이 죽어갔지마는 후퇴하지 아니하였다. 여러 날 장마에 성 흙이 물렁거려 잘 무너지고 대장 황진과 장윤이 총탄에 맞아 잇달아 죽으니 성중 사기는 떨어지고 적병은 더욱 증원 병력을 투입해서 성을 급하게 치면서 부르짖는 소리가 천지를 진동하고 서로 앞다투어 성 위로 기어 올라왔다. 이때 성중에서는 화살과 탄환이 모두 떨어져 한갓 창과 몽둥이로 찌르고 칠 뿐이었다. 적병이 이 틈을 타 몰려드니 성은 드디어 함락되었고 공이 촉석루에 있는데 좌우에 있는 사람이 모두 흩어지고 오직 공의 큰아들 상건과 막료 양산숙 등과 호위병 18인이 옆에 있으면서 "일이 다 틀렸는데 어떻게 하면 되겠는가" 하고 울부짖었다. 공이 편안한 자세로 말하기를 "의병을 일으키는 날 나는 이미 죽기로 결심하였으나 다만 너희들이 가련하다" 하고 드디어 일어나 임금님이 있는 북쪽을 향하여 재배하고 먼저 병기를 강물에 던진 후 아들 상건과 더불어 서로 안고 촉석루 밑 남강에 몸을 던지니 장병들이 따라 죽은 자 헤아릴 수 없이 많았다. 그러나 이때부터 적군 또한 힘이 다하여 감히 호남에 침범하지 못했다.

명나라 지휘사 오종도(吳宗道)가 본래 공을 존경하여 오다가 공의 죽음을 듣고 사람을 보내서 제사하니 그 제문의 뜻이 심히 슬펐고 총독 형개(邢玠) 또한 "공의 충혼과 의백(毅魄)이 늠연히 있는 듯하다" 하니 공의 충의가 그제야 천하에 알려졌다. (이하 생략)

(정렬사)

정렬사는 진주성에서 순절한 김천일을 비롯한 나주 출신 충절 인물 5위를 모신 사우이다. 1606년(선조 39)에 뜻있는 인사들이 나주 금성산 서쪽 월정봉 아래 교동에 창건했으며 1607년 정렬사로 사액되면서 사우를 나주 읍내로 옮겼다.

창의사 김천일을 주벽으로 하고 그의 아들 김상건(?~1593), 그리고 양산숙(1561~1593)을 배향했다. 1618년(광해군 10) 조정은 김천일을 영의정에 추증하고 예조정랑 신달도를 치제관으로 파견하여 제향했다. 그 후 연대가 밝혀지지는 않았으나 임회(1562~1624)와 이용제가 추가로 배향되었다.

1868년(고종 5) 흥선대원군의 서원철폐령으로 철거되었으나 1953년 문열공사업추진회가 조직되고 1963년 송월동에 신실(神室)을 마련하면서 복원사업을 시작했다. 1966년 사우를 남산공원으로 옮겨 복원했다가 1980년 8월 현재의 위치로 옮길 것을 결정하여 1984년 5월 5일 완공했다. 1986년 12월 15일 정렬사비와 김천일 동상을 옮겨와 오늘에 이르고 있다.

정렬사에서는 그가 나주에서 의병을 모아 출병했던 음력 5월 16일에 추모제를 올리며, 진주성에서는 그가 순절한 음력 6월 29일에 진주시민과 나주시민이 모여 순의제를 지낸다.67)

김천일 동상

67) 이들의 묘는 현재 나주시 삼영동 내영산마을에 있는데 실제의 묘가 아닌 초혼장(招魂葬)이다.

정렬사 유허비

김천일 동상

김천일 기적비

비각

정렬사비

정렬사 경내

왼쪽부터 비각, 기적비, 유허비

유물관

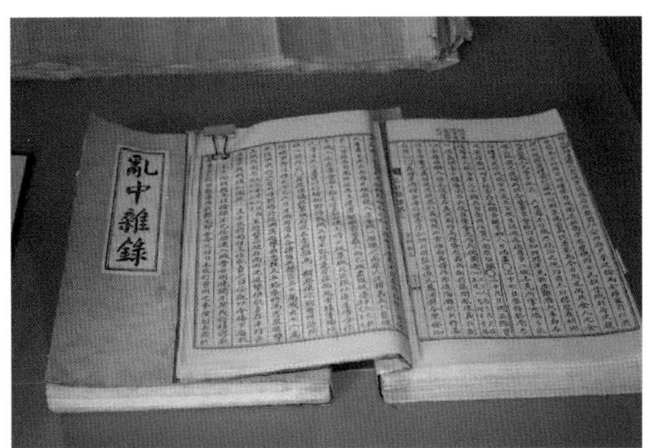

난중잡록의 김천일 기사

정렬사

김천일 초상과 위패

정렬사 유허비

1871년(고종 8) 3월 흥선대원군의 서원 훼철정책에 의해 문열공 김천일 선생을 주벽으로 한 진주 창렬사와 나주 정렬사 중 순절한 곳에 있던 진주 창렬사가 보존되고 나주 정렬사가 철폐되어 그 해 9월 나주 선비들이 유허비를 세웠다. 1961년 8월 유허비를 삼영동 51번지로 옮기고 1963년 유허비가 있는 곳에 정렬사를 복설하였다.

1966년 남산으로 정렬사를 다시 옮겨 세우면서 이 유허비를 옮겨가지 아니하여 2003년 4월 28일 현 정렬사 경내에 옮겨 세웠다.

앞면에는 정렬사에 봉안된 다석 선생의 위패 글씨를 그대로 베껴서 새기고 뒷면에는 1606년(선조 39) 정렬사를 건립하고 사액된 내용과, 1871년(고종 8) 9월에 이 유허비를 세웠다는 연대를 명나라 연호를 사용 새겼으며, 글씨는 유학(幼學) 나성두(羅晟斗)가 썼다.

(김천일)

진주성 전투 삼장사(三將士)의 한 사람인 건재(健齋) 김천일은 1537년 1월 10일 나주 흥룡동에서 아버지 진사 김언침(金彦琛)과 어머니 양성 이씨 사이에서 태어났다. 18세에 김효랑의 딸과 혼인했으며, 몸이 허약하여 19세에 이르러서야 일재(一齋) 이항(李恒)에게 수학했다.

김천일은 학덕이 뛰어났으며 선정을 베푼 관리로도 유명하다. 그는 나주 흥룡동에 있는 외가에서 출생했는데 일찍 부모를 여의게 되자 외가에서 성장했다. 37세 때인 1573년 6월 유일(遺逸, 경륜을 품고 초야에 있는 인재)로 뽑혀 군기시 주부가 되고, 1578년에는 임실현감을 지냈다. 여러 관직을 역임하면서 선정으로 명성이 높았다.

그러나 수원부사로 있을 때 여러 해 동안 세금을 납부하지 않고 있던 양반층에게 세금을 부과했다가 그들의 미움을 사게 되어 56세에 벼슬을 그만두고 나주로 돌아왔다.[68)]

68) 정렬사 안내 책자

1592년 임진왜란 때 나주에 있다가 임금이 의주로 파천했다는 소식을 듣고 그해 5월 16일 송제민 등과 더불어 의병 3백 명을 모집하고 고경명 · 박광옥 · 최경회 · 정심 등에게 의병을 일으켜 함께 북진할 것을 권유하는 격문을 보냈다. 그는 6월 3일 도성 수복을 위해 나주 금성관 망화루 앞에서 의병 출정식을 갖는 등 호남지역 의병활동의 주도적 역할을 했으며, 각지에서 공을 세웠다. 김천일은 소식이 두절되어 있는 의주 행재소에 양산숙 등을 보내 각지에서 의병이 창의하고 있음을 알렸다. 선조 임금으로부터 창의사의 칭호와 장예원 판결사의 관직을 받았다.

그는 선조 임금이 피난 간 평안도 의주로 향하던 중 강화도에 주둔하면서 수차에 걸쳐 일본군을 무찔렀으며, 1593년 일본군이 남쪽으로 퇴각하기 시작하자 적을 따라 내려가 제2차 진주성전투가 시작되기 전에 진주성에 입성했다. 수성의 주장(主將)으로 최경회 · 황진 · 고종후 · 장윤 등과 함께 성곽 사수를 다짐했다.

일본군 10만 대군이 성을 향해 공격해왔고 격렬한 공방전 끝에 1593년 6월 29일 성이 함락되자 김천일은 장남 김상건 등과 함께 촉석루에서 남강에 투신하여 순절했다.

김천일이 진주성 전투에서 순절한 뒤 1603년(선조 36) 좌찬성 증직과 함께 조정에서 예관을 보내 치제한 것을 계기로 향사의 건립이 추진되어 1606년에 사우를 건립하고 조정에 사액을 청했다. 이에 1607년 나주 정렬사와 진주 창렬사에 '정렬(旌烈)'이라는 사액이 내려졌다.

조정은 1618년(광해군 10) 김천일에게 영의정을 추증했고, 1627년(인조 5)에는 문열(文烈)이라는 시호를 내렸다. 1630년에 충신 정려, 1745년(영조 21)에는 부조묘의 은전이 각각 내려졌다. 영조 임금은 친히 정렬사 제문을 내렸으며 순조 임금도 사제문을 내렸다. 나주 정렬사 · 진주 창렬사에 이어 순창 화산서원 · 태인 남고서원 · 임실 학정서원에도 배향되었다.

(김상건)

김상건(金象乾)은 김천일의 장남으로 자는 건보이다. 아버지와 함께 의병 활동을 했으며 진주성 함락 당시 촉석루에서 아버지와 함께 강물에 뛰어들어 순절했다. 1630년 좌부승지에 증직되고 진주 창렬사에 배향되었다.

(양산숙)

양산숙(梁山璹)은 나주 박산(현재의 광주 박호동)에서 대사성 양응정의 셋째 아들로 출생했다. 호는 반계, 본관은 제주, 시호는 충민이다. 진주성 함락 당시 김천일・김상건 등과 함께 투신, 순절했다. 이조판서에 증직되고 진주 창렬사에 배향되었다.

(임회)

임회(林檜)는 나주 여황(본량)에서 임정수의 아들로 태어났다. 호는 관해, 본관은 평택이다. 송강 정철의 사위이다. 1624년 경기도 광주목사 재임 시 이괄의 난이 일어나자 2월 12일 이괄이 이천으로 도망가는 것을 막기 위해 경안역(경기도 광주읍) 다릿목을 지키다가 이괄에게 붙잡혔다. 항복하지 않고 자결했다. 열흘 후인 2월 22일 도승지에 증직되었다.

(이용제)

이용제(李容濟)는 이담의 둘째 아들로 태어났다. 호는 후조당, 본관은 전의이다. 무과 급제 후 홍덕 현감을 지냈으며 임진왜란 때 남원읍성전투에서 순절했다. 1638년 병조참판에 증직되고 1741년에 충신 정문이 내려졌다.

○ 전라남도 나주시 정렬사길 57 (대호동 646-1)

나주 최희량 장군 신도비

최희량 장군 신도비는 임진왜란 때 공을 세운 최희량의 충절을 기리기 위해 세운 비석이다.

1901년(광무 5) 최희량의 후손들이 신도비를 세웠으며, 송치규가 글을 짓고, 송치규의 자손인 송지헌이 글을 덧붙여 기록했다. 신도비는 네모난 받침돌 위에 비 몸을 세우고 그 위에 지붕돌을 올렸다.

전체 높이는 280센티미터이며, 비 몸 245센티미터, 비석 너비 118센티미터이다. 비석 제목은 해서로 '증 병조판서 무숙공 수성 최일옹 신도비'라고 되어 있다.

최희량 장군 신도비는 1981년 10월 20일 전라남도 기념물 제53호로 지정되었다.

최희량 신도비

신도비 앞의 평야

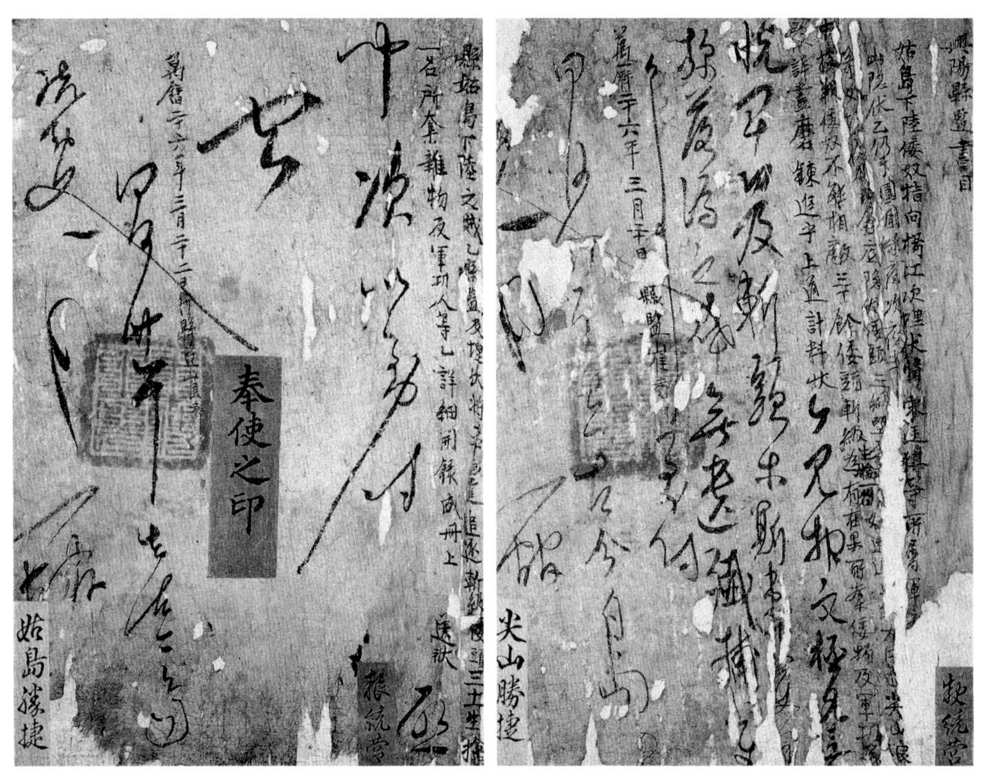

최희량 임란첩보서목. 왼쪽은 만력 26년(1598) 3월 22일 고도에서의 전투 승리를 보고한 것이고, 오른쪽은 그 이틀 전인 3월 20일 첨산에서의 전투 승리를 보고한 문서이다.

(최희량)

일옹(逸翁) 최희량(崔希亮, 1560~1651)은 현재의 나주시 다시면 가흥리에서 참봉 최영의 아들로 태어났다. 1586년 별시과와 알성과에 급제했다. 그의 나이 35세 때인 1594년 무과에 급제하여 빙부인 충청도 수군절도사 이계정(李繼鄭)의 추천으로 선전관이 되었고 그를 도와 일본군 방어에 힘썼다.

1597년 도요토미 히데요시가 다시 침공해 오자 선조 임금은 궐내에 도요토미 히데요시의 화상을 그려 걸어 놓고 신하들로 하여금 활을 쏘게 했다. 이때 최희량이 그 이마에 화살을 명중시키자 임금은 그의 활솜씨를 인정하여 흥양현감으로 특진시켰다.[69]

그가 임지에 도착하자마자 조정에서는 연해 지역의 수령들을 모두 수군에 배속시킨다는 명을 내렸다. 이에 최희량은 삼도 수군통제사의 휘하에 들어가 여러 전공을 세웠다. 고도(姑島)・명량・첨산・예교 등에서 전승을 거두었고 노량해전에 참전하여 대승을 거두는 데 공을 세웠다. 적에게 포로가 된 신덕희 외 7백여 명을 구출하기도 했다.[70] 노량해전에서 이순신 장군이 전사하자 벼슬을 버리고 낙향하여 지냈다.

1604년 선무원종공신 1등에 등재되고 가선대부에 올랐다. 1651년(효종 2) 92세에 별세했다. 1774년(영조 50) 병조판서에 추증되고, 1811년(순조 11)에 무숙(武肅)이라는 시호를 받았다.

일옹유사에 기록된 최희량의 전공 내용 중 일부(1598년)
3월 20일 첨산(尖山)의 전투에서 수급 30여 급을 베고 왜(倭)의 군물(軍物)을 노획했다.
3월 21일 양강(楊江) 부근의 왜병의 육군을 쳐서 수급 38급을 베고 적병 1명을 생포했다.
3월 22일 고도(姑島) 부근의 왜병의 육군을 쳐서 수급 1급을 베고 2명을 생포했다.
3월 25일 다시 첨산전투에서 수급 1급을 베고 1명을 생포했으며 왜적의 군물, 의복 등을 노획했다.
4월 14일 흥양현 남문 밖에서 수급 5급을 베고 왜적의 군물을 노획했다.
7월 12일 남당포 전투에서 수급 2급을 베고 왜적의 의복, 검 등의 군물을 노획했다.

(최희량 임란첩보서목)

최희량 임란 관련 고문서 첩보서목(捷報書目)은 1598년 당시 흥양(지금의 고흥군)현감으로 있던 최희량이 수군통제사 이순신과 전라도 관찰사에게 일본군을 격파한 전과를 보고한 문서이다.

69) 이영호・이라나(역), 『임진왜란의 명장 일옹 최희량』(서울: 문자향, 2008), 283쪽.

70) 상세한 내역은 이영호・이라나, 앞의 책, 283~284쪽 참조

흥양현감이 수군 지휘관인 수군절도사나 삼도 수군통제사 등에게 보고한 문서인 임란첩보서목 여백 부분에 접수자인 이순신 장군의 결재 표시인 수결이 남아 있는 것을 볼 수 있다.[71]

최희량의 사후에 후손 최기정이 흩어져 있던 문서들을 모아 19절지로 배접하여 문서첩으로 제작했다. 표지에 최기정이 '최일옹 파왜보첩 원본'이라는 제목을 붙였으며, 각 문건마다 백지 또는 붉은 종이를 표지로 붙여 내용을 알기 쉽게 정리했다.[72]

첩보서목은 두 가지 점에서 관심을 끄는 자료이다. 하나는 지금까지 남아 있는 첩정이 많지 않아 희귀성이 있다는 것이고, 다른 하나는 임진왜란 당시 조선수군의 실상을 밝혀준다는 점이다. 특히 함선에 탑재되는 각종 무기와 장비의 수량 통계표 등을 포함하고 있어 당시 판옥선의 무장 수준, 주요 탑재 화포의 종류와 수량, 탑재하는 포탄과 화살 등 발사체의 수량, 사용한 활의 종류 등을 파악할 수 있다.[73]

첩보서목은 임진왜란 당시의 수군 첩정이라는 점과 희귀성이 인정되어 1979년 7월 26일 보물 제660호로 지정되었다. 수원 최씨 종중에서 관리하고 있다.

○ 전라남도 나주시 다시면 가흥리 369

나주 포충각(이지득)

포충각(褒忠閣)은 임진왜란 때 의병으로 활동하다가 순절한 함평 이씨 이지득(李止得, 1555～1594)의 정려이다. 1893년(고종 30) 정려가 내려진 후 그의 후손 이탁헌(李鐸憲)이 중심이 되어 1894년 함평 이씨 집성촌인 샛골 초동(草洞) 입구에 건립했으며 1967년에 중수했다.

이지득은 왜란이 일어나자 자신 소유의 재산을 처분해 군량미로 제공했으며, 장경홍(張景弘)·장경남(張景男)과 함께 의병을 모아 참전하여 공을 세웠다. 이들은 흥양포전투에서 모두 순절했다.

포충각은 정면 1칸, 측면 1칸 규모의 2층 팔작지붕 건물이다. 건물 정면에는 '포충각'

71) 조선시대 첩정에는 정식 보고서 내용을 요약한 첨부 문서인 서목이 따라 붙는다. 보고받은 상급자는 첩정 본문은 보관하고, 첨부 문서인 서목에는 결재 여부를 표기해 하급자에게 회신하는 것이 관행이었다.

72) 문화재청 자료(http://www. cha.go.kr/)

73) 김병륜, 〈국방일보〉, 2006년 12월 20일자.

편액, 측면에는 '정충문(旌忠門)' 편액이 각각 걸려 있다. 내부에는 '정충각 실기'(1897년), '고 충신 통정대부'(1894년), '정려실기'(1965년) 등 3개의 현판이 걸려 있다. 기둥에는 용과 구름 그림, 1층 천정에는 태극, 8괘, 해와 달의 그림이 그려져 있다. 포충각은 나주시 향토문화유산 제19호로 지정되어 있다.

포충각

옆에서 본 포충각. '정충문' 현판이 걸려 있다

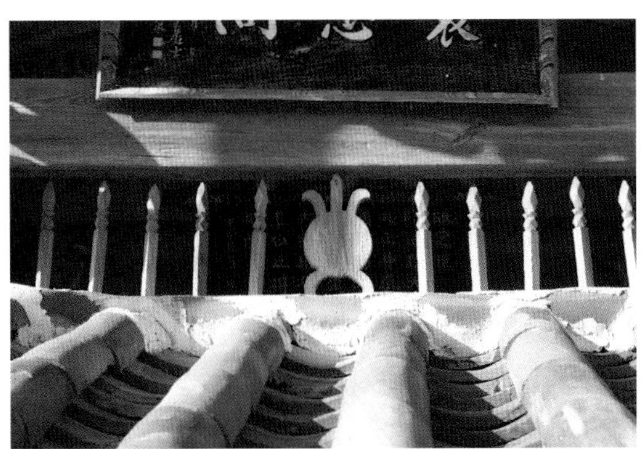

내부에 '충신 이지득 정려문' 편액이 걸려 있다.

○ 전라남도 나주시 다시면 영동리 717-3

8. 담양

담양 오충정려

담양 오충정려(五忠旌閭)는 임진왜란 때 순절한 박천붕과 병자호란 때 순절한 박천붕의 네 아들을 기리는 정려로 1748년(영조 24)에 명정되어 건립된 정각이다.

박천붕(朴天崩, 1554~1592)은 중봉 조헌(趙憲)의 문하에서 수학했으며, 27세 때 무과에 급제했다.[74] 임진왜란이 발생하자 조헌 막하에 들어가 그의 종사관이 되어 여러 전투에서 공을 세우다가 청주 상당산성 전투에서 전사했다.

박천붕의 네 아들 박원겸(朴元兼), 박인겸(朴仁兼), 박예겸(朴禮兼), 박의겸(朴義兼)은 1636년 병자호란 때 충청병사 이의배(李義培)의 선봉장으로 활약하다가 모두 전사했다.

1748년(영조 24)에 박천붕은 충근호성공신(忠謹扈聖功臣)에 추증되었으며, 네 아들과 함께 정려를 명받아 이 정려각이 건립되었다.[75] 정려의 원래 위치는 평장리 화암마을 뒤편에 있었으나 1800년(정조 24)에 소실되었으며, 80여 년이 지난 1886년(고종 23) 현재의 위치에 다시 세웠다.

정면 3칸, 측면 1칸의 정려 내에는 신비와 구비가 있는데, 구비(舊碑)는 1886년 건물을 다시 지으면서 세운 것으로 사각형의 나직한 기단에 비 몸과 머릿돌을 갖추었다.

앞면에는 해서체로 '밀양 박씨 오충 기실비(密陽朴氏五忠紀實碑)'라고 썼다. 뒷면에 오

74) 박천붕의 출생연도는 1545년설과 1554년설이 있는데 여기서는 충청남도 사이버문화원의 자료에 있는 1554년을 택했다.

75) 한국역대인물종합정보시스템

충정려에 대한 내용을 기록해 두었으나 1938년 일본경찰에 의해 글자가 훼손되어 지금은 잘 보이지 않는다.

광복 후에 다시 각문하여 새 비석을 건립했다. 전면에 '밀양 박씨 오충 기실비(密陽朴氏五忠紀實碑)'라고 각자하고, 좌우측 면과 뒷면에 5부자의 순절내용을 기록하고 있다. 비문의 찬(讃)은 기우만(奇宇萬)이 했다. 비석의 총 높이는 182센티미터이며 비 몸(높이 140센티미터, 너비 55센티미터, 두께 27센티미터)과 머릿돌을 갖추고 있다.

오충정려는 1974년 12월 26일 전라남도 기념물 제16호로 지정되었다.

오충정려 현판

밀양 박씨 오충기실비

밀양 박씨 오충기실비

오충기실

박천붕지려

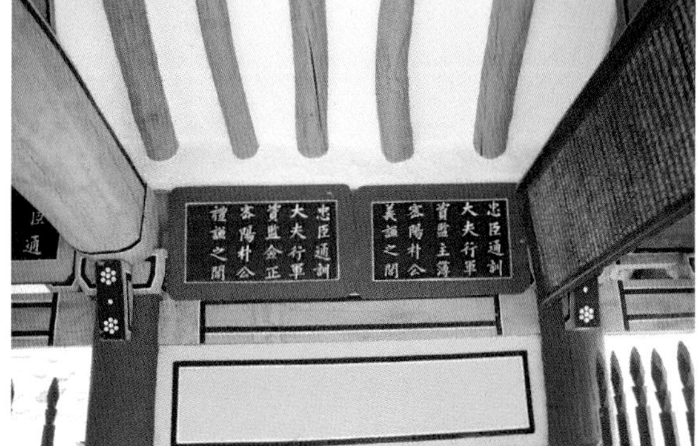
박의겸 박예겸지려

(박천붕)

박천붕은 본관이 밀양으로 자는 익호(翼乎), 호는 규정(樛亭)이다. 1554년 충청도 연기현 북이면 두옥동(현재의 세종시 서면 월하리)에서 군수를 지낸 박령(朴笭)과 청주 한씨 사이에서 태어났다. 1562년 9세가 되는 해에 아버지를 여의고, 4년 뒤인 13세 되는 해에는 모친상을 당하는 등 불우한 어린 시절을 보냈다.

조헌의 문하에서 학문을 익혔으며, 무과에 장원급제한 후 훈련원 참군이 되었다. 1587년 스승인 조헌이 선조 임금의 노여움을 사서 옥천으로 낙향하자 박천붕도 벼슬을 버리고 고향인 두옥동으로 내려와 후진 양성에 주력했다. 방촌 황희(黃喜)의 후손인 황달효(黃達孝)의 딸 장수 황씨를 아내로 맞이하여 네 아들을 두었다.[76]

1592년에 임진왜란이 일어나자 스승인 조헌의 종사관이 되어 8월 청주 상당산성을 탈환하기 위한 전투에서 선봉장으로 적진에 뛰어들었다가 순국했다.

○ 전라남도 담양군 대전면 서옥화암길 34-4 (평장리 265)

76) 조치원문화원(http://jochiwon.cult21.or.kr/)

담양 추성관 터・추성창의관

1592년 5월 초순 전라도 지역에서 모병한 군대 8천 명(제1차 근왕군)을 이끌고 서울을 향해 북상 중이던 전라관찰사 이광은 선조 임금이 피난을 가고 서울이 일본군의 수중에 들어갔다는 소식을 듣고 충청남도 공주에서 갑자기 군대를 해산시켰다.

그는 임금의 행차가 서쪽으로 몽진하여 그 존망을 알 수 없으니 어찌할 도리가 없다며 군대를 해산하고 일부 병력을 이끌고 전주로 되돌아왔다. 이 소식을 들은 전 수원부사 김천일은 분함을 참지 못하고 고경명에게 먼저 이광을 처벌하고 군사를 모아 북상하자고 서신을 보냈다. 김천일은 다시 고경명・박광옥・최경회・정담에게 거병하자고 제의했다. 그리고 5월 6일 담양에서 고경명을 만났다.

고경명은 이때 벼슬에서 물러나 나주의 집에 내려와 있었는데 임금이 서쪽으로 파천하고 서울이 함락되었다는 소식을 듣고 통곡하다가 전라감사 이광에게 글을 보내 그를 책망했다.

성균관 학유인 유팽로는 임진왜란이 일어나자 서울에서 고향인 곡성군 옥과로 돌아왔다. 그는 독자적으로 의병 모집 활동을 벌이고 있던 중 5월 15일 남원에서 이종 간인 양대박을 만나 함께 의병 창의를 결의했다.

5월 23일 유팽로와 양대박은 고경명을 찾아가 구체적인 창의 계획을 논의했다. 유팽로는 순창에서 부랑배 수백 명을 설득하여 의병에 참여시키기도 했다.[77]

고경명은 박광옥・유팽로 등과 함께 의병을 일으킬 것을 도모하여 1592년 5월 29일 담양 추성관에서 의병 창의를 위한 회의를 가졌다. 이 회합에는 고경명과 그의 아들 고종후・고인후, 고경명의 조카 고성후, 사위인 노석령, 박회가 참여했으며, 옥과의 유팽로, 남원의 양대박・양희적・양정언・안영・이대윤・이억수・채희윤, 순창의 양사형, 장성의 강념, 영암의 박대기・박승원・박장원, 광주의 김덕홍(김덕령의 큰형)・정귀세・유사경・박지효・박대수・신응화, 임실의 홍석방, 부안의 김영무・김억일, 강진의 최우, 해남의 고몽룡, 동복의 정암수・정유성, 능주의 고훈, 창평의 조효원, 함평의 박응수, 영광의 이인우, 남평의 정준일, 최후립・최홍립 형제 등 21개 읍에서 온 61명의 유림 선비들이 참여했다.

당초 고경명과 같이 참여하기로 했던 박광옥은 지병으로 인해 고향에 머물면서 군량과

77) 유팽로는 전라도에서 의병을 일으킨 김천일, 고경명과 더불어 호남의 삼창의(三倡義)로 불린다.

군기 조달 임무를 맡기로 하는 한편 육촌 아우 박광조와 조카 박윤협을 의병에 참여시켰다.

이날 고경명은 맹주에 추대되었다. 그는 당시 나이 60의 고령에다가 건강도 좋은 편이 아니었으나 맹주가 되는 것을 사양하지 않았다. 이어서 그는 6월 11일을 거병일로 정하고 각 지역에 격문을 보내어 선비와 장정들이 많이 참여하도록 했고 제주목사 양대수에게 격문을 보내어 말(馬)을 모았다.

고경명 등이 회맹한 담양 추성관은 지금의 담양 동초등학교 자리이다. 옛 의병 창의의 뜻을 기념하기 위해 동초등학교 강당의 명칭을 '추성관'이라고 했다.

그런데 고경명은 거병을 며칠 앞둔 6월 5일 전라 관찰사 이광이 이끄는 제2차 근왕군 5만 명의 군사가 경기도 용인에서 일본군 1,600명에게 참패했다는 소식을 접했다.

고경명은 서울 수복과 선조 임금을 보위하기 위해 전라도 각 지역에서 모인 6천 명의 군사를 이끌고 담양 추성관을 출발하여 서울로 향했다. 유팽로가 좌부장, 양대박이 우부장, 안영이 종사관을 맡았다.

이렇게 의병 창의를 결의했던 장소인 추성관 터에는 현재 담양동초등학교가 자리하고 있다. 그리고 '추성관(秋成館)'의 이름은 강당 건물에 남아 의병 항쟁 이야기를 전해주고 있다.

동초등학교 강당(체육관) 추성관

호남의병이 회맹한 자리인 동초등학교. 담양부 공관이 있던 자리이다.

(추성창의관)

호남 의병 항쟁을 촉발시킨 것은 의병장 고경명이다. 그가 담양 추성관에서 유팽로·양대박·안영을 비롯한 6,000여 명의 의병을 모아 창의함으로써 담양은 항일 연합의병 창의의 시발점이 되었다.

이들의 의병 창의와 충절을 기리기 위해 2012년 7월 20일 추성창의관이 건립되었다. 담양읍 운교리 죽향문화체험마을 안에 위치한 추성창의관에서는 의병활동을 기리는 제례를 행하고 있으며 임진왜란 역사교육의 장으로도 활용되고 있다.

추성창의관 입구

추성관

추성관 현판

○ 전라남도 담양군 담양읍 추성로 1323 담양동초등학교

담양 추월산 흥양 이씨 순절지(보리암)

전라남도 5대 명산의 하나로 꼽히는 추월산(해발 731미터)에는 소나무·느티나무 등 여러 종류의 나무들이 자라고 있다. 추월산 입구 주차장에서 시작되는 등산로는 세 갈래가 있는데 이 중 보리암으로 바로 올라가는 길은 약 1.5킬로미터의 거리인데 경사가 급하여 보리암까지는 1시간 30분 정도, 보리암 정상까지는 2시간 정도 소요된다.

보리암 안내도

등산로 입구에 있는 김응회 순절비

가파른 암벽 위에 있는 보리암

보리암(왼쪽)과 김덕령 부인 흥양 이씨 순절비(오른쪽)

김덕령 부인 흥양 이씨 순절비

김응회 순절지비(왼쪽)와 이인경・이원경
순절지비(오른쪽)

보리암

보리암에서 내려다 본 담양호

높은 암벽 위에 자리 잡은 보리암에 서면 담양호와 그 너머에 있는 금성산성을 바라볼 수 있다. 보리암에서 가까이 내려다보이는 담양호는 절경이어서 해마다 많은 등산객들이 즐겨 찾고 있다.

추월산은 임진왜란과 대한제국 시절 지역의 의병들이 일본군에 항거하여 싸운 곳이기도 하다. 등산로 초입에는 대한제국 시절인 1908년 11월 25일 이곳에 진을 치고 있던 의병부대에 1백여 명의 일본군이 기습공격을 가했고 이에 맞서 싸우던 의병 15명이 전원 전사했다는 내용의 의병 전적지 표석이 있다. 표석 바로 뒤에는 임진왜란 때 근왕창의장(勤王倡義將) 김응회와 그의 모친 창녕 성씨의 순절비가 자리하고 있다.

청계 김응회 순절비 비문

공의 휘는 응회(應會)요 자는 시극(時極)이오 호는 청계(淸溪)이다. 성은 김씨이니 신라왕의 후예로 언양을 본관으로 하고 고려조에는 위열공 취려(就礪)와 익대공 전(佺)이 부자(父子)이시고 평장사가 되어 그로부터 대를 이어 현관(顯官)이 그치지 아니하였다. 공의 증조 삼준(三俊)에 이르러 사헌부 강령이 되고 그 아들이 송무(松茂)이니 경기전 참봉이요 그 아들이 성벽이니 광양훈도이다. 창녕 성씨 이조판서 세미(世美)의 따님을 취하여 명종 10년 을묘(1555)에 한양 저택에서 공을 낳으셨다. 자라서 문간공 우계 성혼 선생에게 수업하고 또 건재 김천일 공과 함께 종유하니 건재공은 동종(同宗)이다.

공은 어렸을 때 부친을 잃고 죽을 마시며 시묘하면서 모부인 성씨의 병환이 위독하자 손가락을 깨물어 피를 내어 죽에 타서 드리니 차도가 있었다. 공은 성현의 글에 마음을 기울여 밤낮으로 게으름이 없었다. 당시의 관찰사가 조정에 천거하려고 했는데 공이 힘써 사양하셨다. 을유년 진사시에 급제하여 귀후서 별좌(歸厚署別座)에 임명되었는데 취임하지 않았다.

임진년에 왜적이 쳐들어오자 여러 고을이 소문만 듣고서 와해되니 공이 그때에 담양 집에 있었는데 개연히 분기(奮起)하여 말하기를 나라 종사가 폐허되고 임금이 파천하니 신자(臣子)된 도리로 신명을 바쳐야 할 것이다 하고 처남 덕령(德齡)에게 의거하기를 힘써 권했다. 그는 곧 충성스럽고 용맹한 장군이다. 드디어 같이 담양에서 의병을 일으키니 군사가 5천이요 함성이 천지를 진동하였다. 공이 종군하여 군무의 제반사를 주관하셨으며 경상도까지 진군하여 왜적을 막는데 조정이 마침 강화하여 해산을 권유하니 싸울 것을 청하였으나 허락받지 못하였다.

이윽고 김 장군이 역적으로 누명을 쓰고 국문을 당하여 엄벌이 공에게도 미쳤다. 조정에서 명하여 덕령의 반역한 사실을 공에게 물으니 공은 덕령이 나라를 위해 충성을 다하고 절대로 딴마음이 없었음을 극력 소명하였다. 고문을 받아도 언어와 기개가 태연자약하니 위관(委官) 김응남(金應南)이 공에게 묻기를 너는 어찌하여 고통하는 빛이 없느냐 하자 공이 말하기를 임금이 지척에 계시니 어찌 미천한 신하의 부르짖는 소리가 들리게끔 할 수 있으랴 하였다. 곤장이 끝나면 무릎을 모으고 단정히 꿇어앉으며 서명(署名)을 삼가하고 조용히 추주(趨走)하니 옥에 이르러 보는 이가 모두 장하게 여기었다. 위관이 상계(上啓)하기를 공은 혹독한 형벌에 임해서도 난언(亂言)이 없으니 충직합니다 하여 임금께서 특별히 사면하셨다. 출옥하니 친구들이 다투어 찾아와 위문하자 공이 웃으며 말하기를 고문받을 때 그 고통을 몰랐고 다만 서까래 같은 곤장이 와서 내 다리뼈를 치는데 그 소리가 쿵하고 거문고의 굵은 줄 소리와 같았다 하니 만좌가 크게 웃었다. 이에 앞서 전라감사 홍세공(洪世恭)이 공과 정송강(鄭松江)이 친함을 미워하여 중상해서 담양 옥에다 가뒀다가 곧 의금부로 압송하여 국문을 받게 하고 국문이 끝나자 나주 옥에 가두었다.

정유재란이 일어나 남원이 함락되자 출옥할 수 있었다. 모부인 성씨를 모시고 추월산에 피난하셨는데 왜적과 부딪쳐 모부인 성씨를 해하려 하자 공께서 몸으로 감싸고 모자가 같이 순절하시니 선조 30년 정유(1597) 9월 16일이었다. 그 후 담양고을 매곡(同府東梅山) 건좌손향(乾坐巽向)에 장사하였다. 광해 5년 계축(1613)년에 왕명으로 학동리에 효자정문을 세우고 어진 선비들이 구산(龜山)에 사당을 세워 제사하였다. 배(配)는 광산 김씨 참봉 붕섭(鵬燮)의 따님이시며 2남 1녀를 두셨으니 충원과 부원이며 따님은 진사 임득신에게 시집가셨다.

공의 성품은 충순(忠純)하고 기상은 출중하여 선과 의리를 행하시고 뜻은 고결하셨다. 오호라 공의 족형 건재 김공은 임진왜란에 창의사로 진주에서 장렬하게 순절하여 훈공과 예절과 의리가 세상을 진동하고 장무공 김준(金浚) 또한 공의 친족으로 정묘호란 때 안주를 사수하다 순절하셨다. 공(公)과 이공(二公)과는 위열공의 한 후손이요 이공은 다 충절에 순절하시고 죽음으로써 충과 효를 다 하셨으니 어찌 장하고 훌륭타 아니하리요. 공의 5대손 언휴(彦休)가 삼공(三公)의 사적을 합편하여 한 책을 만들어 언양 김씨 충렬록(彦陽金氏忠烈錄)이라 명명하고 문충공 민진원(閔鎭遠) 선생이 서문을 썼다. 또 수은 강항(姜沆) 선생이 공의 정문기(旌門記)를 짓고 거기에다 우산(牛山) 안방준 선생이 지은 세 분의 충절에 대한 기사(記事)는 상세하니 백세에 증명되도다. 언휴의 손자 노윤이 제서(諸書)를 손수 써서 청풍 김종후(金鍾厚)에게 보이기에 공의 행장을 지어 입언(立言)할 군자(君子)의 채택재성(採擇裁成)을 기다린다.

청풍(淸風) 김종후(金鍾厚) 찬(撰)

순절비를 지나 산 정상 부근 보리암(普堤庵)에 이르면 암자 입구에 의병장 김덕령의 부인 흥양 이씨가 절벽 아래 깊은 계곡으로 투신하여 순절한 곳임을 알리는 순절비가 자리하고 있다. 흥양 이씨에게는 정경부인의 칭호가 내려졌다.

흥양 이씨 순절비 옆에는 순절비가 2기 더 있는데 하나는 근왕창의사인 흥양사람 이인경(李寅卿)과 그의 부인 광산 이씨, 흥양사람 이원경(李元卿)과 그의 부인 제주 양씨가 순절한 곳임을 알려주는 비석이고, 다른 하나는 등산로 초입에서 보았던 근왕창의사 김응회와 그의 모친 창녕 성씨가 순절한 장소임을 알려주는 비석이다.[78)]

보리암은 정유재란 당시 소실된 후 1607년(선조 40) 신찬(信贊)이 중수했고 그로부터 40여 년이 지난 1650년(효종 1)에 다시 여러 스님이 힘을 합쳐 재건했다. 그 후 여러 차례 중수했고, 1983년 완전 해체한 후 주지 성묵(聖默)이 지금의 법당을 신축했다. 법당은 정면 5칸, 측면 2칸의 팔작지붕 건물이다.

(김응회 순절지 비)

김응회의 비석은 김덕령 부인의 순절비 바로 밑에 자리하고 있다. 근왕창의장 김응회와 그의 모친 창녕 성씨가 이곳에서 순절했음을 알려준다.

(이인경·이원경 비)

김응회 순절지 비 오른쪽에 근왕창의사 이인경(李寅卿)과 그의 부인 광산 김씨, 근왕창의사 이원경(李元卿)과 그의 부인 제주 양씨가 이곳에서 투신하여 순절한 곳임을 알려준다.

○ 전라남도 담양군 용면 월계리 산 81-1 보리암

78) 정유재란 때 남원읍성이 함락되자 김응회는 모친 성씨 부인, 김덕령의 부인 흥양 이씨, 김덕령의 처남 이원경의 부인 제주 양씨 등과 함께 보리암 부근 암굴에서 피난하던 중에 일본군을 만나 도망하다가 깊은 계곡 절벽 아래로 투신했다. 일찍이 순절한 곳에 표석을 세웠는데 일제강점기 일제가 이를 훼손했다. 이에 1996년 3월에 표석을 복원하고 길지를 택하여 추월산 등산로 입구에 김응회의 행장을 적은 순절비를 세웠다. 이인경과 이원경은 형제간이며, 김덕령의 처남들이다.

9. 목포

목포 고하도 이충무공 유적지

고하도는 목포시내에서 남서쪽으로 2킬로미터 정도 떨어진 영산강 어귀에 있는 작은 섬이다. 섬의 북쪽 언덕은 바다 건너 유달산과 마주하고 있고, 동쪽으로는 영산강 하구둑을 마주하고 있다. 지금은 시내 서쪽 방면에서는 목포대교가 북항 선착장과 고하도를 연결해주고 있다.

고하도는 서남해에서 내륙으로 연결되는 영산강의 빗장 역할을 하는 지리적 특성이 있어서 이를 아는 이순신이 임진왜란 때 이곳을 전략지로 활용하여 일본군의 침입을 막아냈다. 작은 섬이지만 이곳을 잃으면 호남의 곡창지대를 흐르는 영산강을 일본군에게 내어줄 수도 있는 곳이기에 전략상 중요한 곳이었다.

1597년 9월 16일 명량해전에서 일본수군을 격파한 수군통제사 이순신은 해남의 전라우수영에서 고민했다. 적군은 아직 많은 수의 전함을 보유하고 있는데 적군의 주력 부대가 다시 명량해협으로 진입하고 별동부대가 진도 남단으로 우회하여 접근한다면 명량해협에 인접해 있는 전라우수영은 앞뒤에서 적의 공격을 받는 상황에 처하기 때문이다.

이순신의 조선수군은 임시로 진을 펼쳤던 안창도로부터 10월 29일 이곳 목포 앞바다 고하도로 수군 본영을 옮겨 주둔하면서 군량미를 비축하고 군수물자를 모아 전력을 재정비했다.

이순신은 이곳 고하도에서 1598년 2월 17일 다시 강진 앞바다 고금도로 수군 본영을 옮길 때까지 107일간 주둔하면서 전함 건조 및 수리, 무기 제작, 군량 확보 등 전투준비에 만전을 기했다.79) 당시의 진영 터와 성터가 지금도 남아 있는데 수군 진영이 있던 곳은 속칭 불당골이라고 부르는 지점으로 서북풍을 막아낼 수 있는 산 밑의 남쪽 기슭이다. 북쪽 봉우리의 나무를 베어 목재를 가져다가 진영과 군량창고를 건립했다.

고하도 이충무공 유적은 1974년 9월 24일 전라남도 기념물 제10호로 지정되었다. 이충무공기념사업회는 매년 4월 28일 이곳에서 충무공 탄신제를 거행한다.

이충무공 유적지 안내 표석

홍살문

79) 제장명, 앞의 책, 205쪽. 고니시 유키나가가 이끄는 일본군이 순천왜성에서 농성하고 있었기에 고하도에 주둔하고 있어서는 이들에 대한 적절한 대응을 하기 어렵다는 점과 고금도의 위치가 전라 좌도우도를 제어할 수 있는 요충지라는 점, 경작면적이 넓고 인구가 많아 군량 확보에 도움이 된다는 점 등이 고려되어 고금도로 진영을 옮기게 되었다.

모충문

이충무공 기념비가 있는 모충각

이충무공 기념비

비각 내의 편액

모충각 현판

고하도 유허비 비문

대체로 이 섬은 남쪽에서 서쪽으로 이어지는 바다의 길목에 위치하여 오른편으로 영남에 연하고 왼편으로 한양으로 연결된다. 가깝게는 군사들에게 식량을 공급할 수 있어서 승리를 기약함이요, 멀리는 행재소에 곡식을 제공하는 데 궁색하지 않음이라.

(이충무공 기념비)

이충무공 기념비는 이순신의 탁월한 전략을 기리고 있다. 전쟁에서 승리하기 위해서는 군량의 비축과 적시 공급이 중요하다고 판단한 이순신은 군사적 요충지인 이 섬에 양식을 충분히 비축했다.

이순신은 이곳에 남·서 길이 1킬로미터, 높이 2미터, 폭 1미터의 성을 쌓아 해역 감시 체제를 갖추고 피아 선박을 구별했다. 한편에서는 군영 운영자금을 모으기 위해 해역을 통과하는 민간 선박에 대해 1~3석의 군량을 납부하고 통행첩을 받아가도록 함으로써 상당한 분량의 군량미를 비축할 수 있었다.

이충무공기념비는 1597년 이순신이 고하도에 진성을 축성하고 군사를 주둔했던 터에 세운 것으로 훗날 삼도 수군통제사 오중주가 건립공사를 시작하여 1722년(경종 2) 8월 충무공의 5대손인 삼도 수군통제사 이봉상이 완성했다.

비명은 '유명 조선국 고 삼도통제사 증 좌의정 충무 이공 고하도 유허 기사비'이다. 남구만이 비문을 지었고, 조태구가 글씨를 썼으며, 이광좌가 비문을 새겼다.

비문은 17행 48자이며, 정유재란 때 이순신이 군사 주둔처로 고하도를 선정하게 된 과정, 수군 진영이 1647년에 당곶진(현재의 목포시 이로동 하당 일대)으로 옮겨가게 되어 이곳 고하도진영을 폐하게 되자 이를 안타깝게 여긴 오중주가 유허비 건립을 주도한 내용, 전쟁 발발 시 군량미 비축 및 공급의 중요성, 후임 수군통제사들에게 이곳이 고하도 진영 터임을 알리기 위해 비석을 세우게 했다는 내용이 담겨 있다. 뒷면에는 '숭정 기원후 구십 오년 임인 팔월'로 건립연대가 새겨 있다.

비석의 높이는 227센티미터이고 재질은 화강암이다. 당초문이 새겨진 네모꼴의 머릿돌과 좌대를 갖추었다. 이 비석은 일제강점기 야산에 버려져 있었던 것을 광복 후에 수습하여 현재의 위치에 세웠다. 비각은 1949년에 건립했고 1963년에 중수했다. 기념비를 보호하는 비각 모충각 내에는 40여 개의 현판이 걸려 있다. 이충무공 기념비는 1974년 9월 24일 전라남도 유형문화재 제39호로 지정되었다.

○ 전라남도 목포시 고하도길 175 (달동 산 230)

목포 유달산 노적봉

유달산 노적봉(露積峰) 바위는 이순신 장군의 의인전술에 관련된 이야기가 전해져 내려오는 곳이다. 노적봉은 해발 60미터의 바위 봉우리로 임진왜란 때 이순신이 이 봉우리에 이엉을 덮어 마치 조선군의 군량미를 쌓아 놓은 것처럼 꾸며 다수의 병사들이 있고 충분한 양곡이 있는 것처럼 보임으로써 일본군이 함부로 쳐들어오지 못하게 한 적이 있다.[80] 이런 일이 있은 후부터 이 봉우리를 노적봉이라 부르게 되었다. 노적봉 상단의 바위는 사람의 얼굴 모습을 하고 있어 '큰 바위 얼굴'이라 불리기도 한다.

80) 적은 수의 군사로 다수의 일본군 그것도 조총으로 무장한 일본군을 물리치거나 위급을 피하기 위해서 사용한 전술이다. 독성산성에서 권율 장군이 산등성이에 말을 세워놓고 쌀을 뿌려 말을 씻는 것처럼 보여 식량과 식수가 부족해지길 기다리던 일본군으로 하여금 포위망을 풀고 다른 곳으로 가게 한 것도 같은 맥락이다.

노적봉 안내비

이순신 장군 동상에서 바라본 노적봉

시민의 종각에서 바라본 노적봉

○ 전라남도 목포시 유달로 180

목포 충무공 이순신 장군 동상

목포 유달산 초입의 계단을 올라가면 이순신 장군 동상을 만나게 된다. 충무공 정신을 구현하기 위해 1974년 5월 20일 209명으로 구성된 이충무공 동상 건립추진위원회가 결성되어 그해 8월 15일 장군의 동상을 건립했다.[81] 노적봉 맞은편에 자리하고 있다.

81) 동상은 전문가들의 고증 및 심의를 거친 후 탁련하가 조각했다.

이순신 장군 동상

○ 전라남도 목포시 유달로 180

10. 무안

무안 도산사

도산사(桃山祠)는 임진왜란 당시 공을 세운 남해현령 기효근과 기자헌·기종헌의 위패를 모신 사당이다.

선조 임금이 공신지를 하사했으며, 일제강점기인 1930년부터 향교 유림의 발의로 기효근·기자헌·기종헌 3인의 충절을 추모하기 위해 사우를 건립하고 매년 음력 2월 22일 제사를 드리고 있다.82)

도산사는 1997년 증축했으며 행주 기씨 문중에서 관리하고 있다. 도산사는 향토문화유산 제6호로 지정되었다.

(기효근)

기대유의 아들 기효근(奇孝謹, 1542~1597)은 1579년 무과에 급제했다. 선전관으로 재직할 때 임금의 명을 받아 전국 각지의 군사시설과 무기류를 두루 점검했다. 1590년 남해현령에 임명된 후에도 전란에 대비하여 함선과 무기를 점검, 보수했다. 임진왜란이 발발하자 해상전투에 참여하여 공을 세웠다.

1597년 정유재란 때는 지병으로 인해 남해현령을 사직하고 고향으로 가는 길에 일본군을 만나자 그의 어머니가 바다에 투신, 자살했고 그도 뒤따라 투신했다. 1604년 선무원종

82) 무안군청 홈페이지

공신 3등에 추증되고 개백군(皆伯君)에 추증되었다.

기효근의 딸인 이문룡(李文龍) 처 기씨 부인 또한 일본군과 조우하게 되자 자결했다. 선조 임금의 명으로 그녀의 열행을 기리는 열녀 정려가 세워졌다.[83)]

(기자헌)

기응세의 아들 기자헌(奇自獻, 1562~1624)은 문신으로 임진왜란 때는 예문관 봉교로 선조 임금의 피난길을 호종했다. 대사헌, 우의정, 좌의정을 역임했으며 광해군 즉위 때 공을 세웠다.

(기종헌)

기종헌(奇宗獻)은 기대유의 손자이고 기효근의 아들이다. 1592년 남해현령이던 부친을 따라 일본군 방어에 공로가 있어 훈련원정(訓練院正)에 임명되었다. 1605년 선무원종공신이 되어 가의대부에 올랐으며 행원군(幸原君)의 작위를 받았다.

기종헌은 충청수사, 파주목사를 지냈으며 1636년(인조 14) 병자호란 때 임금의 어가가 남한산성에 파천했을 때 남포루(南砲樓) 수비를 명받았으며, 여주목사 한필원, 이천부사 조명욱, 양근군수 한회일, 지평현감 박환과 함께 남한산성을 지켰다. 나중에 수군절도사가 되었다.

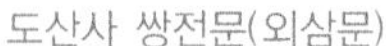
도산사 쌍전문(외삼문)

묘갈명(왼쪽부터 기자헌, 기효근, 기종헌)

83) 신종우의 인명사전(기효근)

도산사

위패

○ 전라남도 무안군 운남면 성내리 1159-3

무안 충효사

충효사(忠孝祠)는 1906년(고종 10)에 무안군 운남면 일대에 거주하던 김씨(金氏)·기씨(奇氏)·정씨(鄭氏)·이씨(李氏) 등 4성을 가진 6인이 조상의 충효사상을 기리기 위해 창건한 사우로 2인의 충신과 7인의 효자를 배향하고 있다. 충신은 김승조와 임진왜란 공신인 충렬공 정기린이고, 효자는 기응세·김상경·기우성·정시철·김필홍·김성태·이이주이다.

1916년에 이들 9인의 단비를 세운 후 1917년과 1921년에 개수했으며 현재의 사우 건물은 1981년에 중수한 것이다. 9인의 단비는 사우를 중수할 때 매몰되어 현존하지 않으며 사우 정면 오른쪽(문밖에서 볼 때)에 일제강점기인 1916년에 세워진 충효단비(忠孝壇碑)가 세워져 있다.[84] 충효사는 향토문화유산 제4호로 지정되어 있다.

84) 무안군청 홈페이지

충효사 삼문

충효사

충효단비명

충효사와 충효단비명

(정기린)

정기린(鄭麒麟, 1570~1593)은 함평군 수호리 출신의 무관으로 하동 정씨 정만주(鄭萬珠)의 아들이다. 1585년 16세에 무과에 급제하여, 좌부장(左部將)을 거쳐 사복내승을 역임했다. 임진왜란 발발 후 고경명의 격문을 받고 의병을 모집하여 고경명의 막하로 들어갔다. 고경명의 의병부대와 함께 금산으로 갔지만 훈련을 제대로 받지 못한 의병들이라 조총으로 무장한 일본군을 당해낼 수 없어 참패하고 거의 전원이 전사했다.

이때 살아남은 정기린은 순국한 의병들의 영령에 제사를 드린 후 의병을 다시 불러 모았는데 그 수가 수백 명에 달했다. 정기린은 이들을 이끌고 김천일의 진영으로 들어가 활동했다. 그가 백의대검(白衣帶劍), 기백마(騎白馬), 건백기(建白旗) 삼백(三白)으로 호국의 뜻을 나타내니 선조 임금은 '백자장(白字將)'이라는 칭호를 내려주었다. 1593년 6월 제2차 진주성 전투 당시 성이 함락될 때 탈출에 성공했으나 나중에 순절했다. 뒤에 선무원종공신으로 녹훈되었으며, 1649년(인조 27)에 정려와 함께 충렬(忠烈)이라는 시호를 받았다.

○ 전라남도 무안군 운남면 저동길 57-14 (연리 539-1)

11. 보성

보성 선씨 육충 절의비

보성군 득량면 정흥리 호음동 마을에 보성 선씨 육충 유장비(六忠遺庄碑)가 있는데 이는 임진왜란 때 나라를 위해 싸우다 순절한 선여경(宣餘慶)·선필백(宣弼伯)·선경백(宣敬伯)·선청원(宣靑元)·선해수(宣海壽)·선린수(宣麟壽) 등 선씨 가문의 6인의 충신을 기리는 비석이다. 선씨 가문에서 400여 년을 보전해 온 선무원종공신 녹권에 28명의 선씨가 공신으로 등재되어 있는데 1954년에 위에서 언급된 6충신의 충절을 돌에 새긴 것이다.

근년 숭모재(崇慕齊) 옆에 후손들과 마을 주민들이 새로 선씨 육충 절의비(宣氏六忠節義碑)를 건립했다.

선여경은 1559년 무과에 급제하여 선전관, 주부, 도사 등의 직을 수행했다. 그가 1591년에 부친상을 당하여 움막에서 시묘살이를 하던 중 1592년 왜란을 맞았다. 임금이 서쪽으로 파천했다는 소식을 듣고 충분을 못 이겨 의병을 일으켰다. 그는 불효를 무릅쓰고 상복을 먹물로 염색하여 입고 종형제들에게 국난 극복을 위해 목숨을 바치겠다는 의지를 밝히자 종형제들도 앞다투어 임금의 어가를 지키기 위해 종군 길에 나섰다.

선여경과 그의 아들 선해수·선인수, 그리고 4촌 동생인 선필백·선경백·선청원은 1592년 봄 날짜가 분명치 않은 어느 날 낫과 죽창을 들고 행재소가 있는 평양을 향해 출발했다.

임금의 어가를 호위하던 선여경은 임금에게 평양성 탈환 작전계획을 보고했으며 그 후 명나라 장수 이여송과 협력하여 조명연합군의 평양성 공격에 참가했다.

선조 임금은 1592년 6월 11일 의주로 파천하기 위해 평양을 출발했으며 평양에는 좌의정 윤두수, 팔도 도원수 김명원, 그리고 이조판서 이원익이 남아서 군무를 지휘하고 있었다.

1592년 6월 18일 평양성이 함락된 후 성을 수복하기 위해 작전이 시도되었으나 실패했다. 그러던 중 1593년 1월 8일 명나라군 이여송과 조선군의 이일·김응서가 합세하여 성곽을 포위 공격했다. 쫓긴 고니시 유키나가는 대동강 가에 있는 정자 연광정 옆에 있는 토굴로 들어갔다가 기회를 틈타 도망하여 남하했다. 일본군이 퇴각하고 조명연합군은 성을 탈환했다.

이름	직함	내용
선여경	병마절도사	무과 급제. 선조 임금의 어가를 지키기 위해 종군. 평양성전투 때 전사. 선무원종공신 1등
선해수	훈련원 판관	무과 급제. 평양성전투 때 전사. 선여경의 장남. 선무원종공신 2등
선인수	금군	무과 급제. 평양성전투 때 전사. 선여경의 차남. 선무원종공신 2등
선경백	좌랑	무과 급제. 평양성전투 때 전사. 현감 선후덕의 아들. 선여경의 사촌 동생. 선무원종공신 2등
선필백	참봉	무과 급제. 평양성전투 때 전사. 현감 선후덕의 아들. 선여경의 사촌 동생. 선무원종공신 2등
선청원	훈련원 봉사	무과 급제. 평양성전투 때 전사. 선달덕의 아들. 선여경의 사촌 동생. 선무원종공신 2등

판관 선해수는 아버지와 함께 임금을 호종하다가 아버지 선여경이 절명하는 것을 보고 분투하여 일본군을 베다가 순절했다. 금군 선인수는 선해수의 동생으로 아버지와 형 그리고 여러 친족과 함께 호종하다가 전사했다.

참봉 선필백과 좌랑 선경백은 현감 선후덕의 아들로 시체 더미 속으로 위험을 무릅쓰고 찾아가 선여경 삼부자의 시체를 찾아다 묻고 뒤이어 독전하다가 순절했다. 봉사 선청원은 종형 선여경과 함께 행재소로 달려가 조명연합군의 평양성 공격에 참여하여 일본군을 공격하다가 순절했다.

보성 선씨 육충 절의비

(앞부분 생략)

선병사(宣兵使) 여경(餘慶)의 자는 경숙이고 호는 도암이며 보성인이신 호조참의 중의(仲義)의 후예 증 이조참판 대덕(大德)의 자(子)이다. 가정경자(嘉靖庚子)(중종 35년 서기 1540)년에 생하니 성도(性度)가 침중하여 기우(氣宇)가 뛰어나며 일찍이 경사(經史)를 통하고 겸하여 무예를 배워서 기미(명종 14년 서기 1559)년에 무과에 올라서 관(官)이 병마절도사에 이르렀을 때에 임진란을 당하여 대가(大駕)가 파천을 할 때인데 참판공(병사의 아버지)의 상(喪)을 당하여 거상 중에 있을 때에 알리는 소식을 들어보고 충분을 이기지 못하여 묵쇠(墨衰)로써 발을 굴리며 일어나서 이자(二子)와 여러 종제를 데리고 행재소로 달려가서 적을 막을 방책을 헤아려서 올리고 명장 이여송(明將 李如松)을 따라서 평양을 수복하는 전투에서 적을 많이 베어 죽이고 마침내 순절하니 을사(선조 38년 서기 1605년)에 선무원종 일등훈에 녹하고 철권을 하사하였고 판관 해수(海壽)의 자는 성관이며 호는 덕재이니 병사의 장자이다. 가정을사(명종 20년 서기 1565)년에 생하니 천자(天姿)가 수리(秀異)하여 용략이 절륜하였으며 만력 을축(선조 22년 서기1589)년에 무과에 올라서 관이 훈련판관에 이르렀는데 임진란으로 대가가 서행을 할 때에 부형을 모시고 호가를 용만(평안북도 의주군)으로 하면서 명장 이여송과 더불어 군부의 원수를 복수할 것에 맹세를 하고 적을 만나 대전(大戰)을 하면서 적의 창을 뺏어서 돌아서 적추(賊酋)를 무찌르고 마침내 순절하였으며 뺏은 창을 본가에 소장했는데 매년 임진년이 돌아오면 운다고 하며 선무원종 이등훈에 녹하였고 금군(禁軍) 인수(麟壽)의 자는 성서이니 판관의 제(弟)이다. 기도(器度)가 굉원하여 활 쏘고 말 타는 재주가 있는데 임진란에 금군으로써 부형을 모시고 호가를 용만으로 하면서 여러 차례에 어적(禦賊)할 계책을 올리니 상(上)으로부터 지시를 내리실 때에 말씀하시기를 너의 집의 충(忠)에는 형의 충을 하기가 어렵고 제의 충에도 하기가 어렵다고 하셨다. 선무원종훈에 녹하였으며 서토(西土)의 사람들이 삼부자의 충절을 칭송하였고 좌랑 경백(敬伯)의 자는 경일이며 호는 휴헌이니 현감 후덕(厚德)의 장자이다. 융경 정묘(명종 22년 서기 1567)년에 생하니 구간(軀幹)이 장대하며 기절이 탁락하였으며 만력 무자(선조 21년 서기 1588)년에 호방(虎榜)(무과)에 으뜸으로 합격하여 참봉으로서 좌랑으로 승진하였으며 임진란에 호가를 용만으로 할 때에 한위(捍衛)의 공로가 많이 있으니 창칼을 무릅쓰고 돌충(突衝)하여 역전하다가 순절하니 선무원종훈에 녹하였고 참봉 필백(弼伯)의 자는 필원이니 좌랑의 제(弟)이다. 임진란에 호가를 용만으로 할 때에 평양을 부흥하는 전투에서 결사적으로 빠져나가 시체가 쌓여있는 가운데로 들어가서 병사(兵使) 삼부자의 시체를 수시하여 묻고 따라서 독전하다가 또 순절하니 선무원종 이등훈에 녹하였고 봉사 청원(青元)의 자는 경행이며 호는 백헌이니 참의(參議)인 중의(仲義)의 후예 찰방 달덕(達德)의 자이다. 무과에 올라 훈련봉사로서 임진란에 종형인 병사 여경으로 더불어 호가를 용만으로 하면서 어적의 공훈을 많이 세우고 칼날을 무릅쓰고 돌진하다가 순절하니 선무원종 이등훈에 녹하였다. (이하 생략)

－안충환 찬－

보성 선씨 육충 절의비

절의비와 선씨 묘역

숭모재 삼문

숭모재

육충 절의비 비문

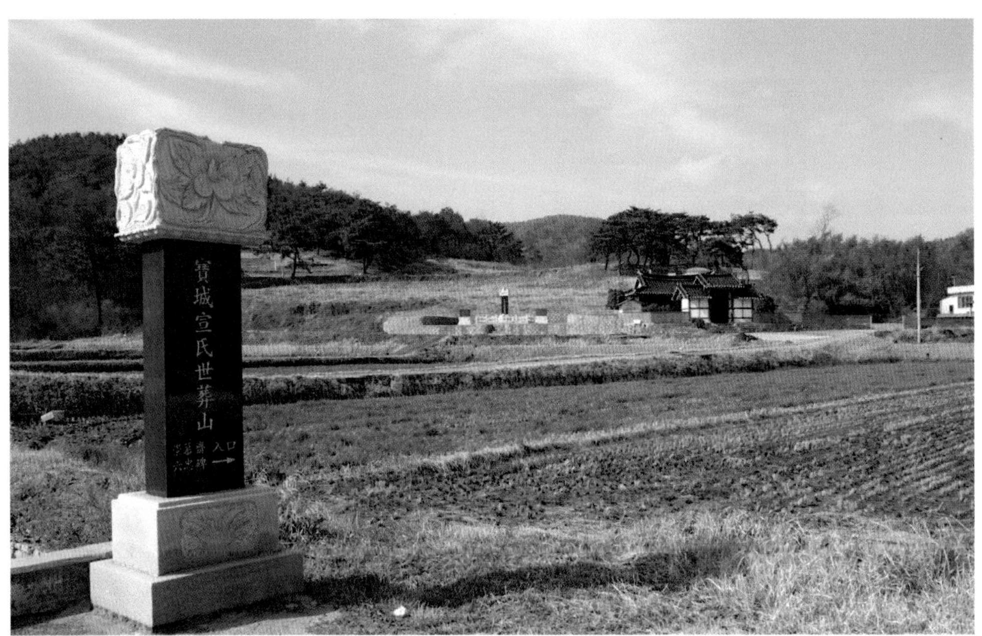

마을 입구에 있는 숭모재 및 육충 절의비 안내 표석

○ 전라남도 보성군 득량면 마천길 246 (정흥리)

보성 오충사 충의당

오충사는 선윤지를 비롯하여 선형·선거이·선세강·선약해 등 보성 선씨 다섯 분을 모신 사당이다. 보성읍 중심가에 있는 언덕에 자리 잡은 사당 경내에는 정면 3칸의 맞배지붕을 한 사당과 기역(ㄱ)자형의 강당 충의당, 내삼문, 외삼문, 문간채 등의 건물이 있다.

1382년(고려 우왕 8) 전라도 관찰사 겸 안렴사(按廉使) 선윤지가 조양(兆陽), 복홀(伏忽)에 침입한 왜구의 소굴을 소탕하고 관음포 일대에 남아 있던 왜구를 섬멸하여 왜구에게 빼앗겼던 땅을 회복했다. 그 후 고려가 멸망하자 선윤지는 충절을 지켜 조선조에 불복하고 이곳 보성으로 내려와 학문과 교화에 힘쓰며 살았는데 주민들이 감화되어 생사당(生祠堂)을 세워 진영을 모시고 한식일에 제사를 지냈다.

오랜 세월이 흐른 1739년(영조 15) 성균관 유생과 전라도 유림이 생사당 옛터에 사당 옥산사(玉山祠)를 세워 선윤지와 함께 그 후손 선형, 선거이, 선세강, 선약해를 배향하여 봄과 가을에 제사를 지냈다.

옥산사는 1831년(순조 31)에 오충사(五忠祠)로 사액되었다. 1871년(고종 8) 흥선대원군의 서원철폐령에 의해 철거되었으나 1909년(융희 3)에 선정자가(宣亭子街, 현재의 보성역전)에 유허비를 세우고 옆에 화수헌(花樹軒)을 지어 오충사당을 건립하고 제사를 지내다가 1960년 현재의 위치에 옮겨 지어 오늘에 이르고 있다.

보성 선씨 5인의 영정을 봉안하고 있는 오충사 충의당 앞에는 사당의 내력을 일러주는 비석이 4기 있다. 오충사 충의당은 2012년 12월 20일 전라남도 민속문화재 제48호로 지정되었다.

이름	직책·직위	비고
선윤지	전라도 안렴사 겸 관찰사, 증 이조판서	왜구 격퇴 공로
선형	적개공신 평양공, 증 우의정	이시애의 난 평정 공로
선거이	선무원종 1등공신, 증 병조판서	일본군 격퇴 공로
선세강	안동 영장(營將), 증 병조판서	병자호란 공로
선약해	경상 좌수사, 증 병조판서	병자호란 공로

(선윤지)

중국 노나라 대부 선백의 후손인 선윤지(宣允祉)가 1382년(고려 우왕 8) 명나라 사신으로 고려에 왔다가 귀화하여 보성 선씨의 시조가 되었다.

선윤지는 고려에서 전라도 안렴사가 되어 해안 지방에 침입한 왜구를 물리치고 민심을 안정시켰으며 유교의 진흥과 후진양성에 진력했다.

(선형)

선형(宣炯, 1434~1479)은 세조 임금 때 안주 목사, 한성 부윤, 황해도 관찰사 등을 거쳐 1467년(세조 13) 이시애의 난이 일어나자 형조 참판으로서 군사를 이끌고 나가 공을 세워 적개공신 3등에 올랐다.

오충사

오충사 표석

외삼문(경모문)

충의당

(선거이)

선거이(宣居怡, 1550~1598)는 도사(都事) 선상(宣祥)의 아들로 본관은 보성, 호는 친친재(親親齋)이다. 1569년에 선전관이 되었고, 이듬해 무과에 급제했다. 1586년 함경북도 병마절도사 이일의 추천으로 함경북도의 군관이 되었고, 이듬해 조산만호 이순신과 함께 녹둔도에서 여진족을 막아냈다. 그 뒤 거제현령, 진도군수, 성주목사를 거쳐 전라도 수군절도사가 되었다.

임진왜란 때 이순신을 도와 한산해전에 참여했다. 그해 12월 전라도 병마절도사로서 독성산성 전투에서 권율과 함께 활약했으며, 1593년 2월 행주산성 전투에서도 권율을 도왔다. 남원 운봉전투에서도 일본군을 격퇴하는 등 잇따라 전공을 세웠다.

그 뒤 충청도 병마절도사에 올랐으며 1594년 9월에는 장문포해전에 참여하여 일본군을 격퇴했다. 그는 4년 후인 1598년 명나라 군대와 연합하여 울산왜성에 주둔 중인 일본군을 공격하다가 전사했다.[85] 1605년 선무원종공신 1등에 책봉되었다.

85) 다음백과사전(http://100.daum.net/encyclopedia/)

(선세강)

선세강(宣世剛, 1576~1636)은 선조 임금 때 무과에 급제했으며 병자호란 때 안동 영장으로 출전하여 격전을 벌이던 중 전사했다.

(선약해)

선약해(宣若海, 1585~1643)는 병자호란에 전공을 세우고 평산 부사, 정주 목사 등을 거쳐 경상좌도 수군절도사를 지냈다.

○ 전라남도 보성군 보성읍 중앙로 80 (보성리 751)

보성 용산서원 유허비(박광전)

보성 대룡산 기슭에 있던 용산서원(龍山書院)은 죽천 박광전(朴光前, 1526~1597)의 학덕과 충의를 흠모하는 지역 유림에 의해 1607년에 건립되었다. 퇴계 이황의 제자인 박광전은 임진왜란과 정유재란 당시 잇달아 의병을 일으켜 활동한 충신이다.

1707년(숙종 33)에 용산서원(龍山書院)이라는 사액이 내려졌으며 수암 권상하(權尙夏)가 서원의 초대 원장을 맡은 이래 여러 석학들이 서원을 관장해왔다.

1868년 서원이 철거된 이후 현재까지 복원되지 못하고 있으며 다만 그 터에 유허비가 세워져 있다. 유허비는 1929년 민내승이 찬한 것을 1987년 박복주의 글씨로 후학과 후손들이 협력하여 새로 만들어 세운 것으로 서원의 유적입구 동산에 자리하고 있다.[86)]

(박광전)

선조 임금 때의 문신 박광전은 도학과 절의를 겸비한 선비로 1568년 진사시에 합격했다. 미암 유희춘(柳希春)이 감사(監司)로 있을 때 박광전을 경기전 참봉(慶基殿參奉)으로 천거하여 참봉으로 일했으며, 나중에 헌릉 참봉으로 옮겼으나 곧 사직했다.

1581년 왕자의 사부(師傅)가 되었고, 함열현감·회덕현감을 역임했으나 상관의 뜻을 거슬러 파직되었다.

86) 부조묘와 신도비는 보성군 겸백면 사곡리에 있다.

용산서원 유허비

1592년 임진왜란이 일어나자 장남 박근효(朴根孝)를 비롯하여 임계영(任啓英, 1528~1597) · 김익복(金益福) · 문위세(文緯世) 등과 전라남도 보성에서 의병을 일으켰다. 의병 700여 명을 모집하고, 안방준(安邦俊)을 종사(從事)로 삼고 박근효를 참모로 삼았으나, 자신의 지병으로 인해 의병을 통솔할 수 없자 임계영을 의병장으로 추대했다.[87]

1597년 정유재란 때 일본군이 전라도 지역을 침범하자 박광전은 전 판관(判官) 송홍렬, 생원 박사길 등에게 격문을 보내어 의병을 일으키고 의병장이 되었다. 동복(同福) 모후산에서 전투를 독려하던 중 지병이 악화되어 72세의 나이에 순절했다.

동궁(東宮)이 지사(地士)를 보내 묘지를 정하고 안장하도록 도왔다. 조정에서는 그에게 통훈대부, 승정원 좌승지, 자헌대부, 이조판서 겸 지의금부사, 성균관 제주, 오위도총부 도총관의 직위를 내렸고, 1841년에는 '문강(文康)'이라는 시호를 내렸다.

○ 전라남도 보성군 미력면 덕림리

87) 의병장 고경명이 금산성전투에서 순절한 10일 뒤인 7월 20일, 전라남도 보성 관아에서는 임계영을 의병장으로 한 전라 좌의병 조직이 결성되었다. 임계영은 진보현감을 지냈으며 임진왜란 당시 55세의 나이에 고향으로 내려와 있었다. 고경명이 금산에서 전사했다는 소식을 듣고는 왕자 사부 박광전, 진사 문위세, 능성현령 김익복과 함께 보성 관아에 모여 격문을 돌리고 의병을 모집했다.

보성 충절사(최대성 유적지)

충절사(忠節祠)는 임진왜란 때 의병을 일으켜 국난극복에 앞장 선 모의장군(募義將軍) 최대성(崔大晟, 1552~1598)의 충절을 기리는 곳이다. 보성군 겸백면 출신의 최대성은 1585년에 무과에 급제했으며 임진왜란 때 충무공 이순신의 한후장(捍後將)으로 한산해전을 비롯한 남해안 여러 곳에서의 해전에서 공을 세웠다. 그 공로로 훈련원정(정3품)에 올랐다.

정유재란 때는 일본군의 위세와 막강한 화력에 압도되어 관군이 와해되면서 전라도 지역 전체가 도탄에 빠지게 되었다. 그는 두 아들 최언립(崔彦立)과 최후립(崔厚立), 동생 최대민(崔大旻), 종제 최대영(崔大英)과 여러 가노(家奴)를 비롯한 의병 수 천 명을 모아 이들을 이끌고 순천, 광양, 고흥, 보성 등 20여 곳에서 송대립・전방삭・김덕방(金德邦)・황원복(黃元福) 등과 함께 크고 작은 전투를 벌여 공을 세웠으며 포로로 잡혀 있는 백성들을 구출하기도 했다.[88]

일본군과의 접전을 계속하던 그는 보성군 득량면 송곡리에서 조총에 맞아 1598년 6월 8일 45세의 나이에 전사했다.[89] 이때의 전투를 안치전투(鴈峙戰鬪)라고 부른다.

의병장 최대성의 공적이 컸지만 오랫동안 묻혀 있었다. 나중에 이를 애석해하는 여론이 일자 안방준(安邦俊)을 비롯한 전라도 유림에서 여러 차례 상소를 올린 결과 1752년(영조 28)에 통정대부 형조참의에 추증되고 그가 순절한 곳에 정려, 경주 최씨 정충문 철비(鐵碑), 그리고 모의재(募義齋) 등이 건립되었다.

일제강점기 일제(日帝)에 의해 대부분의 유품과 유물이 소각 또는 파기되어 그 흔적을 찾아볼 수 없게 되었다. 1992년 유림과 주민들의 뜻을 모아 사단법인 모의장군 유적 복원사업 추진위원회를 구성하고 국가에 청원하여 국비, 도비, 군비, 지방성금 등으로 충절사를 건립하게 되었다.

지금도 그가 조총에 맞아 숨진 이곳 득량면 삼정리 삼거리를 군머리 혹은 군두(軍頭)라 부른다. 그의 치적을 기리기 위해 관련 유적을 이곳에 복원하여 오늘에 이르고 있다.

---

88) 한국역대인물종합정보시스템

89) 최대성 장군 가문의 3대 묘소는 보성군 겸백면 사곡리에 있다.

정충문

아 이곳은 모의장군 최대성 공이 순절한 땅이다. 공은 천성이 온순하고 효성스러웠으며 불의를 참지 못하는 지조와 절개가 있었고 용감한 기력과 충성스런 지략으로 고향마을에 명성이 널리 알려졌다. 1585년에 무과에 급제하고 임진왜란 시에 충무공 이순신의 막하로 달려가 한후장에 추대되었다. 영남해변의 옥포전투에서 크게 승리하고 5년 동안 여러 전투에서도 뛰어난 전공을 세워 조정에서 누차 벼슬을 내려 훈련원정에 이르렀다.

1597년 봄에 왜장 가등청정(加藤淸正)이 다시 침략해오자 공은 두 아들 언립(彦立), 후립(厚立)과 집안의 종 두리동(豆里同)과 갑술(甲戌) 형제를 데리고 수천 명의 의병을 모아 본군의 예진(曳津), 죽전(竹田) 들판에서 왜적과 전투를 벌였다. 4월에는 흥양의 망저포와 첨산전투에서 송대립, 김덕방(金德邦), 황원복(黃元福), 전방삭(全邦朔)과 함께 승승장구 추격하니 왜적의 형세가 크게 꺾였으나 송공(宋公)이 전사하고 말았다.

5월에는 순천의 화포(花浦), 예교, 광양 지역에서 크고 작은 전투를 20여 차례나 벌여 많은 왜적을 목 베거나 포획했다. 다시 안치 아래로 싸움터를 옮겨서 앞으로 돌진하여 왜적을 섬멸했으며 군두(軍頭: 군머리)까지 추격하여 거의 왜적의 우두머리를 포획하게 되었으나 갑자기 날아온 탄환을 맞고 6월 8일에 이곳에서 숨을 거두었다. 공은 숨이 끊어지려 할 때에 왜적을 꾸짖기를 그치지 않았고 이미 숨이 끊어졌을 때에도 한참동안 눈을 부릅뜨고 늠름히 생기가 있었으니 아 참으로 장하다. 오랜 세월이 흐른 뒤에도 오히려 사람들의 머리털을 세우고 간담을 서늘하게 한다.

공의 열렬한 기백과 빛나는 충절은 국사(國史)와 야사(野史) 그리고 우리 선조 문강공이 들추어낸 글에 상세히 실려 있으니 내가 어찌 감히 군더더기 말을 덧붙이겠는가. 1752년(영조 28)에 형조참의를 추증하고 아울러 정려를 세웠으며 그 후 본군의 정충사(旌忠祠)에 배향하니 조정에서 포상하여 권장하는 은전과 선비들이 존중하여 추앙하는 도리가 거의 부족함이 없게 되었다.

공의 휘는 대성(大晟)이요 자는 대양(大洋)이니 고운(孤雲) 문창후(文昌侯) 최치원의 후예요 대사성 농은(農隱) 선생 해(瀣)의 8대손이다. 증조는 진사(進士) 윤지(潤地)요 할아버지는 문과에 급제하여 도사(都事)를 지낸 계전(繼田)이요 아버지는 첨정 한손(漢孫)이다. 세 아들을 두었는데 큰아들 언립은 벼슬이 종묘서 직장(宗廟署直長)에 이르렀고 전공을 세워 을사선무원종 훈권(勳券)에 기록되었다. 둘째 아들 명립(名立)은 통덕랑이요 셋째 아들 후립(厚立) 또한 전공을 세워 특별히 기산찰방에 임명되고 훈권에 기록되었다.

—1922년 가을 죽산 안규용이 적은 임술 중수정려기(壬戌重修旌閭記)의 내용 일부—

출처: 충절사 안내 책자(충절사관리사무소).

충절사 전경

안내도

사당 충절사

최대성 장군상

정려각

내외빈 응접 숙소로도 사용되는 강당 모의재

최대성 3세 충절비

정충문

정충문

정충문과 정려각(오른쪽)

○ 전라남도 보성군 득량면 충의로 1651

보성 충효사(전방삭)

충효사는 임진왜란 때 공을 세운 어모장군 전방삭의 위패를 모신 사당이다. 이순신 장군과 함께 보성·고흥·순천·광양 등지에서 일본군을 무찌른 전방삭(全方朔, 1545~1598)은 명종 임금 때 장흥도호부사를 지낸 전윤부(全潤富)의 아들로 1545년 보성읍 우산리 택촌에서 출생했다.

어린 시절부터 활을 쏘고 말 타는 것을 즐겨했던 그는 학문과 전술연마로 1575년 무과에 급제하여 훈련원에 근무했으며, 1592년에는 훈련원 부정(종3품) 건공장군(建功將軍)이 되었다.

전방삭은 그해 5월 8일 적진포해전 당시 이순신 막하에서 적군을 무수히 베었으며 크고 작은 해전에 참여했다. 보성 벌교포, 영등포, 장암포, 고흥 망저포 등지에서도 일본군 격퇴에 공을 세웠다.

일본군과의 전투가 소강상태에 접어들자 전방삭은 고향인 보성 택촌으로 가 자택 곳간에 있던 쌀과 잡곡 100석을 꺼내 의병의 군량곡으로 헌납했다.

충효사

충효사 수의문(守義門)

충효사 내부

전방삭은 왕세자 광해군을 호종하여 전라북도 전주지역을 순회할 때 자신은 고향 땅에 잔류하여 의병을 모아 지리 지형을 이용하여 전술을 연마하고 조직전열을 가다듬고자 하니 허락해 달라고 간청했다. 광해군이 이를 허락하자 그 소식은 그의 고향 보성에 전해졌고 청장년 300여 명이 뜻을 같이하여 전방삭 밑으로 모여들었다.[90)]

정유재란(1597)이 발발했을 때, 우키타 히데이에(宇喜田秀家)가 이끄는 1만 3천 명이 전라북도 남원읍성을 함락한 후 여세를 몰아 전라남도로 진입했다.

이때 전방삭 의병부대를 비롯하여 송대립·최대성·김덕방·황원복 등이 지휘하는 의병들이 육지와 바다에서 일본군에 맞서 싸워 전과를 올렸다.

전방삭과 의병들은 1598년 7월 12일 보성군수 전백옥과 함께 보성군 득량면 죽전벌판(오봉산과 군머리 사이)에서 우키타 히데이에의 대군을 맞아 용전분투했다. 이날 전방삭은 선두에서 전투를 지휘하다가 조총에 맞아 전사했다. 그의 나이 54세였다.

선조 임금은 1600년에 전방삭의 충절을 가상히 여겨 선무원종공신에 녹훈하고 훈련원정 어모장군(정3품)으로 추증했다.

일제강점기인 1926년 조선총독부 당국은 전라좌수영을 지키고 순절한 전방삭 장군의 후손을 몰락시키고, 장군의 유물을 없애기 위해 정방삭 장군 후손의 집에 불을 지르기도 했다고 전한다.

○ 전라남도 보성군 벌교읍 영등길 61 (영등회관 뒤)

---

90) 〈전광일보〉 2009년 12월 28일자

12. 순천

순천 육충사

육충사(六忠祠)는 진주성 전투 때 순절한 일심재(一心齋) 허일(許鎰)과 그의 다섯 아들 허증(許增)·허은(許垠)·허탄(許坦)·허황·허곤(許坤)의 충절을 기리기 위해 1917년에 건립한 사당이다. 월산리 자은마을 입구에서 150미터 정도 마을 위쪽으로 올라가면 육충각의 정문(외삼문)인 경양문이 나타난다.

허일은 선조 임금 때 무과에 합격하여 사헌부 감찰이 되고, 임진왜란 때 전공을 올려 삼포수방사 겸 웅천현감이 되었다. 이순신 휘하에서 동래, 부산, 남해 등지의 일본군의 동향을 탐지, 보고하여 조선수군의 작전에 기여했다. 그 후 1593년 제2차 진주성 전투에서 최경회 등과 함께 분전하다가 남강에 투신, 순절했다. 사후 선무원종공신에 책록되었다. 허증·허은·허탄은 아버지의 뒤를 따라 남강에 투신했고, 허황·허곤은 아버지가 거느리던 남은 병졸을 이끌고 이순신의 막하로 들어가 공을 세우다가 한산해전 때 전사했다.[91]

육충사의 건물 배치는 외삼문, 육충각, 삼인문, 사당과 외삼문의 좌측에 있는 창고로 이루어져 있다. 사당 육충사는 육충각 뒤편에 위치해 있다.

91) 두피디아(http://www.doopedia.co.kr/). 아들 중 허황에 관한 자료는 충분하지 않다.

육충각 입구

육충각

○ 전라남도 순천시 황전면 자은길 86 (월산리)

순천 장윤정려

장윤정려는 임진왜란 때 활약한 충의공 장윤(張潤)의 업적을 추모하기 위해 1649년(인조 27)에 세운 정려이다. 정려는 앞면 1칸, 옆면 1칸의 규모이며 지붕은 맞배지붕으로 꾸몄다.

장윤(張潤, 1552~1593)은 임진왜란이 일어나자 의병을 이끌고 함양, 개령, 성주 등지에서 싸워 공을 세웠으며, 1593년 6월 제2차 진주성 전투에서 김천일·황진·최경회 등과 힘을 합쳐 싸우다가 전사했다. 병조참판에 추증되었으며 시호는 충의(忠毅)이다.

장윤정려는 1985년 2월 15일 전라남도 기념물 제75호로 지정되었다.

자은마을 입구 도로변에 있는 장윤정려

장윤정려

○ 전라남도 순천시 승주읍 서평리 400-7

순천 정충사(장윤)

정충사(旌忠祠)는 임진왜란 때 의병을 일으켜 공을 세우고 진주성 전투에서 순절한 충의공 장윤(張潤)을 배향한 사우이다. 1686년(숙종 12)에 사액을 받았다.

1868년(고종 5) 서원철폐령에 의해 철거되었던 것을 1907년에 후손들이 복설했다. 사당은 정면 3칸, 측면 1칸의 맞배집이다. 건물은 동향으로 외삼문(경의문), 강당, 내삼문, 사당 정충사가 일직선으로 배치되어 있다.

(장윤)

장윤은 1552년 순천에서 출생했으며 본관은 목천, 자는 명보(明甫)이다. 1582년 무과 병과(兵科)에 급제하여 발포만호에 부임했으나 관리들의 부정과 부패를 막을 방책인 '결백론'을 주장하다가 상관의 미움을 받게 되자 스스로 벼슬에서 물러나 은둔생활을 시작했다.

1588년 선전관에 임명되어 다시 관직생활을 시작했으며 훈련원정을 거쳐 1591년에 사천현감에 임명되었다. 이듬해 임진왜란이 일어나자 장윤은 의병들의 창의를 지원했으며 전라좌의병(全羅左義兵) 부장(副將)을 겸하게 되었다. 장수현에 주둔하며 적군을 방어하다가 경상북도 성산과 개령에서 일본군과 전투를 벌여 공을 세웠고, 성주성 탈환에도 공을 세웠다.

명나라와 일본이 화의교섭을 진행하고 있을 때인 1593년 조선은 일본과의 전면전을 통해 전쟁을 속히 종결하기를 원했으나 조선은 화의협상에서 배제되었다. 조명연합군의 추격이 사실상 중지된 상태에서 일본군은 10만의 병력을 동원하여 함안·반성·의령 등지를 차례로 점령하고 재차 진주성 공격에 나섰다.

당시 진주성 안에는 수천 명의 병사가 있었지만 전력은 상대적으로 크게 약하고 부족했다. 조선 측은 진주성으로 명나라군을 보내줄 것을 요청했으나 명나라군은 이를 거부했다.

외삼문(경의문)

강당과 사당 정충사(뒤에 작게 보이는 기와지붕)

강당

정충사 입구

도원수 권율과 곽재우도 진주성에서 10만 명에 달하는 일본군을 상대하는 것은 무리라고 판단하고 방어전을 반대했지만 장윤과 황진 등 일부 의병장들은 진주성에 남아 끝까지 싸울 것을 결의했다. 6월 28일 황진이 전사하자 진주목사 서예원(徐禮元)이 순성장(巡城將, 경비대장)을 맡았다. 그러나 서예원이 나약한 모습을 보여 병사들의 사기를 떨어뜨리자 최경회가 크게 노했고 결국 장윤에게 순성장을 맡겼다. 순성장을 맡은 장윤은 성내를 돌며 병사들을 독려하고 분전하다가 조총에 맞아 전사했다. 조정에서는 그에게 충의(忠毅)라는 시호를 내렸다.

정충사는 2005년 7월 13일 전라남도 기념물 제232호로 지정되었으며 목천 장씨 종중에서 관리하고 있다.

○ 전라남도 순천시 정충사길 9-15 (저전동 276)

순천 충렬사

충렬사(忠烈祠)는 임진왜란 때 진주성 전투에서 공을 세우고 순절한 허일(許鎰)을 주벽으로 하여 그의 아들 허곤(許坤)과 6촌 동생 허경(許鏡)의 위패를 모시고 배향하는 곳이다.

허일의 본관은 양천이며, 참판을 지낸 허혼(許渾)의 아들로 순천에서 출생했다. 성장하면서 뛰어난 무예 기량을 보였으며 무과에 급제한 후 사헌부 감찰을 역임했고 임진왜란 때(1592)는 삼포수방사(三浦守防使) 겸 웅천현감으로 재직 중 이순신을 도와 남해 등지의 해전에서 공을 세웠다. 그 뒤 1593년 6월 경상우도 병마절도사 최경회와 함께 진주성을 사수하다가 순절했다.

허곤은 허일의 셋째 아들로 아버지를 따라다니며 싸우다가 한산해전에서 순절했고, 허일의 재종제 허경은 장연부사를 역임했으며 허일을 따라 이순신 휘하로 들어가 공을 세워 그 공로로 경주판관에 임명되었다.

조정에서는 허일은 선무원종공신 1등, 허곤과 허경은 선무원종공신 2등과 3등으로 각각 봉했다.

충렬사는 임진왜란 중인 1593년에 처음 건립했으나 당시의 위치는 알려진 것이 없다. 1868년 흥선대원군의 서원철폐령으로 철거되었다가 1912년 현재의 위치인 조례동에 다시 세웠다. 1970년 8월 2일 중앙문화재관리국(현 문화재청)에서 선무원종공신록권과 교지를 감정한 결과 진본으로 판정받았다. 1974년 국가 및 지방보조금을 받게 되어 현재의 위치에 사당을 복설하여 1975년에 완공을 보아 오늘에 이르고 있다.

건물 배치는 외삼문인 여주문을 들어서면 앞면 4칸, 옆면 2칸 규모의 강당이 있고, 강당 북쪽의 내삼문을 들어서면 위패를 모신 앞면 3칸, 옆면 2칸 규모의 사우 충렬사가 있다.

충렬사는 1984년 2월 29일 전라남도 문화재자료 제6호로 지정되었다.

충렬사

비석 3기. 왼쪽부터 충렬사 기적비, 호산 강계중 공적비, 충렬사 보수 헌성비

석인상

사당 충렬사 입구

사당 충렬사

충렬사 입구에 있는 양천 허씨 공적비와 기적비

○ 전라남도 순천시 순광로 119-16 (조례동 150)

순천 충무사

충무사(忠武祠)는 임진왜란 때 국가를 위기에서 구한 충무공 이순신·충장공 정운·송희립 장군을 모시기 위해 세운 사당이다.

1690년(숙종 16)에 인근 주민들이 사당을 짓고 충무공의 위패를 봉안하여 제사를 지내왔으나 일제강점기인 1944년 가을 일본인들이 이를 불태웠다.[92]

훗날 순천향교 유림에서 성금을 모아 사당, 영당, 재실을 다시 지었다. 건물은 모두 4동으로 중심 건물인 사당은 앞면 3칸, 옆면 2칸 규모이며, 지붕은 맞배지붕이다.

충무사는 1984년 2월 29일 전라남도 문화재자료 제48호로 지정되었다. 이충무공유적보존회에서 관리하고 있으며, 충무공 탄생일과 귀천일에 제향한다.

92) 문화재청 자료(http://www.cha.go.kr/)

충무사 입구

이충무공 유적 사업 기적비(왼쪽 뒤는 충무사 사적비)

사당 충무사

재실

영당(충무사를 바라볼 때 오른쪽에는 영당, 왼쪽에는 재실 건물이 있다)

충무공의 영정과 위패

충무공 이순신

충무사에서 바라본 순천왜성(사진 중앙 언덕 위에 돌로 쌓은 천수대 기단부가 보인다)

(송희립)

송대립의 동생 송희립(宋希立, 1553~1623)은 1583년 별시로 치른 무과에 합격했다. 1592년 임진왜란이 일어나자 그는 녹도만호 정운의 군관으로서 영남해역에 대한 원병 파견을 주장했다. 그는 거제에서 일본군을 격파하고, 옥포해전에서도 공을 세웠으며, 지도만호(智島萬戶)가 되어 형 송대립과 함께 이순신 휘하에서 활약했다. 송대립은 이순신 장군이 권율 도원수에게 천거해 창의별장(倡義別將)이 되어 활동했다.

1597년 7월에는 백의종군하는 이순신을 수행하여 남해안 여러 마을을 돌며 조선수군 재건작업에 나섰다. 1598년 11월 19일 노량해전에서 적에게 포위된 명나라 수군제독 진린을 구출했으며, 이순신이 탄환에 맞아 순국할 때 옆을 지켰다.

1601년 5월에는 양산군수를 제수받았고, 8월에는 다대포 첨사를 제수받았다. 1611년(광해군 4)에 전라좌도 수군절도사에 임명되었다. 1623년 12월 20일 71세를 일기로 별세했다. 사후에 병조참의의 직위가 내려졌다.

충무사 연혁

임진왜란 때 신성리성 전투(순천왜성 전투)에서 다수의 일본군이 죽어 그 귀신이 밤이면 자주 나타난다는 주민들의 말에 의해 이곳에 사우를 짓고 이순신 장군의 위패와 영정을 모신 후 제사를 지냈는데 그 뒤부터는 안락한 생활을 할 수 있게 되었다고 한다.

1889년경에 마을대표가 중심이 되어 주민들의 성금으로 충무공 이순신의 사당을 짓고 영정을 봉안하여 춘추로 제사를 지내오다가 성의가 해이해지자 순천향교와 마을이 공동으로 제사를 받들어 올렸다. 한일합병 후 1914년의 세부 측량 때 신성리라는 지명으로 변경하여 오늘에 이르고 있다. 1944년경 일제는 마을 수호신 이충무공의 사당을 헐어 없애고 영정은 해룡주재소 순사들에 의해 소실되었다.

해방 후 마을대표가 순천유지와 향교를 방문하여 충무사 복원을 청원하여 향교와 경모회, 행정당국의 후원으로 1948년 충무사를 재건했다. 현재는 순천 이충무공 유적 영구보존회와 향교가 공동으로 춘추로 제사를 모시고 있다.

○ 전라남도 순천시 해룡면 신성2길 145 (신성리)

13. 여수

여수 고소대(통제 이공 수군 대첩비 · 타루비 · 동령소갈비)

여수 고소동의 계산(해발 117미터)에 여수 팔경의 하나인 고소대(姑蘇臺)가 있다. 여수 앞바다가 한눈에 내려다보이는 고소대는 좌수영의 포루(砲壘)로써 전라좌수영 성채의 장대로 사용되던 건물이다. 충무공 이순신이 작전계획을 세우고 군령을 내리던 곳이다. 왜란 당시 이순신이 군령을 어긴 황옥천의 목을 베어 군율을 엄히 세운 곳이기도 하다.

옛날에는 이곳에 '고소정'이라는 정자가 있었으나 정자는 사라지고 지금은 대첩비각이 자리하고 있다. 일제강점기 이곳에 신사(神社)가 설치되는 수난과 수모를 겪기도 했다.

현재의 대첩비각은 정면 3칸, 측면 3칸의 맞배지붕 건물로 1947년에 건립되었다. 비각 안에는 통제 이공 수군대첩비(좌수영 대첩비), 타루비, 동령소갈비가 나란히 세워져 있다.

고소대

고소대 대첩비각

동령소갈비

통제 이공 수군대첩비

타루비

왼쪽부터 동령소갈비, 대첩비, 타루비

(통제 이공 수군대첩비)

통제 이공 수군대첩비는 1615년(광해군 7) 5월에 삼도 수군통제영이 있던 여수에 충무공 이순신의 공훈을 기념하기 위해 건립한 비석이다.

비석은 바닥 돌 위에 거북받침돌을 두고, 비 몸을 세운 후 구름과 용, 연꽃 등이 조각된 머릿돌을 올린 모습이다. 높이 305센티미터, 폭 124센티미터, 두께 24센티미터로 귀부, 비 몸, 머릿돌의 3부분을 갖추고 있으며, 팔각으로 각을 준 지대석과 귀부를 하나의 돌로 만들었다. 이순신의 부하로 있다가 황해도 병사로 부임해 간 유형(柳珩, 1566~1615)이 보내준 황해도산 돌을 사용했다.

비문은 이항복(李恒福)이 짓고, 글씨는 김현성(金玄成)이 썼으며, 비 몸 윗면의 '통제 이공 수군대첩비(統制李公水軍大捷碑)'라는 비석 제목은 김상용(金尙容)의 글씨이다.

비석 왼쪽 면에는 1698년(숙종 24) 남구만이 지은 비의 건립에 관한 기술이 있다. 옥포·한산·명량·노량 등지에서 충무공이 세운 공적과 충무공의 막료로 활약했고 나중에 황해병사를 지낸 수군통제사 유형과 좌수영 지역의 유지 및 후손들의 노력으로 건립하게 된 경위, 그리고 타루비도 대첩비 옆으로 옮겨 세우고, 비각을 세워 보존했다는 비석 건립 전후의 전말이 기술되어 있다.

통제 이공 수군대첩비는 1973년 5월 4일 보물 제571호로 지정되었다.

통제 이공 수군대첩비 비문

임진년에 왜적이 함대를 몰고 경상도에서 전라도로 몰려올 때 가로 막힌 곳은 한산도요, 경계점은 노량(露梁)이요, 가장 험한 곳은 명량이었다. 한산도를 빼앗기면 노량을 지키지 못할 것이요, 명량이 적의 손에 들어간다면 서울이 흔들리게 될 것이다. 당시에 이 세 군데의 요지를 막아낸 사람이 누구였는가?

공은 곧 적과의 결전을 개시하여 옥포, 노량, 당포, 율포, 한산도, 안골포 등 여러 곳에서 크게 승리하여 이백이십여 척의 적선을 불태우고 오백구십여 명의 적병을 죽이는 등 많은 전과를 거두었다. 이로부터 적들은 감히 공의 진영 부근을 접근하지 못하였다. 공은 한산도에 주둔하여 적이 나아갈 길을 막았다. 1597년에 공이 모함을 당하여 이곳을 떠나자 바로 한산도는 적병에게 함락되었다. 이에 황급한 정부는 다시 공을 기용하여 통제사의 직에 재임시켰다. 단신으로 부임한 공은 병졸을 모아서 명량에 주둔했다가 갑자기 습격해 오는 많은 적군을 적은 군대로 대항하여 새로 모은 십삼 척의 배로 구만에 이르는 적군을 쳐부수고 적선을 격파하고 계속해서 다그쳐 공격하니 적들은 마침내 멀리 달아나고 말았다.

이때 중국에서 많은 군대를 동원하여 원군하러 왔는데 수군 제독 진린(陳璘)이 공과 합세하게 되었다. 진린은 공의 인품에 경복하여 '이공(李公)'이라 부르고 이름을 부르지 않았다. 이해 겨울에 적군은 다시 모든 세력을 연합하여 노량에 대한 침공을 개시하였다. 공은 직접 정예부대를 인솔하여 선두에서 지휘하였고 중국군과 협공의 태세를 갖추어 전진하였다. 새벽에 이르러 일제히 공격을 개시하니 적군은 산산이 부서져 달아날 길을 찾기에 바빴다. 그러나 전투가 미처 끝나기 전에 공은 적탄에 맞아 쓰러지게 되었다. 그런 중에도 "내가 죽은 것을 비밀에 부치고 그대로 전투를 강행하라"는 주의를 주었다. 이 소식을 들은 진린은 배 위에서 세 번이나 쓰러지면서 "이제는 함께 싸울 사람이 없어졌다"고 하며 애통하였고 중국군들은 고기를 먹지 않고 슬퍼하였으며 남방사람들은 노소를 막론하고 통곡하며 곳곳에 길을 가로막고 음식을 차려놓고 제문을 지어 제사를 올렸다. 선조(宣祖)는 체찰사 이항복에게 명하여 이곳에 공의 사당을 지으라고 하였다. 항복이 현지에 오니 당시의 통제사인 이시언이 감격한 마음으로 이를 주관하고 공의 부하였던 장졸들이 기꺼이 앞을 다투어 공사에 참가하여 짧은 기간에 사당이 준공되었다.

15년 후인 1614년에 통제사 유형(柳珩)이 이곳에 기념비를 세우는 일을 추진하다가 황해도 관찰사로 전임했는데, 강음(江陰)에서 석재를 구하여 해로로 서울을 경유하여 현지에까지 운반하였고 몇 해가 지난 뒤에 절도사 안륵(安玏)이 새로 부임하여 충무공의 아들인 전 현감 이회(李薈) 공의 부하였던 전 현감 임영(任英), 전 판관 정원명(鄭元溟) 등과 함께 석공을 모집하여 작업을 시작하고 호조참의 이창정, 순천부사 강복성이 경비를 조달하였고, 이웃 고을의 수령들도 물자를 보조하여 반 년 만에 공사를 완성하였다. 충무공이 통제사로 있을 때에 유형은 해남현감으로 보좌의 역할을 담당했다. 이러한 관계는 비를 세우기 위하여 앞장서게 된 중요한 인연이었다. 1620년에 비가 완성되었고 앞서 충무공의 부하 장졸들이 세운 타루비도 이곳에 옮겨 한 자리에 세웠다.

타루비는 이 지역의 장졸들이 충무공의 유적을 밟을 적마다 눈물을 흘린 것을 기념하기 위하여 세운 것이다. 원비는 유형의 부탁으로 오성부원군 이항복이 짓고, 비가 준공된 뒤에 다시 작은 돌을 다듬어 비를 건립한 전후 내력을 새겼는데 시일이 경과되는 동안 글씨가 망그러진 부분이 많았다. 1728년 유형의 증손 유성채가 전라좌수사로 부임하여 비각을 중수하고 작은 비석을 갈고 다시 영중추부사 남구만에게 부탁하여 추가하여 그 후 사실을 새겼다.

1980년 9월 문화재위원 임창순 역술하고 김병남 쓰다

(통제 이공 수군대첩비의 수난)

충무공의 충절과 공적을 영구히 기념하기 위해 수군대첩비가 건립되었지만 일제강점기 일본은 조선의 민족혼을 말살시키기 위해 과거 왜구 혹은 일본군을 격퇴한 내용이 담긴 유적이나 흔적들을 각 지역 경찰로 하여금 임의로 철거하도록 비밀 지령을 내렸다.

이곳 여수의 수군대첩비는 해남의 명량대첩비와 함께 1942년 일본경찰에 의해 서울로 운반되어 행방을 알 수 없었다.

당시 주민들은 수군대첩비가 조선총독부의 명령으로 서울로 운반되었다는 사실을 알고 있었지만 확인할 수는 없는 상태에 있었다. 그러다가 광복 후 여수와 해남의 주민들은 서울로 사람을 보내 비석의 행방을 수소문했고 1946년에 경복궁 근정전 앞뜰 땅 속에 묻혀 있던 이 비석들을 찾아냈다.

파괴되지 않은 채 묻혀 있던 수군대첩비를 지방 유지들이 여수읍사무소로 옮겨 임시로 안치하다가 1947년 고소대에 비각을 세워 대첩비, 타루비, 동령소갈비와 함께 봉안했다.

(타루비)

타루비는 충무공 이순신의 순국 5년 후인 1603년에 막하에 있던 수군 병사들이 장군의 덕을 추모하기 위해 세운 짤막한 돌 비석이다. 타루비의 '타루(墮淚)'는 눈물을 흘린다 또는 눈물이 떨어진다는 뜻인데 이는 곧 이순신의 죽음을 애도하고 슬퍼하여 세운 비석이다. 비문은 '타루비(墮淚碑)'라는 비의 명칭을 앞면에 크게 새기고, 그 아래로 명칭을 붙이게 된 연유와 비를 세운 시기 등을 적고 있다.

비의 형태는 네모난 받침돌 위에, 비 몸을 세우고, 머릿돌을 얹은 모습이다. 받침돌에는 꽃무늬가 새겨져 있고, 머릿돌에는 구름무늬가 있으며, 꼭대기에는 연꽃 봉오리 모양의 장식이 솟아 있다.

타루비 비문
營下水卒爲統制使 李公舜臣立短碣銘曰墮淚 蓋取襄陽人思羊祜而望其碑則淚必墮者也 萬歷三十一年秋立 영하수졸위통제사 이공순신입단갈명왈타루 개취양양인사양호이망기비즉루필타자야 만력 삼십일년 추립
비문 번역문
막하에 있던 수군 병사들이 통제사 이순신을 위해 짤막한 비를 세우니 이름하여 타루이다. 중국 양양사람들은 양호를 생각하면서 그 비를 바라다보면 반드시 눈물을 흘린다는 고사에서 인용한 것이다. 만력 31년(1603년) 가을에 세우다.

경복궁 근정전 앞뜰에 묻혀 있던 통제 이공 수군대첩비와 타루비는 광복과 함께 되살아나 보물로 지정되었다. 타루비는 통제 이공 수군대첩비와 함께 보물 제571호로 일괄 지정되었다. 그러나 여수 시민들은 유물의 성격이나 건립 연대 등의 차이점을 들어 타루비를 분리하여 보물로 지정해줄 것을 정부에 건의했고, 이것이 받아들여져 타루비는 1998년 12월 4일 보물 제1288호로 지정되었다.

(동령소갈비)

수군대첩비와 타루비 옆에 세워진 동령소갈비(東嶺小碣碑)는 수군대첩비의 건립 경위와 여기에 참여한 인물들, 그리고 건립하기까지의 어려움 등을 기록하고 있다. 1698년(숙종 24)에 세웠으며, 현감 심인조(沈仁祚)가 비문을 썼다.

직사각형 비석 받침대에 비 몸과 머릿돌을 얹었다. 정면과 측면에 꽃무늬가 새겨져 있고, 머릿돌 좌우에 나선형의 장식이, 반원형 중앙에 여의주 무늬가 앞뒷면으로 있으며, 맨 위에는 연꽃 봉오리 모양이 조각되어 있다.[93)]

○ 전라남도 여수시 고소3길 13

여수 묘도동 도독마을

전라남도 해남에 있는 황조별묘(皇朝別廟)는 정유재란 때 명나라군 수군 도독으로 조선에 왔던 진린(陳璘)의 위패를 모시고 향사하는 곳이다.[94)] 진린 도독의 흔적은 여수 묘도에도 있다. 섬의 모양이 고양이처럼 생겼다 하여 고양이 묘(猫)자가 붙은 묘도(猫島)는 원래는 돌산군 태인면에 속했으나 1914년 행정구역 개편으로 여천군 삼일면에 속했고, 1949년 삼일면 묘도리로 행정구역이 변경되었다. 1980년에 삼일읍으로 승격되었고, 1986년 여천시로 승격되면서 묘도동이 되었다. 1998년 여천시가 여수시에 통합되어 현재에 이른다.

여수 묘도에서는 지척에 있는 광양 컨테이너부두, 광양항 국제여객터미널, 광양제철소를 마주 보고도 쉽게 건너다니지 못하고 있었다. 그러던 중 2013년 2월 8일 광양만을 가로지르는 이순신대교가 개통되어 지금은 두 지역을 연결해주고 있다.[95)] 광양을 지나 여수 묘도로 간다면 중마버스터미널 부근에서 이순신대교로 진입한 후 첫 번째 출구에서 내려 좌회전하면 도독마을 진입로 표지판이 나온다.

왜란 말기 이순신과 조선수군은 묘도 남쪽 해안 창촌에, 진린과 명나라 수군은 묘도 북쪽 해안 도독포(都督浦)에 주둔했다. 조명 연합수군사령부가 있던 묘도에는 '도독마을'이라는 마을 이름에 그 흔적이 남아 있다. 지원병을 거느리고 와 주둔했던 명나라 도독의 직함을 따서 마을 이름으로 삼았다.[96)]

'도독마을'은 정유재란 당시 진린이 이끄는 명나라 수군이 묘도의 한 마을에 27일간 진

93) 디지털여수문화대전(http://yeosu.grandculture.net/)

94) 이 책의 '해남 황조별묘' 참조

95) 이순신대교는 총 연장 길이 2,260미터, 주간(柱間) 거리 1,545미터이다. 주간 거리는 충무공 이순신이 태어난 해인 1545년에 의미를 부여한 것이다.

96) 여수문화원 자료

을 설치한 데서 유래한다. 이곳의 포구는 지금까지도 진린 도독의 직함을 따라 도독포, 도독개라고 불리기도 한다.

도독마을 뒷산에는 당시 축조한 작은 규모의 산성의 흔적이 남아 있는데 오랜 세월이 흐르면서 퇴락해가고 가고 있다. 여름철에는 수풀이 무성하게 우거져서 산성으로 올라가는 좁은 길을 찾기도 어렵고 찾아도 올라가기 힘들다.

광양에서 진입한 이순신대교. 건너편에 보이는 산봉우리는 여수 묘도

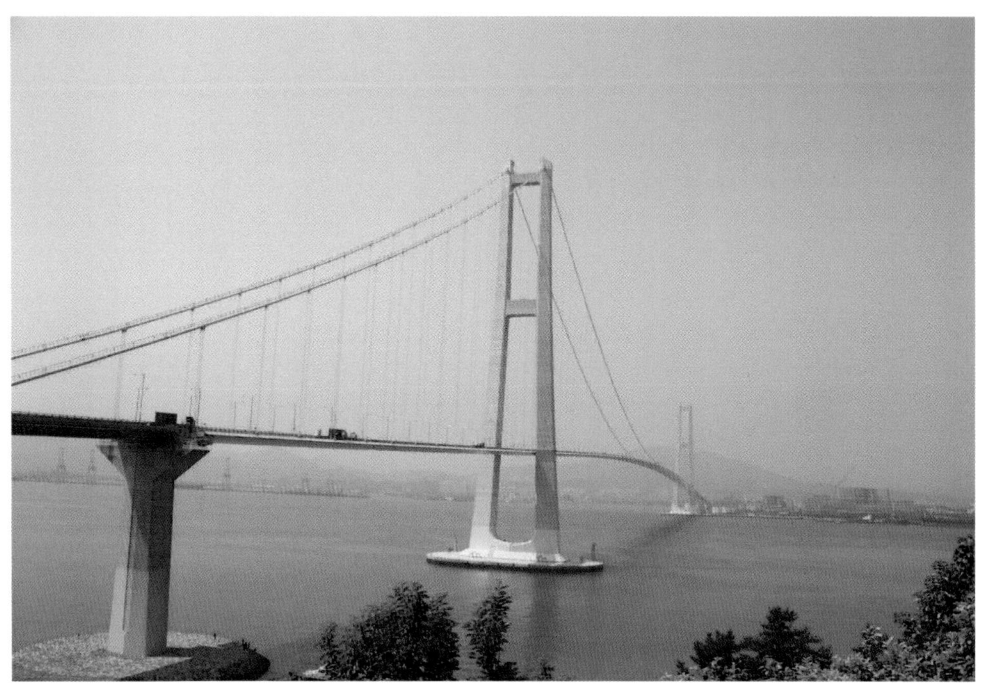

여수 묘도 도독마을 부근에서 본 이순신대교와 광양제철소

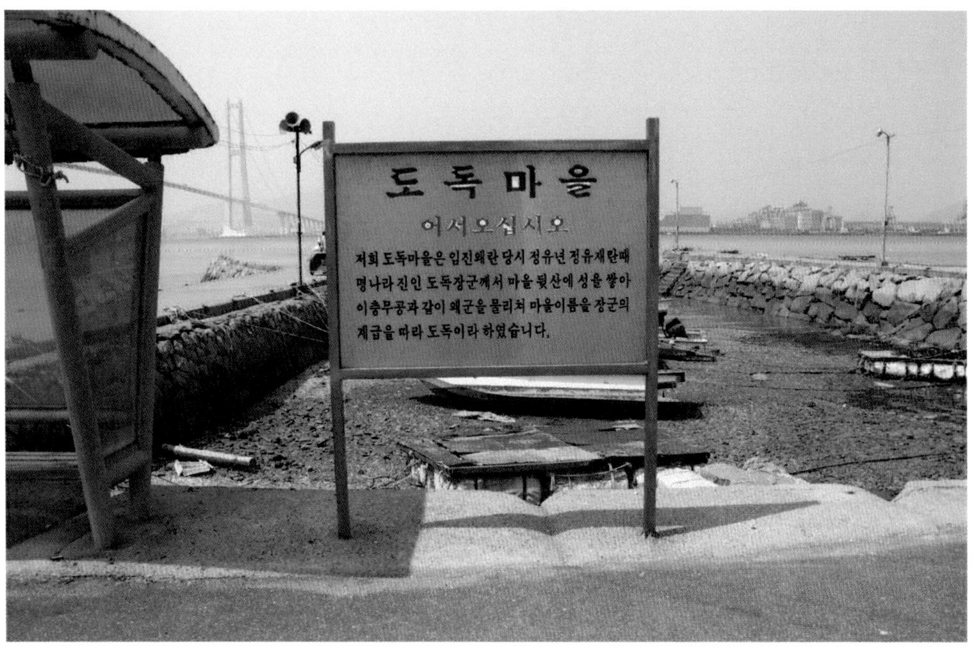

도독마을(도독포구)에 있는 안내판

도독마을. 도독산성의 흔적은 사진의 뒷산 왼쪽 능선 너머에 있다.

○ 전라남도 여수시 묘도동 묘도8길 150

여수 무술목 전적지

정유재란 때 충무공 이순신이 일본함선 60여 척을 섬멸한 현장인 무술목 전적지는 여수시 돌산읍 평사리 굴전마을에 위치하고 있는 몽돌 해변을 가리킨다. 평사리 소미산과 대미산 사이 목을 '무술목'이라고 하는데 좀 더 구체적으로는 해양수산과학관 건물 뒤편의 해변과 바다가 무술목 전적지이다. 무술목에서 바다를 향해 섰을 때 오른쪽에 있는 산이 대미산이다. 무술목 해변에 가면 이순신 장군을 형상화한 조형물이 바다를 향해 서 있는 것을 볼 수 있다.

무술목 설명문에 따르면, 이곳에 제방이 생기기 전에는 소미산과 대미산 자락이 바다로 뻗어 육지로 연결된 것처럼 보이고, 밀물 때는 완전히 바다가 되고, 물이 많이 빠지면 두 지역이 연결되는 육계사주가 형성되어, 바다 밑의 암반과 모래가 드러나 사람이 건너다녔다고 한다. 만조 때에도 육로의 폭이 100미터가 채 되지 못해 마치 수로로 연결되는 착각을 일으키게 했다고 한다.

1598년 정유재란 당시 이순신은 이곳으로 일본군을 유인했고 소미산과 대미산에 매복 중이던 조선수군 병사들이 일본수군에 큰 타격을 가했다.

무술목이라 부르는 이름에는 두 가지 설이 전한다. 하나는 이순신이 일본군을 섬멸한 후 이곳이 온통 피로 물들어 '피내'라고 부르다가, 세월이 흐르면서 '무서운 목'이라 부르게 되었고 다시 '무실목' 또는 '무술목'으로 바뀌었다는 설이고, 다른 하나는 이순신이 일본군을 무찌른 때가 정유재란 마지막 해인 1598년 무술년이었기 때문에 무술목이라고 부르게 되었다는 설이다.

이순신이 싸운 무술목 바다

해양수산과학관. 이 건물 뒤편이 무술목 바다이다.

무술목 해변의 조형물. '무술목의 아침'(강용면 작품, 2006)

○ 전라남도 여수시 돌산로 2876 (평사리)

여수 방답진성・군관청

(방답진성)

여수 방답은 지금의 돌산도(突山島)를 가리키며 첨사(僉使)가 주둔하며 관할하던 곳이다. 임진왜란 때 이순신이 피난민에게 곡식씨앗까지 마련해주고 들어가 경작하면서 거주하게 한 곳으로 잘 알려져 있다.

돌산읍 군내리 일대에는 옛 방답진의 축성과 문터, 배 만들었던 곳, 비석 등이 남아 있어 해안 방어의 중요한 역할을 했던 곳임을 알 수 있다.

군내리 방답길은 총 연장 800미터가 채 되지 않는다. 방답길이라는 도로명은 조선시대 이곳에 있던 '방답진성'에서 유래한다. 외적이 침입해 들어오는 길목이기에 첨사를 책임자로 하여 돌로 성을 쌓았다. 둘레는 1,195미터, 높이 3.9미터이다.

방답진은 조선시대 전라좌수영에 소속된 수군기지로 1523년(중종 18)에 설치되었다가 1895년(고종 32)에 폐진될 때까지 370년 넘게 존속했다.

군관청

군관청과 선정비

동헌(오른쪽 건물은 돌산읍사무소)

방답진성 성벽

방답진성 성벽

방답진성 남문 터 주춧돌(사진 중앙)

방답진성 남문 터

현재 방답진성은 상당 부분 훼손되어 있지만 방답길을 따라 마을 중심부 남쪽으로 가다 보면 그 흔적을 찾아볼 수 있다. 상가 건물 사이에 방답진성 남문이 있던 곳의 주춧돌이 있다. 전에는 더 컸겠지만 지금은 가로 1미터, 세로 1미터가 채 되지 않는 크기로 길모퉁이에 자리하고 있다. 주춧돌 바로 옆 가게는 '개도식당'이고 맞은편의 '남문식당' 앞에도 주춧돌이 있었다. 개도식당의 주춧돌을 끼고 골목길로 들어서면 개인 소유의 텃밭 사이로 길게 이어진 성곽 일부를 볼 수 있다.97) 성곽의 흔적은 이곳 말고도 더 있지만 완전한 형태의 성곽으로는 남아 있지 않다. 남문의 흔적이 남아 있는 이곳은 '남외길'이다. 전에는 남문을 나서면 바다가 전개되었지만 지금은 매립되어 주택가가 형성되어 있다. 조금 더 밑으로 내려가야 바다에 접하게 된다.

방답진성의 서문 터 밖에 있는 서외길을 따라 나오면 곧 '굴강길'이 나온다. 적의 침입으로부터 전선을 보호하거나 적이 침입한 곳으로 즉시 출동할 수 있도록 인공적으로 깊게 판 방답진 굴강(堀江)은 한편에서 거북선이나 판옥선 등 전함을 제작하거나 수리했다.

임진왜란 당시 방답진의 수령은 첨사 이순신(李純信)이었는데 그는 충무공 이순신(李

97) 방답진성 성벽의 일부는 남외길 10-13에서 볼 수 있다.

舜臣)과는 동명이인이다. 첨사 이순신은 충무공 이순신 휘하의 무장으로 옥포·당포·한산도·부산포 등지에서 일본수군을 격파한 무장이다. 이곳에 첨사 이순신의 은덕을 기리기 위해 돌산도 지역주민들이 성금을 모아 이순신 유적 기념비를 건립했다.

(군관청)

돌산 군관청(軍官廳)은 조선시대 전기에 방답진 해안 방비를 담당하기 위해 설치된 관청이었다. 방답진은 전라좌수영에 속해 있던 것으로 1523년(중종 18)에 설치했다가 1895년(고종 32)에 폐지했다. 1896년 돌산군이 설치되면서 건물의 대부분이 돌산군 행정관아로 사용되었다. 군관청은 1872년에서 1895년 사이에 건축된 것으로 추정되고 있다.

건물은 디귿(ㄷ)자형 평면구성의 팔작지붕이며, 내부에는 사무실로 사용되던 여러 개의 방이 있다. 군관청은 1987년 9월 18일 전라남도 유형문화재 제155호로 지정되었다.

(동헌)

1896년 2월 3일 돌산군이 설치될 때 군수가 업무를 수행하기 위해 세운 관아 건물이 동헌(東軒)이다. 동헌 건물이 최초로 세워진 연대는 알 수 없으나 1897년 옛 터 위에 세웠다는 상량문 기록이 남아 있다고 전한다. 군관청 건물 건너편 가까운 곳에 있다. 동헌은 돌산로 1253-6에 소재하는 돌산읍사무소 옆에 있다.

○ 전라남도 여수시 돌산읍 방답길 51-6 (군관청)

여수 사충사 유허비

임진왜란으로 나라가 위기에 처하자 여수 웅천 출신으로 이순신을 도와 공을 세운 4충신이 있는데 그들은 정철(丁哲, 1554~1595)과 그의 아우 정린(丁麟, 1556~1595), 종제(從弟) 정춘(丁春, 1555~1594), 종질(從姪) 정대수(丁大水, 1565~1599)이다.

정철은 당항포해전에서 공을 세우고, 1595년 부산포해전에서 선후장(船後將)으로 활약하던 중 적탄에 맞아 전사했고, 정린은 종형제와 함께 의병을 일으켜 당항포와 진주성 전투에서 공을 세웠다.

정춘은 1588년 무과에 급제한 후 당항포와 한산해전에서 싸웠으며, 옥포해전에서 적탄에 맞아 전사했다. 정대수는 1588년 무과에 급제하여 선전관이 되었으며 충무공의 조방장이 되어 전술·전략을 수립하여 당항포해전 승리에 기여했다. 명량해전에서 공을 세우고 1598년 노량해전에서 전사했다.

1826년(순조 26) 4월, 성균관과 순천향교 간에 이들 4인의 충신을 기리기 위한 사우 건립 논의가 시작되어 그해 여름에 광주향교, 남원향교, 전주향교가 순천향교에 통문을 보내면서 사충사(四忠祠) 건립 기반이 마련되었다. 시간이 흐른 1847년(헌종 13) 지역 유림의 상언에 의해 가곡마을에 사충사가 건립되었다.[98]

사충사는 1868년(고종 5) 서원철폐령에 의해 철거되었다가 1921년 여수시 웅천동에 오충사(五忠祠)란 이름으로 복원되었다. 이에 여수지역의 유림이 사충사에 대한 기록을 남기기 위해 1929년 사충사 터를 정리한 후 위패를 대인산에 묻고 이곳에 사충사 유허비를 세웠다. 사충사 터에 세운 비가 사충사 유허비이며, 현재의 유허비는 2008년에 새로 만들어 세운 것이다.[99] 창원 정씨 문중에서 관리하고 있다.

사충사 유허비

98) 디지털여수문화대전

99) 이 책 '여수 오충사' 참조.

○ 전라남도 여수시 여천동 68-2 (학동정수장 정문 앞)

여수 여수선소 유적

여수에는 좌수영 본영 선소(중앙동), 방답진 선소(돌산읍), 순천부 선소(시전동) 등 세 곳의 선소(船所)가 있었다. 본영 선소는 바다가 매립된 위에 시가지가 형성되어 그 흔적을 찾을 수 없고, 방답진 선소는 진신을 정박하던 굴강만 비교적 원형에 가깝게 남아 있다.

여수시청 남쪽 가까운 거리에 위치한 이곳 시전동 여수선소 유적은 고려시대부터 선박을 제작, 수리하는 조선소가 있던 자리이다. 가막만의 북쪽에 위치해 있는 선소의 바다 입구에는 가덕도와 장도가 있어 선소의 방패 구실을 해 왔다.

여수선소(옛 여천선소)는 순천부 선소에 소속해 있었으나 1593년 삼도 수군통제영이 설치되면서 여수 본영에 속하게 되었다. 임진왜란 때는 이순신 장군이 거북선을 제작했던 곳의 하나이다. 거북선, 판옥선 등 함선을 제작・수리하거나 배를 대피시키던 굴강, 칼과 창을 갈고 닦았던 세검정, 무기를 보관하던 수군기, 대장간 등이 복원되어 있다.

이곳 선소창에 지휘소가 설치되어 1800년대까지만 해도 여러 건물이 있었으나 건물은 1910년대 일본인들에 의해 파손되었다. 특히 1930년대 일본인들은 다량의 이순신 유물을 탈취하여 일본으로 가져갔다고 전한다. 그들은 가져가지 못하는 유물들은 굴강 주변의 돌과 함께 제방을 쌓는 데 이용하거나 파손했다. 여수선소 유적은 1995년 4월 20일 사적 제392호로 지정되었다.

굴강

굴강

직경 약 40미터의 타원형 굴강(오른쪽 상단은 수군기 건물)

굴강과 수리 중인 거북선 모형(충민사 유물관 자료)

대장간

돌벅수

(선소마을)

1980년부터 해군사관학교 발굴팀, 명지대학교 연구소팀, 순천대학교 박물관팀이 각각 발굴 조사를 하여 다수의 유물을 발굴했다. 발굴 조사결과와 기존의 문헌자료를 바탕으로 하여 세검정과 수군기 등의 건물을 복원했고, 거북선과 판옥선을 수리 보관했던 굴강, 무기 제작소로 추정되는 대장간을 복원・정비했다.

(벅수)

벅수는 일반인의 통행금지 구역을 표시하던 유적이다. 이 지역에 왜구가 출몰하고 나중에는 일본군이 공격해 옴에 따라 벅수는 군사적 요충지인 선소를 외부의 적으로부터 지켜내고자 하는 호국 벅수로서의 역할을 했다. 벅수의 모습은 문관석(文官石)을 닮은 석인상이다.

(대장간)

군기(軍器)를 제작하고 수리하던 곳이 대장간이다. 물을 모으는 집수구와 쇠를 물에 달구는 단야로가 있다.

(세검정 · 수군기)

굴강 서남방향으로 20미터 지점에 세검정과 수군기가 복원되어 있다. 세검정은 집무 및 지휘소 기능을 담당했던 곳이며, 임진왜란 때 군사들이 칼을 갈고 닦은 곳이다. 세검정 터에 남아 있는 주춧돌의 간격으로 그 규모를 추정하여 1986년에 앞면 7칸, 옆면 1칸 규모의 맞배지붕 건물을 복원했다.

세검정과 붙어 있는 건물 수군기(水軍器)는 무기고로 사용했던 곳으로 세검정과 같이 선소 발굴조사 후에 복원한 건물이다. 외부의 침입을 막아낼 수 있도록 주춧돌과 주춧돌 사이 벽체를 토담으로 튼튼하게 쌓았다. 앞면 4칸, 옆면 1칸의 맞배지붕 건물이다. 발굴 당시 이 건물 터 앞에서 쇠로 된 화살촉, 배 못 등이 출토되었다.

세검정

수군기(오른쪽 건물은 세검정)

○ 전라남도 여수시 시전동 708 (선소마을길)

여수 오충사

오충사(五忠祠)는 여수시 웅천동에 있는 사당인데 임진왜란 때 전사한 창원 정씨 집안의 충신 4인의 신위를 모신 사당이다.

정철(丁哲, 1554~1595)이 이순신을 따라 해전에 참전 중 일본군의 조총에 맞아 전사한 후 나라에서 충절(忠節)이라는 시호를 내린 것을 기념하기 위해 1847년(헌종 13)에 후손 정재선(丁載璿)이 가곡마을에 사우를 세우고 가곡사(佳谷祠)라고 했다.[100)]

이후 충의공 정춘(丁春, 1555~1594), 충숙공 정린(丁麟, 1556~1595), 충정공 정대수(丁大水, 1565~1599)의 신위를 함께 모셔 사충사(四忠祠)라고 했으나 1864년 흥선대원군의 서원 철폐령에 의해 철거되었다.

1927년 창원 정씨 후손들과 충무공의 직계 후손들이 합의하여 웅천동 송현마을에 오충사를

100) 예전에는 여천고등학교 아래쪽 선원동 지역을 가곡마을이라 불렀다.

건립하고 이순신을 주향으로 하고 사충신을 배향했다.[101] 오충사라고 이름 한 것은 이곳에 사우를 다시 세울 때 충무공 이순신을 주벽으로 모시고 기존의 4충신을 배향한 것에 기인한다.

충의문

강학공간

사당 오충사

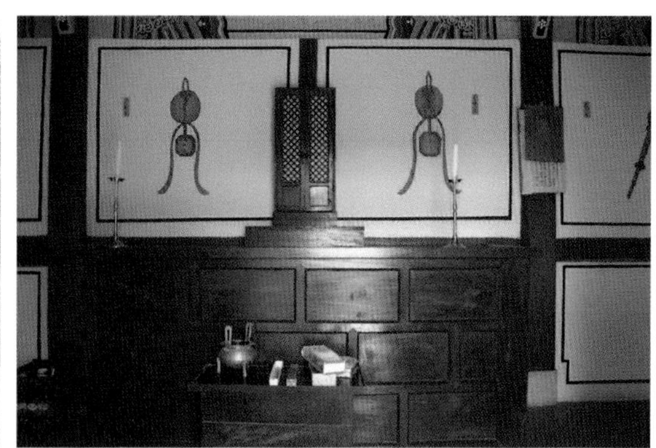
위패

현재 오충사 건물은 일제강점기인 1938년 일본경찰에 의해 강제 철거되었던 것을 1962년에 복원한 것이다. 1976년에는 사당을 중건했는데 사당은 정면 3칸, 단층의 팔작지붕 건물이다. 여수향교와 이충무공유적영구보존회에서 매년 춘추(음력 3월 16일, 9월 16일) 석제례를 지낸다.

○ 전라남도 여수시 웅서뒷길 16 (웅천동 624)

101) 디지털여수문화대전

여수 이순신 장군 자당 기거지

임진왜란 당시 전라좌수사 이순신의 어머니 초계 변씨는 충청남도 아산군 염치면 백암리에서 거주하고 있었다. 이순신은 전란의 소용돌이가 심해지자 1593년 6월 아산에 계시던 어머니 변씨 부인(卞氏夫人)을 비롯한 가족을 데려와 전라좌수영 내 웅천동 송현마을에 거주하는 부하 정대수의 집으로 모셨다. 이순신이 1591년 2월 전라좌수사로 부임한 이래 2년 4개월 만이다.

이순신의 어머니가 거주했던 곳이라 하여 이순신 장군 자당 기거지(慈堂起居地)라고 이름 붙은 이곳은 고음천(古音川) 송현마을에서 어머니 변씨 부인과 부인 방씨가 1593년 6월부터 1597년 4월까지 4년 가까이 난을 피해 머물렀던 곳이다.

현재 옛집의 흔적은 찾아볼 수 없으나 1972년 옛집이 있던 자리로 추정되는 곳에서 맷돌, 솥 등 변씨 부인이 사용하던 세간이 발견되었다. 당국에서는 1973년 12월 이곳에 변씨 부인 유허비를 건립했고 1990년에는 시청에서 이충무공 사적비를 세웠다. 송현마을 입구에는 이순신의 모친이 사시던 집터임을 알리는 표지석이 있다.

이충무공 사충비(李忠武公思忠碑)

이순신 자당 기거지 터 입구(오른쪽 화살표 방향)

이순신이 1593년 7월 15일 한산도로 진영을 옮기고, 불과 한 달 후에 전라좌도 수군절도사 겸 삼도 수군통제사로 임명되면서 한산도 통제영에서 수군을 지휘해야 했기 때문에 여수의 어머니와 다시 떨어져 지내야 했다.

1597년 2월 이순신은 조정의 명을 거역했다는 누명을 쓰고 서울로 압송되었다. 여수에 머물고 있던 변씨 부인은 두 달 후인 그해 4월, 아들이 전라좌수사에서 해임되고 서울로 압송된 후 본가가 있는 아산을 향해 배편으로 가던 중에 아들을 보지 못하고 4월 11일 배 위에서 임종했다.

이순신은 가토 기요마사를 치라는 조정의 명령을 거역했다는 죄로 수군통제사직에서 파직되고 감옥에 하옥되었다가 28일 만인 4월 1일에 풀려나 백의종군하라는 명을 받고 경상남도로 향했다. 그는 선산과 집이 있는 아산에 가서 조상의 묘와 사당에 인사를 고하면서 며칠을 묶고 있던 4월 13일에 어머니의 부고를 듣고 해암(蟹巖, 아산시 인주면 해암2리)으로 달려가니 어머니가 승선해 있던 배가 벌써 선창에 도착해 있었다. 15일에 입관하고 16일에 배를 중방포(中方浦)로 옮겨 영구를 상여에 싣고 집으로 와 빈소를 차렸다. 이순신은 4월 19일 도원수 권율 장군이 있는 경상남도 합천을 향해 다시 백의종군 길에 나섰다.

○ 전라남도 여수시 충효길 25-5 (웅천동 1420-1 송현마을)

여수 진남관

진남관(鎭南館)은 조선시대에 객사로 지은 현존 국내 최대의 단층 목조건물이며 임진왜란 때는 삼도 수군통제영으로 사용된 조선수군의 중심 기지였다.[102] 진남관은 1598년(선조 31) 전라좌수영 객사로 건립한 건물로써 임진왜란을 승리로 이끈 수군기지로써의 역사성을 지니고 있다.

전라좌수영은 남해안 방위의 전략적 요충지였던 여수에 자리하고 있던 수군영이다.[103]

진남관이 위치한 전라좌수영은 설치 당시 성곽의 둘레가 1.7킬로미터였고, 진남관 외에 80여 동의 건물, 민가 2,024호, 우물 9곳, 연못 1곳이 있었다. 남쪽・동쪽・서쪽에 성문이 있었으며, 남문 밖은 바로 바다와 접해 있었다. 지금은 남문 밖의 바다는 매립되어 시가지로 변해 있다.

전라좌수영은 그 모습을 거의 잃은 채 성곽의 일부와 진남관만 남아 있었으나 현재 부분적으로 복원공사가 진행되고 있다.

(삼도 수군통제영)

이순신 장군은 전라좌수영의 수군을 이끌고 경상남도 해안에서 일본수군을 상대로 전투를 벌여 여러 번 승리를 거두었다. 1593년 7월 23일 전라도, 경상도, 충청도 수군을 총괄하는 삼도 수군통제사를 겸직함으로써 그가 있던 전라좌수영이 1601년(선조 34)까지 삼도 수군통제영의 본영으로 기능했다.

임진왜란 발발 직후 남해안 남동쪽 바다는 수백 척의 함선과 보급선 등을 보유한 일본수군에 의해 완전히 장악되어 있었다. 조선수군은 남서쪽 바다인 여수 일대 해역을 방어하면서 일본수군의 서해안 방면 진로를 차단하고 있었다.

(진해루)

진해루(鎭海樓)는 1592년 5월 1일 이순신 장군과 부하 장수들이 작전회의를 열어 출병 여부를 의논한 곳이며, 임진왜란 당시 삼도 수군통제영, 즉 해군사령부 건물로 사용한 건물이다.

임진왜란 당시 전쟁을 수행하는 데 가장 필요한 군량미와 소금의 주산지인 호남을 점거하지

---

102) 객사는 성의 가장 중요한 위치에 관아와 함께 건립되는 중심 건물로, 중앙 정청 내부 북쪽 벽 앞에는 임금을 상징하는 전패를 모신 함을 두고, 관아의 수령이 초하루와 보름날마다, 또 나라에 국상과 같은 큰일이 있을 때 이 전패에 절하는 '향궐 망배' 의식을 거행함으로써 지방 관리들이 임금을 가까이 모시듯 선정을 베풀 것을 다짐하던 곳이다.

103) 1479년(성종 10)에 처음 설치했다가 1895년(고종 32)에 폐지했다.

못했던 일본군은 정유재란(1597) 때는 삼도 수군통제영이 소재한 여수를 먼저 공략했다. 전라좌수영 성 안에 있던 동헌을 비롯한 대부분의 건물이 불에 탔는데 이때 진해루도 소실되었다.

(진남관)

이순신이 전라좌수영의 본영 지휘소로 삼았던 진해루 터 자리에 세운 수군의 중심 기지가 진남관이다. 임진왜란 종료 이듬해인 1599년, 이순신의 후임 통제사 겸 전라좌수사 이시언이 정유재란 때 불타버린 진해루 터에 75칸의 대규모 객사를 세우고, 남쪽의 왜구를 진압하여 나라를 평안하게 한다는 의미에서 진남관(鎭南館)이라고 이름 지었다.

현재의 건물은 1716년 화재로 불탄 것을 2년 후인 1718년(숙종 44) 전라좌수사 이제면(李濟冕)이 중창했으며, 68개의 기둥으로 구성된 건물의 규모는 정면 15칸, 측면 5칸, 건물면적 792제곱미터로 현존하는 지방관아 건물로서는 최대 규모이다.104)

진남관은 일제강점기 때는 여수 공립보통학교 교사로 사용되기도 했다. 진남관은 2001년 4월 17일 국보 제304호로 지정되었다.

진남관 안내도

진남관

104) 진남관 중건기는 1593년 보수공사 중에 발견했는데 글씨는 중건 당시에 이제면이 쓴 것이다.

종고산 자락 여수 앞바다를 내려다보는 곳에 위치한 진남관

진남관 현판

진남관 계단 앞의 석주 화대:
수군 병사들의 야간훈련 때 불을 밝히는 횃불을 걸던
돌기둥. 4기가 있었으나 현재는 2기만 남아 있다.

진남관

건물 주춧돌을 먼저 고정시키고
그 돌에 맞추어 기둥을 올렸다.

진남관 입구의 망해루

여수공립보통학교의 흔적
(麗普公立學)

석인상. 뒤로 돌산대교와 장군도(사진 중앙)가 보인다.

(석인상)

진남관 앞뜰에 석인상(石人像) 1기가 서 있다. 기단석 위에 화강암으로 조각한 이 상은 관모를 쓰고 단정한 관복에 두 손을 공수하고 있는 문반(文班)의 모습을 표현하고 있다.

이 석인상은 임진왜란 당시 일본군의 공세가 심해지자 이순신 장군이 일본군의 눈을 속이기 위해 돌로 사람의 형상을 만들어 세운 석조물로 알려져 있다. 의인전술의 일환으로 석인 7구를 만들어 세웠다고 하는데 6구는 사라지고 현재 1구만 남아 있다.

(임란유물전시관)

유물전시관에는 다양한 유물과 전란 기록이 전시되고 있다. 그중 철쇄 방비시설 모형을 보면 전라좌수영의 동쪽 소포(지금의 종포)에서 건너편 돌산도까지 쇠사슬을 걸쳐 매어 적선의 야간 통행을 막은 시설이라는 설명이 있다. 설치 방법을 보면 먼저 긴 쇠사슬의 중간 중간에 큰 나무를 꿰어 부표 구실을 하게 하고 쇠사슬을 바다에 가로질러 설치한 후 이것이 조류에 떠내려가지 않도록 물속에 큰 돌을 달아매어 닻의 구실을 하게 했다.

(종고산 북봉연대)

종고산(鐘鼓山, 해발 220미터)은 진남관 뒤쪽에 있는 산으로 행정구역상으로는 여수시 동산동・군자동・충무동에 걸쳐 있다. 옛날부터 나라에 어려운 일이 있을 때마다 산이 울었다 하여 종고산이라는 이름으로 불리게 되었다.

산 정상에는 조선시대에 설치한 북봉연대(北烽煙臺)가 있는데 오동도, 여수해협과 돌산도, 여수 시내를 조망할 수 있는 이곳은 위급한 상황이 발생했을 때 봉수로 전라좌수영에 신호를 전하던 기능을 하던 곳이다.[105)]

진남관 입구 망해루

전라좌수영 모형(사진 중앙은 진남관)

전라좌수영 모형

철쇄 방비시설 모형

○ 전라남도 여수시 동문로 11

105) 1592년 5월 4일 새벽 이순신이 이끄는 전라좌수영 수군 함대가 첫 출전을 하여 5월 7일 옥포해전을 치르고 돌아왔다. 충무공은 진해루 뒤의 종고산이 그동안 소리를 내며 울었다는 말을 듣고 우리가 열심히 싸워 승리한 줄 알았더니 하늘과 종고산 산신령의 가호가 있었던 것이라고 말하고 산봉우리에 하늘과 산신령에게 제사를 지낼 이층 구조의 대(臺)를 지으라고 명했는데 이것이 북봉연대이다. 북봉연대는 간봉(間烽)에 속하는데 간봉은 전국의 봉수 연락망 중 지방에서 서울에 이르는 주요 간선 다섯 개의 직봉에 들지 않는 작은 봉수를 말한다. 간봉은 직봉과 직봉을 연결해주거나 변경의 초소로부터 본진(本鎭)이나 본읍(本邑)에 연결해주는 기능을 했다.

여수 충민사·석천사

충민사(忠愍祠)는 충무공 이순신·의민공 이억기·충현공 안홍국 등 3인의 충절을 기리는 사당이다. 1601년(선조 34) 당시 영의정이던 이항복이 임금의 명을 받아 통제사 이시언에게 사당 건립을 지시하여 지어졌다. 원래는 충무공 이순신 주향에 전라좌수사 이억기가 배향되었는데, 1677년(숙종 3) 보성군수 안홍국이 추가로 배향되었다.

충민사를 건립한 후 우부승지(右副承旨) 김상용(金尙容)이 선조 임금에게 사당의 이름을 지어달라고 간청하여, 임금이 직접 '충민사'라는 이름을 짓고 그것을 새긴 현판을 하사함으로써 충무공 이순신 관련 사당이 되었다. 이후 충민사는 좌수영에서 파견된 수호승장 스님이 사당을 관리해왔다.

1868년(고종 5)에 내려진 서원철폐령에 따라 충민단만을 남기고 사우와 다른 건물이 모두 철거되었다. 5년 후인 1873년에 지역 유림의 진정으로 사당을 다시 짓고 판서 유용술이 쓴 충민사 현판을 걸었다. 일제강점기인 1919년 조선총독부의 탄압으로 다시 철거된 것을 광복 후인 1947년 지역 주민들이 힘을 합하여 다시 지었다.

경역은 1975년부터 1984년 사이에 중수 정화되어 사당과 내삼문인 충의문, 외삼문인 숭모문, 충민사 유허비 등이 있고 경역 밖에는 하마비·홍살문·관리사무소 등이 있다.

충무공 사당으로는 가장 오래된 충민사는 1993년 6월 1일 사적 제381호로 지정되었으며 여수 충무공 유적 영구보존회에서 관리하고 있다.

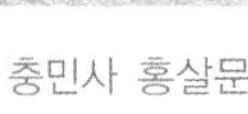

충민사 홍살문

충민사

영정

충민사 유허비

충민사 유물관

충민사와 석천사 모형
(왼쪽은 사찰 석천사, 오른쪽은 사당 충민사)

(이억기)

이억기(李億祺, 1561~1597)의 본관은 전주, 자는 경수(景受), 시호는 의민(毅愍)이다. 그는 17세 때 사복시 내승(內乘)이 되고 그 후 무과에 급제하여 경흥부사(慶興府使), 온성부사(穩城府使) 등 여러 관직을 역임하고 북쪽 변방을 경비했다.

임진왜란 때 전라우도 수군절도사가 되어 이순신 장군을 도와 당항포, 한산도, 안골포, 부산포 등에서 일본군을 격퇴했다. 1597년 2월 이순신이 항명죄로 감옥에 갇히자 이항복·

김명원 등과 함께 그의 무죄를 주장했다. 원균 휘하의 좌익군(左翼軍)을 지휘하여 싸웠으며 칠천량해전에서 전사했다. 사후 선무공신 2등에 봉해졌으며 병조판서가 추증되었다.

(안홍국)

안홍국(安弘國, 1555~1597)의 본관은 순흥, 자는 신경(藎卿), 시호는 충현(忠顯)이다. 1583년(선조 16)에 무과에 급제했다. 임진왜란 때 선전관으로 임금을 모시고 의주까지 따라갔으며, 영흥에 있는 왕자 임해군에게 왕명을 전달하기도 했다. 그 후 소식이 두절된 충청, 전라, 경상 지역의 각 진영을 순회하면서 왕명을 전달했다.

나중에는 삼도 수군통제사 이순신 장군의 막료로 있으면서 여러 해전에서 선봉장으로 공을 세웠다. 1597년 정유재란 때 안골포와 가덕도해전에서 싸웠고 다시 안골포해전에서 싸우다가 적의 조총에 맞아 전사했다. 좌찬성에 추증되고 여수 충민사와 보성 정충사에 배향되었다.

(충민사 유허비)

충민사 유허비는 1886년(고종 23) 9월 충무공 이순신의 10세손이 세운 비석이다. 1868년(고종 5) 서원 철폐 당시 파비(破碑)된 비를 여수향교에서 66년간 단비제(斷碑祭)를 지내다가 일제강점기 일본인의 조사를 피하여 충민사 앞뜰에 묻었는데 1975년 충민사 정화사업 당시 화단에서 발견되어 현재 충민사 유물전시관에 복원 전시되어 있다.

이 비석은 받침대 없이 비 몸만 보존되어 있는데 크기는 높이 124센티미터, 폭 58센티미터, 두께 12센티미터이다. 비석 앞면 상부 오른쪽부터 '의민 이공 휘 억기 충무 이공 휘 순신 증 좌찬성 안공 휘 홍국(毅愍李公諱億祺 忠武李公諱舜臣 贈左贊成安公諱弘國)'이라고 쓰여 있고, 뒷면에는 '병신 구월 일 충무공 십세손 건(丙申九月日忠武公十世孫 建)'이라고 쓰여 있다.

(사찰 석천사)

충무공 이순신을 기리는 최초의 사액 사당 충민사 바로 옆에 충민사의 수호사찰인 석천사(石泉寺)가 있다. 유교사당과 불교사찰이 담장 하나를 사이에 두고 나란히 붙어 있다.

이 절은 임진왜란 때 충무공을 선상(船上)에까지 따라다니며 모신 승장 옥형(玉泂) 스님과 화엄사의 승려이자 이순신의 군사자문이었던 자운 스님이 사당 충민사가 세워지자 이를 수호하기 위해 바로 옆에 지은 사찰이다. 충민사 뒤편 큰 암석 밑에서 솟아나는 샘물에서 절의 이름이 유래했다.

승장 옥형 스님과 자운 스님은 승병장으로 이순신과 같은 배를 타고 해전에 참가했는데 이순신이 전사하자 그의 전사를 막지 못했다는 자책감을 갖게 되었다.

임진왜란 당시 참전했던 300여 명의 의승 수군들 중 옥형 스님과 자운 스님이 승군 대장역을 맡았다. 자운스님은 서산대사와 부휴선사와도 교분이 두터웠으며, 당시 화엄대선의 과거에 합격한 뛰어난 학승이었다. 자운 스님은 조카 상좌인 벽암 각성(뒤에 승군 팔도 도총섭으로 남한산성을 구축한 분)과 함께 이충무공을 따라 여러 해전에 참전하여 공을 세웠다.

옥형 스님에 관한 기록은 거의 없으나 자운 스님과는 속세에서의 형제였다는 불가의 전언이 있고, 또한 석천사에서 옥형과 자운 두 분의 영정을 모시고 3월 중순 정일에 제사 지내는 연유 등을 볼 때 가까운 사이였다고 추정되고 있다.[106)]

평소 이순신은 석천(石泉)의 석간수(石間水)를 자주 마시러 왔다고 한다. 그러한 인연 있는 곳에 옥형 스님이 충무공의 높은 충절을 기리기 위해 초당을 짓고 제사를 지내왔는데 그 초당이 석천사의 전신이다.[107)]

그 후에도 근 300년 동안 석천사 주지가 충민사 수호승장으로서 일을 하면서 석천사와 충민사는 유림과 불교가 서로 구분하지 않고 살았던 공존의 장이다. 중앙에서 숭유배불정책을 펼칠 때도 이곳에서는 관, 민, 유, 불이 모두 합심하여 화합된 모습을 보여준 곳이다.

석천사 경내의 의승당 건물 기둥에는 다음과 같은 시문이 붙어 있다.

의승당 기둥의 시문
의승군(義僧軍) 대승(大乘)의 얼 등불 되어 빛나네. 충무공 순국하여 호국의 용(龍) 되시고 왜인의 침략 야욕 파사현정(破邪顯正)하셨네. 연꽃 잡은 손으로 호국의 기치 들어 임진 정유 왜란에 온 중생 허덕일 제 옥형 자운 두 큰 스님 삼백여 의승군

106) 석천사 홈페이지(http://www.scsa.or.kr/)

107) 석천사 홈페이지

석천사 입구

대웅전

의승당

석천사 불상

○ 전라남도 여수시 충민사길 52-21 (덕충동 1829)

여수 호국사찰 흥국사

여수 영취산 중턱에 자리한 흥국사는 1195년(고려 명종 25) 보조국사 지눌에 의해 창건되었다. 절이 흥하면 나라가 흥하고, 나라가 흥하면 절도 흥할 것이라는 흥국의 염원을 담고 있다 하여 흥국사(興國寺)라고 했다.

보조국사가 이곳 흥국사에서 순천 송광사로 옮긴 후 흥국사의 사세는 급격히 기울게 되어 100여 년 가까이 토굴과 같았다고 하며, 이후 원나라의 침공 때 사찰이 모두 소실되어 폐허가 되었다. 그 뒤 조선시대인 1560년(명종 15)에 법수대사가 중창했다.

흥국사 입구의 불화

봉황루

대웅전. 기단에는 게를, 갑석에는 거북이를 나타내어 바다를 상징적으로 표현했다. 정면 계단 양쪽에 용을 조각하여 바다를 지나는 배, 즉 법당을 호위하는 구조이다.

바다를 건너고 있는 대웅전을 상징적으로 표현한 거북이 등 위의 석등

법당문 문고리. 한국의 사찰 중에서는 가장 큰 문고리이다.

법당문 연꽃 그림

흥국사는 임진왜란 때 충무공 이순신이 관할하던 전라좌수영의 의승수군(義僧水軍) 거점이었다. 승병과 수군 지휘소이자 훈련소인 이곳에서 자운·옥형 두 스님의 지휘 하에 승병 700여 명이 호국불교의 기치를 내걸고 전라좌수사 이순신을 도와 활동했다. 왜란 기간 동안 호남지역 의병·승병 활동의 중심지 역할을 한 흥국사의 의승들은 낮에는 농사일을 하고 밤에는 일본군을 막아내는 일에 힘썼다.

후에 이곳을 점령한 일본군은 흥국사를 불태워 폐허로 만들었다. 이때 법당과 요사 등 대부분의 건물이 소실되었다. 1624년(인조 2)에 계특 대사가 건물을 중창했으며, 1690년 법당을 증축하고 팔상전을 새로 지었다. 1780년에 선당(禪堂)을, 1812년에 심검당(尋劍堂)을 각각 중건했고 1925년에는 칠성각과 안양암을 새로 지었다.[108)]

흥국사 경내에는 보물로 지정된 대웅전, 탱화, 홍교, 목조석가여래삼존상, 동종, 목조지장보살삼존상·시왕상 일괄 및 복장 유물이 있으며, 그 외에 다수의 유형문화재와 문화재 자료가 있다.

(봉황루)

봉황루는 부처님에게 예불을 드리고 제반의식을 행하는 장소로서 1729년 팔도 도총섭 덕린, 승통대장 찬민, 팔도 도총섭 자헌 스님 등 300여 승군들과 400여 명의 신도들이 뜻을 모아 세운 누각이다.

108) 디지털여수문화대전

(의승수군 유물전시관)

○ 심검당 중건 상량문

상량문에는 임진왜란 때 활약한 승군(僧軍) 명단이 기록되어 있다. 조선시대 후기에도 흥국사에는 승군이 주둔했었다.[109] 상량문은 1812년 효암(孝庵) 충일(充馹) 스님이 썼는데, 수군절도사 이춘영(李春英)이 시주한 내용과 의승 수군 300여 명의 명단이 기록되어 있다. 중건 상량문의 크기는 가로 243센티미터 세로 37센티미터이다.

○ 봉황대루 중창 상량문

중창 상량문에는 팔도 도총섭 월원(月圓) 스님 등의 승군 계급과 직제가 구체적으로 기록되어 있으며, 300여 명의 승군이 지속적으로 유지된 명단이 적혀 있다. 1729년 6월에 기록된 것으로 1980년대 말기 봉황루 보수과정에서 발견했다. 크기는 가로 425센티미터, 세로 34센티미터이다.

○ 완문 흥국사(完文興國寺)

흥국사의 의승 수군에 대한 전라좌수사의 담화문의 일종이다. 수군절도사 이봉호의 작품으로 1890년에 제작되었으며 크기는 가로 100센티미터, 세로 31센티미터이다. 임진왜란이 지난 지 300여 년까지 승군제도가 제대로 유지되고 있었음을 알 수 있는 자료이다. 다섯 가지 주요 내용을 담고 있는데 정리하면 다음과 같다.

족미제도(가족친지에 의해 세금을 내는 일)에는 승군은 해당되지 않는다. 족미제도 때문에 형벌을 받지 않는다. 기와 공급이나 부역을 일체 면한다. 대사(大師), 수좌(首座) 이외에는 다른 지역으로 옮기지 못한다. 의승 수군이기 때문에 남한산성의 의승과 같이 대접해야 한다.

○ 노사나불 괘불탱

괘불 탱화는 사찰에서 영산재나 수륙고혼천도제 등 대규모의 법회를 개최하거나 사월 초파일 대법회 같이 많은 사람들이 모이는 날 행사장 뒤에 의식용으로 걸어두는 불화이다.

---

109) 임진왜란 때인 1593년 전라좌도의 구례, 광주, 곡성, 고흥, 순천, 여수 등지에서 스님들이 흥국사에 집결하여 전쟁에 참여했다. 왜란이 끝난 후에도 일본군의 재침을 막고 돌아간 고혼들을 위해 수륙고혼천도제를 지내 왔으며 현재도 이어지고 있다. 재침을 막기 위해 승군 300여 명을 계속 유지했으며 흥국사를 중심으로 석천사, 한산사, 향일암, 은적암, 용문사, 만흥사 등지에서 많을 때는 627명의 승려가 운집하여 호국 기원, 수행, 그리고 불법을 여는 데 힘을 쏟았다. 석천사 홈페이지 자료

흥국사 노사나불 괘불탱(盧舍那佛掛佛幀)은 1759년 도성암에서 의겸 스님, 비현 스님, 쾌윤 스님, 편수 10명, 승군 300여 명, 신도 330명이 참여하여 제작한 그림이다. 노사나불 한 분을 모시는 독존형이다.

이 그림이 그려진 배경은 전쟁희생자를 위한 수륙고혼천도제를 왜란 후 300여 년 동안 의승 수군들이 지내면서 이 행사가 호국의 성격을 띠게 되자 수많은 동참자를 위해 야단법석(野壇法席), 즉 야외에서 크게 펼치는 설법 강좌를 베푼 것에 있다.110)

탱화 뒷면에는 임진왜란 후에 괘불을 보수하면서 기록한 화기(畵記)가 남아 있다. 노사나불 괘불탱은 2002년 1월 2일 보물 제1331호로 지정되었다.

노사나불 괘불탱

110) 흥국사 홈페이지(http://www.여수흥국사.kr/)

의승 수군 유물전시관(義僧水軍遺物展示館)

호국 의승 수군 영령
각 열위(各列位) 영가(靈駕)

심검당 중건 상량문

봉황대루 중창 상량문

북쪽 성문인 공북루의 현판.
가로 262센티미터, 세로 98센티미터

흥국사 기와

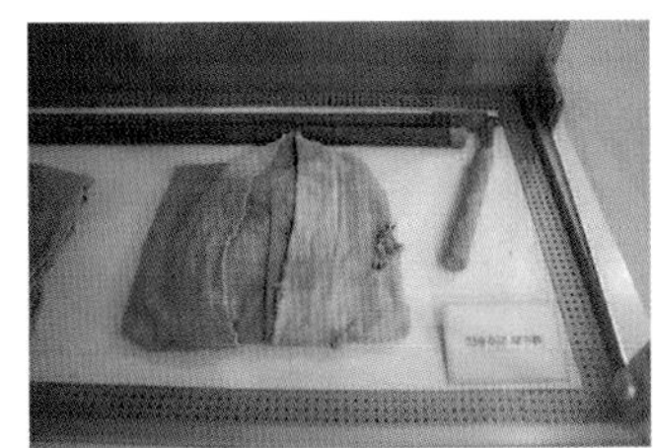
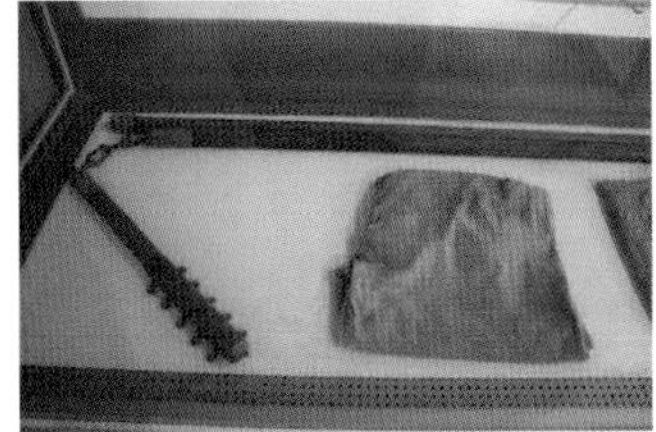
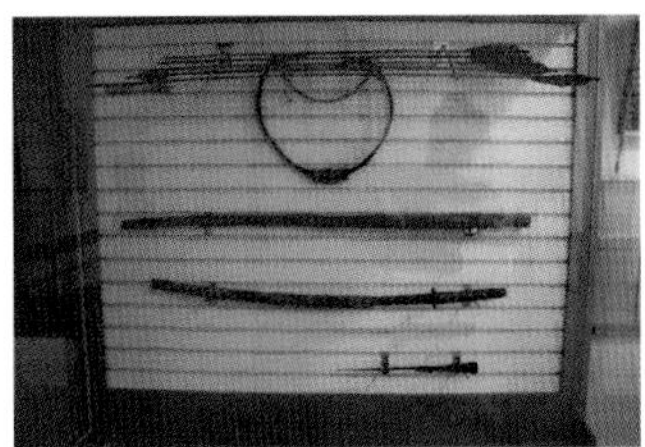

의승군 무기류

전라좌수영(절도사 이순신) 수군 소속으로 임진왜란에 참전했던 흥국사 승려들의 훈련 모습

흥국사 홍교

(홍교)

홍국사 입구에 있는 홍교는 1639년(인조 17)에 지어진 무지개 모양의 돌다리이다. 부채꼴 모양의 화강석 86개를 맞추어 틀어 올린 홍예 중앙에는 양쪽으로 마루돌이 튀어나와 있는데 그 끝을 용머리 모양으로 다듬었다.

홍국사 홍교는 1972년 3월 2일 보물 제563호로 지정되었다.

○ 전라남도 여수시 중흥동 17

14. 영광

영광 고흥 류씨 삼강려

고흥 류씨 삼강려는 임진왜란 때 영광읍성을 지키는 데 공을 세운 류익겸과 그 가족들의 충효열을 기리기 위한 정려이다. 읍성을 지키던 류익겸은 정유재란 때는 영광이 일본군에게 점령되자 가족을 데리고 피난을 가게 되었는데 당시 칠산 앞바다에서 일본군에게 잡혀 포로가 되자 아내와 아들, 며느리들과 투신 자결했다.[111]

그의 부인 열녀 송씨, 장남 효자 류집(柳潗)과 그의 부인 열녀 정씨, 삼남인 효자 류약(柳瀹)과 그의 부인 열녀 김씨, 일본에 포로로 잡혀가 있으면서도 조상의 영전에 치성을 다했다는 차남 류오(柳澳) 등 류익겸 가족 7인의 충효열을 기리고자 1877년(고종 24) 정려되었으며, 정려각은 1936년에 건립되었다. 정려각 왼쪽으로 삼강칠려비와 광산 정씨 열효기적비가 나란히 서 있다.

111) 이와 관련된 사항은 이 책 '영광 정렬각', '영광 정유재란 열부 순절지', '함평 팔열부 정각' 참조. 모두 칠산 앞바다에서 투신하여 순절했거나 포로로 잡혀간 이들의 사연이다.

삼강칠려비

호남 무령(武靈) 동남 10여 리에 충효열이 맺힌 인산(茵山)은 산계 수려하고 죽수(竹樹) 창취(蒼翠)하여 영걸한 인사가 많이 났으니 류씨가 세거한 지 근 오백 년이 된다. 고흥 류씨는 고흥 사호(士壕)인 호장(戶長) 휘 영(英)께서 시조이고 십전(十傳)하여 10세에 효아(孝兒) 명정을 받은 휘 청신(淸臣) 시(謚) 영밀공은 득관조(得貫祖)로 고려조에 공훈을 세워 도첨의정승(都僉議政丞)에 올랐고 조선 세종조에 왕자 사부 구산(龜山)은 영광에 입향한 뒤 여(洳)의 황고(皇考)이며 여의 계자 훈도 의문(義聞)은 제(提)와 호(壕) 2자(子)를 두었고 호는 경서를 박섭(博涉)하여 덕을 쌓아 성균진사에 올랐다. 진사공(進士公) 호는 복겸 익겸 2자(子)를 두었으니 계자 휘 익겸 호(號) 침류정공(枕流亭公)은 대품이 순정하고 호연한 양기가 강대했다. 시례(詩禮)로 자질(子姪)을 가르쳐 가정을 충효로 교화시켰으니 국난을 당하여 그의 종말을 가히 짐작할 것이다.

임진난을 당해 국세가 몹시 창황하여 공은 자 집(潗) 질(姪) 영해 등 26현(賢)을 창도 전군(全郡) 동지 50여 현으로 더불어 군성(郡城)을 굳게 지켜 민심을 안심시켰고 의병과 의곡을 고제봉(高霽峰), 곽망우(郭忘憂) 체찰사 정공(鄭公) 등의 진과 용만(龍灣)에 보냈다. 정유난을 당해서는 왜적이 군성에 침입하여 살약(殺掠)을 자행하므로 공은 의병을 모집했으나 흩어져버려 재취합이 어려워 부득이 처자를 배에 태우고 군(郡) 서쪽 칠산해도(七山海島)로 난을 피하는데 풍랑이 몹시 심한데다 어두운 밤에 갑자기 적선(賊船)이 다가옴을 보고 공은 처자를 돌아보며 우리는 의를 굽혀 사느니보다 죽음으로 의를 지킬 것이다 하고는 부인 송씨, 장자 집, 장자부(長子婦) 정씨, 계자(季子) 약(瀹) 계자부(季子婦) 김씨 여섯 식구의 팔을 긴 밧줄로 묶고 중자(仲子) 오(澳) 중자부 곽씨를 바라보며 우리 식구가 다 죽으면 조상 제사는 어떻게 할 것인가 너희는 어린 홍세와 같이 어떠한 굴욕도 참고 살아남아 선조 봉사(奉祀)를 이어가라 생자도 의요 사자도 의다라고 이르고 먼저 창해에 몸을 던지니 이어 여섯 식구가 삽시간에 따라 순절했다. 때는 정유 서기 1597년 음 9월 26일이다. 공은 급박한 순간임에도 해수(海水)는 보이지 않았고 오직 의자(義字)만 보여 절의를 택했으니 본래 수의(修義)한 바가 없고서야 어떻게 여섯 식구가 악지(樂地)에 가듯 해수에 투신하였겠는가. 공의 평소 쌓은 호연지기와 가정교훈을 새삼 엿볼 수 있다. 중자 휘(諱) 오(澳) 호(號) 계정공(溪亭公)은 창졸간에 부모 형제가 순절함에 울분이 격절하여 따라 투해(投海)하려는 순간 왜적에 잡혀 묶인 몸으로 거친 파도와 기한(飢寒)에 시달리며 모셨던 조고(祖考) 진사공의 영정을 빼앗겼고 부인 곽씨와 유자(幼子) 홍세와 같이 왜국 아파주(阿波州)에 끌려가 갇히었다. 왜(倭)는 조고의 영정을 먼저 돌려주고 갖가지 위협과 회유로 공의 절의를 꺾으려 했으나 이에 굴함이 없이 더욱 굳게 절개를 지키며 고비위(考妣位)의 신단(神壇)을 쌓고 조석으로 전(奠)을 올리니 왜 추장은 지극한 효성에 감복하여 소과(蔬果) 등을 보내오며 경대(敬待)하게 되었다. 다음 해 겨울에 풀려나 부인 곽씨 유자 홍세와 함께 환국 길에 대마도에 이르렀으나 논왜(淪矮)란 자의 모해(謀害)를 당하여 1년을 그곳에서 더 머물고 기해(己亥) 1599년 가을 귀환했다. 침류정공 일가의 충효열이 이와 같이 빛났으나 공의(公議)가 막혀 바로 포창(褒彰)받지 못하고 고종 정해(丁亥) 서기 1887년에 류익겸(柳益謙) 충(忠), 류집(柳潗) 효(孝), 류오(柳澳) 충효, 류약(柳瀹) 효(孝), 부인 송씨(婦人宋氏) 열(烈), 부인 정씨(婦人丁氏) 열(烈), 부인 김씨(婦人金氏) 열(烈)의 일가(一家) 삼강칠려의 포전(褒典)을 각각 받아 병오 서기 1906년에 인산동구(茵山洞口)에 정려 3칸을 세우고 충효열(忠孝烈) 3자를 게액(揭額)했다. 이로써 선대의 대절은 일월과 같이 더욱 혁혁해졌고 자손만세에 의절의 덕목은 무궁할 것이다. 이제 공 몰후(歿後) 사백세를 맞이해 삼강실록을 비돌에 새겨 표양하고 강상(綱常)을 영원히 심고자 종의(宗議)를 모아 불문인 홍종(洪鍾)에게 기술하라 하여 사양치 못하고 고전을 참고하여 사실을 거짓없이 삼가 기록한다.

정축 서기 1997년 중양절

침류공 14대손 전 영광향교 전교 홍종 근찬

침류공 13대손 기천 근서 족 후손 태석 전면서

(사당 인산사)

삼강려 오른쪽 뒤편에는 사당 인산사(茵山祠)가 자리하고 있다. 인산사는 고흥 류씨 시조 류영(柳英)의 16대손 류호(柳壕) 등을 모시는 사우이다. 정유재란 때 류호의 둘째 아들 류익겸(柳益謙)을 포함한 일가족이 피난 중 영광 칠산 앞바다에 이르러 적선(賊船)을 만나게 되자 류익겸, 류익겸의 아들 류집, 류집의 부인 정씨, 류약과 류약의 부인 김씨가 바다에 투신하여 순절했다. 아들 류오(柳澳)는 부친의 유언에 따라 살아남아 조부의 영정을 받들고 자신의 부인 곽씨와 9살 난 아들 류홍세(柳興世)와 함께 일본군에게 포로로 잡혀 적지(일본 南海島阿波州)로 끌려갔다. 무술년에 적지에서 풀려나 대마도를 거쳐 1599년 가을 고향으로 돌아왔다. 류오는 부모 3년상을 새로 치르고 조부의 영정을 인산에 모셨다. 그 후 정유재란 때 순절한 류익겸, 류집, 류약과 강원도사를 지낸 류영해(柳永海)와 효자 명정을 받은 류오도 함께 배향했다. 사우는 2004년 9월에 중건공사를 마치고 오늘에 이르게 되었다.

삼강칠려비

광산 정씨 열효 기적비

고흥 류씨 삼강려

고흥 류씨 삼강려

○ 전라남도 영광군 불갑면 녹산로 1길 51-3

영광 내산서원(강항)

내산서원(內山書院)은 수은(睡隱) 강항(姜沆)을 추모하기 위해 1635년(인조 13)에 세운 서원이다.

강항은 조선시대 초기의 학자 강희맹의 5대손으로 1567년 5월 17일 영광군 불갑면 금계리 유봉마을에서 태어났다. 1583년 향시(鄕試)에 합격했으며 1588년에 진사가 되었다. 1592년 임진왜란을 당하자 그는 의곡(義穀)과 군기(軍器)를 모아 고경명 의병소로 보내기도 했다. 1593년에 별시문과에 급제하여 교서관박사 · 전적을 지냈다.

1596년에는 공조좌랑과 형조좌랑을 지냈으며 1597년에 정유재란이 발발하자 분호조참판(分戶曹參判) 이광정(李光庭)의 종사관으로 군량미 운반임무를 수행했다. 남원읍성이 함락되는 등 전황이 크게 불리해지자 고향 영광으로 내려가 순찰사 종사관 김상준과 함께 격문을 돌려 의병 수백 명을 모았다.[112] 그러나 영광 또한 적군의 수중에 떨어지자 가족을 데리고 바닷길로 피난길에 나섰다가 일본군의 포로가 되었다. 그는 다른 포로들과 함께 일본으로 압송되어 체류생활을 하게 되었다. 강항은 포로로 억류된 상황 속에서도 위험을 무릅쓰고 조정에 일본의 정세와 사회상을 알리고자 노력했다.[113] 그의 노력은 훗날 그가 포로생활에서 벗어나 귀국하여 지은 '건거록(간양록)'에 잘 나타나 있다.

강항은 포로생활 중이던 1598년 후지와라 세이카(藤原惺窩, 1561~1619)를 만나 교류하게 되었다. 후지와라는 7세 때 출가하여 사찰 쇼코쿠사(相國寺)에서 선학(禪學)과 한학(漢學)을 공부한 인물이다. 승려이자 학자인 그는 1590년 일본에 파견된 조선통신사 사절단의 일원인 허성(許筬)과 만나면서 주자학에 심취하게 되었고, 1598년 조신인 포로 강항을 교토 후시미성에서 만나 교류했다. 그의 사상은 유불(儒佛) 일치사상이었지만 허성과 강항을 만나면서 주자학 중심으로 기울게 되었고 환속하여 결혼까지 하게 되었다.[114] 후지와라는 불교를 비판하고 에도시대 일본 주자학의 기초를 다지는 사상적 기반을 제공하는 업적을 이루었다.

강항은 일본 체류 중 사서오경을 일본어로 번역하는 일에 참여하여 일본 주자학이 발전하는 데 적지 않은 영향을 미치기도 했다.[115] 후지와라의 도움을 받아 1600년(선조 33)

112) 한국민족문화대백과

113) 국립진주박물관, 『임진왜란』(서울: 통천문화사, 1998), 148쪽.

114) 브리타니카 백과사전

에 귀국했다.

나라에서 벼슬을 주었으나 그는 벼슬을 마다하고 스스로를 죄인으로 자처하면서 고향에서 독서와 후진 양성에 힘쓰며 살았다. 그가 저술한 간양록(看羊錄)에 일본의 사정이 상세히 기록되어 있다.

1618년 5월 6일 52세의 나이에 별세했다. 사후에 이조판서에 추증되고 내산서원에 모셔졌다. 1635년(인조 13) 나라에서 용계사(龍溪祠)라는 사액 현판을 내렸다. 1658년 나라에서 통정대부 승정원 도승지를 증직했다. 1702년(숙종 28)에 서원 건물을 고쳐 지었으나 1868년 서원 철폐령에 의해 철거되었다. 광복 후 현재의 위치에 복원하고 '내산서원'이라 이름 지었다.

1974년 영광군 불갑면 쌍운리 현재의 위치로 옮겨 세웠다. 서원은 남향으로 자리 잡고 있으며, 외삼문과 사당 용계사를 중심축으로 외삼문, 내산서원, 내삼문, 사당 순으로 배치했다. 용계사에는 수은 강항의 위패와 초상이 봉안되어 있다.

서원 뒤쪽으로 돌아가면 왼쪽에 강항의 묘소가 있다. 1993년부터 10여 년에 걸쳐 경내 정화사업이 진행되어 지금의 모습을 갖추게 되었다.[116]

내산서원 장서각에는 강항이 저술한 필사본 간양록, 강감회요(綱鑑會要), 운제록(雲堤錄) 3종과 문선주(文選註)와 잡지(雜誌) 2종 등 5종 10책이 소장되어 있다.[117] 건거록의 '적중봉소'와 '섭란사적'은 당시 일본의 지리와 풍속, 포로들의 참상과 그곳에서 보고 들은 실정을 상세히 기록했다.[118]

건거록의 일부를 제외하고 모두 수은 강항이 친히 짓고 쓴 원본을 필사한 것이다. 이 필사본 가운데 '강감회요', '운제록', '건거록(간양록)' 3종은 편찬 이후 문인과 후손들에 의해 목판본으로 간행되었다.

내산서원은 1977년 10월 20일 전라남도 기념물 제28호로 지정되었다.

115) 국립진주박물관, 앞의 책.

116) 1991년 영광군 염산면 상계리 논금포에 '강항 선생 섭란사적비'가 건립되었다.

117) 강감회요 3책은 중국의 역사서인 자치통감과 통감강목 등을 보완 정리한 것이고, 문선주 2책은 중국 양(梁)나라의 소명태자(昭明太子) 소통(蕭統)이 진(秦)·한(漢) 이후 제(齊)나라와 양(梁)나라 때의 대표적인 시문을 모아 엮은 30권으로 편찬한 문선(文選)에 강항이 주해를 붙인 책이다. 운제록 3책은 강항이 평시에 주고받으며 쓴 시문을 적은 것을 모아둔 것으로 시문(詩文), 제문(祭文), 관문(官文), 상량문 등 112편의 글이 실려 있다. 운제(雲堤)는 영광에 거주하던 진주 강씨 일가의 별거(別居)가 있었던 곳으로 강항이 귀국 후 벼슬을 그만두고 내려와 후진에게 학문을 가르쳤던 곳이다.

118) 1598년 당시 일본 국내의 군사기밀을 비롯한 기타 중요한 정보를 수집하여 인편으로 조선 조정에 보냈다(賊中封疏). 1599년에는 적중봉소를 다시 명나라 차관(差官) 왕건공(王建功) 편에 비밀리에 조선조정에 보냈다.

안내도(① 사당 용계사, ③ 내산서원, ⑧ 강항 묘소, ⑭ 강항 동상, ⑯ 정렬각, ⑰ 신도비)

내산서원 전경

경장각

내산서원

사당 용계사

유물전시관

서원 입구에 있는 정렬각

정렬각 내의 열녀 정부인 함평 이씨 정려

강항 신도비

강항 선생 동상

○ 전라남도 영광군 불갑면 강항로 101

영광 이규헌 가옥 의병청 터

이규헌 가옥(李奎憲家屋)은 조선을 건국한 태조 이성계의 조카이며 개국공신인 완산부원군 양도공(襄度公) 이천우(李天祐)의 증손 이효상(李孝常)이 이곳에 정착한 이후 500여 년에 걸쳐 후손들이 거주하고 있는 전주 이씨 양도공파의 종가집이다. 조선시대 민가형식의 전형을 잘 갖추고 있는 집이며, 사랑채는 1895년(고종 32)에 지었다. 3칸 솟을대문인 정문과 사랑채, 안채 그리고 사당으로 구성되어 있다. 사당에는 양도공 이천우의 영정을 모시고 있다. 안채는 앞면 6칸, 옆면 2칸 크기이며, 방・대청・부엌・건넌방 등으로 구성되어 있다.

이곳은 임진왜란 당시 영광 수성도별장(守城都別將) 사매당(四梅堂) 이응종(李應鍾)의 생가로 그가 영광읍성 수성 대책을 세우고 의병부대 부서(部署)를 정했던 의병청이었다.[119] 비록 이곳의 의병들이 전투를 하지는 않았지만 스스로 읍성과 지역을 지키겠다고 계획을 수립하고 의병부대를 편제했던 그 흔적을 볼 수 있다.[120] 이규헌 가옥은 1987년 6월 1일 전라남도 민속자료 제22호로 지정되었다.

119) 정유재란 때는 의병을 조직하지 못한 채 피난을 가게 되었는데 이와 관련해서는 이 책 '영광 고흥 류씨 삼강려', '영광 내산서원', '영광 정렬각', '영광 정유재란 열부 순절지' 참조.

120) 이 책 '영광 임진수성사' 참조.

이규헌 가옥

영광 수성장 이응종 유지비(遺址碑)

내삼문

의병청 터

양도공 부조묘

양도공 부조묘(오른쪽은 의병청 터)

○ 전라남도 영광군 묘량면 묘량로길 4길 36 (영양리)

1592년 임진왜란 때 영광읍성 방위를 위해 굳게 뭉친 선비 55인의 의열정신(義烈精神)을 기리기 위해 영광읍 중앙로 228-16(무령리)에 사당 임진수성사가 건립되었다.

55인의 명단 중 일부를 보면, 이응종(李應鍾)이 도별장(都別將)을 맡아 지휘했고, 만호(萬戶)를 지낸 강태(姜泰)가 부장(副將)을 맡았다. 그 밑에 종사관, 참모관, 장문서, 수성장, 도청서기, 군관, 수문장, 유군장, 중위장, 중부장 등의 직제를 두어 수성 부대를 편성했다.[121]

5년 후인 1597년 정유재란 때 피난 가다가 일본군의 포로가 되어 일본에 끌려갔던 강항도 명단에 들어 있는데 그가 맡았던 직함은 문서를 다루는 장문서(掌文書)이다.

영광 임진수성사(壬辰守城祠)

1592년 임진년에 왜군의 침략을 받아 우리나라가 혼란스러울 때 우리 고을도 군수마저 부재(不在)로 민중들은 당황하고 망연했으나 고을의 우국지사들이 영광읍성에서 모여 결사보국키로 삽혈동맹하고 대표 55인으로 수성 부서를 편성 의기충천하여 군율을 시행하고 읍성을 자체 수비하는 한편, 무기와 군량을 모집하여 각처의 의병소에 보내 병참의 임무를 수행하는 등 우리 고장 선인들이 충과 의를 위해 목숨을 아끼지 않았던 장거는 면면히 이어온 우리 민족정기의 발현이었으며 향토를 사랑하는 영광군민의 의로운 정서였다.

이에 대한 임진수성록이 1988년 2월 5일 전라남도 문화재자료 제201호로 지정되었으며 이 시대를 살아가는 우리는 수성(守城) 제현(諸賢)의 호국의지와 의열정신을 귀감으로 교훈삼아 민족 수난과 치욕을 불식하고 온 겨레의 역량을 결집하여 중흥을 기해야 할 책무가 있어 임진수성사를 건립했으며, 이곳은 선현들을 추모하는 곳일 뿐 아니라 그치지 않는 우리 고을 의기의 상징이며 정신문화의 계승을 위한 도장이다.

(임진수성록)

임진수성록(壬辰守城錄)은 임진왜란 당시 영광읍성을 지키기 위한 지역 선비 의병들의 수성 결의와 사적을 기록한 문헌이다. 영광의 유림에서 간행했으며, 수성(守城)에 참여한 지역 선비 55인의 인적사항과 사적, 수성명첩(守城名帖), 수성법, 수성방위 사례 등이 기록되어 있다. 1753년(영조 29)에 봉정사(현재 장성군 삼계면 소재)에서 인쇄되었다고 한다.

임진왜란 당시 영광에는 일본군이 직접 침입하지는 않았으나 군수 남궁견이 부친상을 당하여 군정(郡政)과 비상사태에 대처하지 못하게 되자, 1592년 8월 27일 이응종을 비롯한 55명의 의사들이 오성관(筽城館)에서 회합하여 수성동맹을 맺은 후 읍성 방위와 행정 업무를 자치적으로 수행했다는 내용이 기록되어 있다.[122] 1748년 이곳에 시찰하러 나온

121) 총책임자인 도별장 이응종의 집안에 관해서는 앞의 '이규헌 가옥 의병청 터'에서 볼 수 있다.

122) 오성(筽城)은 영광의 임진왜란 당시 지명이다. 오성관은 영광읍성 내에 있던 현청 청사 건물의 하나로 회의실이나 빈객 접대 공간으로 사용되었다. 현재의 영광군청 청사 자리가 오성관 터이다.

어사 한광회의 독려로 수성장 이하 의병들의 후손인 정치형 외 18명이 목판본으로 간행한 것이다.

1책 21장으로 구성되었으며 임진왜란수성명첩서(壬辰倭亂守城名帖敍) · 임진수성록 · 수성명첩 · 수성법 등이 실려 있다. 문헌에 따르면, 당시 영광의 유림이 자치적으로 읍성을 지킨 기간은 1592년(선조 25) 10월 18일부터 이듬해 2월 28일까지 약 5개월간이었다. 그들은 부서를 24개로 편성하고 각 부서의 책임자를 배정하여 수성군 방위조직을 갖추었다.

읍성 주위에 군사들을 집중 배치했으며, 성의 남문과 북문 수비를 강화하여 양쪽에 수문장을 두었다. 또한 유군장(遊軍將)을 두어 그 밑에 기동타격대 성격의 군사들을 두었다.

이 지역에서 일본군과 전투를 벌이지는 않았지만 전란 초기 지역방위를 위한 의병부대 편성과 수성계획이 담긴 이 자료는 작성 주체, 간행 연대, 회의 장소 등이 확실하여 그 가치가 인정되고 있다. 1998년 2월 5일 전라남도 문화재자료 제201호로 지정되었다.

임진수성사 입구

숭의문

묘정비

수성사

사당 수성사 현판

유물관

○ 전라남도 영광군 영광읍 중앙로 228-16 (무령리)

영광 정렬각

영광 정렬각은 1597년 정유재란 때 전라남도 함평군 월야면 월악리에 거주하던 진주 정씨 통덕랑(通德郎) 정박(鄭博)의 부인 밀양 박씨의 정절을 기리기 위해 세운 정려이다. 박씨는 마을에 거주하던 다른 부녀자들과 함께 난을 피해 영광군 백수읍 묵방포(墨防浦)까지 갔으나 결국 일본군에게 잡혀 포로로 끌려가는 신세가 되었다. 박씨는 대마도로 끌려가 치욕을 당하느니 차라리 의로운 죽음을 결심하고 바다에 몸을 던져 정절을 지켰다.

정렬각

통덕랑 정박의 처 공인(恭人) 열부(烈婦) 박씨 정려

열부 박씨 정려 중건기

전라도 유림에서 상소를 올리자 나라에서는 1872년(고종 9) 정려를 내렸다. 본래 이 정려는 박씨의 친정집이 있는 영광군 대마면 송죽리 죽동에 있었는데 6·25전쟁 때 소실되었다. 1960년에 후손들이 현재의 자리에 다시 세웠다. 맞배집 건물로 안에는 돌기둥 네 개를 세우고 그 위에 지붕돌을 올린 석조물이 있다.[123)]

정렬각은 1976년 9월 30일 전라남도 기념물 제22호로 지정되었다.

○ 전라남도 영광군 대마면 영장로 30-16 (원흥리)

123) 밀양 박씨 순절소 비석은 영광군 백수읍 묵방포 해안가에 정씨 팔열부 순절소 비석과 나란히 세워져 있다. 이 책 '정유재란 열부 순절지' 참조.

영광 정유재란 열부 순절지

정유재란 열부 순절지(烈婦殉節地)는 정유재란 때 함평군 월야면 월악리에 거주하던 여러 문중의 부인(12명 또는 13명)이 침입해오는 일본군을 피해 1597년 9월 26일 이곳 영광군 백수읍 대신리 묵방포까지 피신했다가 바다에서 일본 함선을 만나게 되자 일본군에게 굴욕을 당하기보다는 의롭게 죽을 것을 결심하고 칠산 앞바다에 몸을 던져 순절한 곳이다.[124]

나라에서는 부인들이 죽음으로 정절을 지켜 순절한 것을 기리기 위해 1681년(숙종 7) 후세에 귀감이 되도록 상을 주고 정려를 내렸다. 그들의 거주지였던 함평군 월야면 월악리에는 정렬각과 열녀순절비를 세웠고, 순절지인 이곳 묵방포에는 순절비를 세웠다.

이곳 순절지에는 두 개의 순절비가 나란히 서 있는데 바다를 바라볼 때 왼쪽은 정씨 팔열부 순절비이고 오른쪽은 밀양 박씨 순절비이다.[125] 정씨 팔열부 순절비는 1942년에 건립했고, 밀양 박씨 순절비는 1946년에 세웠다. 두 곳 모두 8각 석주를 4개씩 세우고 그 위에 지붕돌을 올려놓았다.

열부는 모두 12명 또는 13명이지만 이곳에 있는 2개의 순절비 중 하나는 정씨 가문의 8열부, 다른 하나는 밀양 박씨 1열부를 기리고 있다. 동래 정씨 가문에서는 12명, 진주 정씨 가문에서는 13명으로 열부의 수를 다르게 파악하고 있다.[126] 진주 정씨 가문의 밀양 박씨는 모열사 기적비에 적혀 있는 열부 명단에는 포함되어 있지 않다.[127] 따라서 밀양 박씨를 포함시키지 않으면 12명이 되고 포함시키면 13명이 된다.

당시 묵방포 칠산 앞바다에서 일본군에게 잡힌 피난민 중 13명의 여성이 정절을 지키기 위해 바다에 뛰어들었다. 이 중 진주 정씨 정박의 부인 밀양 박씨는 칠산 앞바다가 아닌 대마도 부근에서 투신한 것으로 보인다.(밀양 박씨에 관해서는 이 책 '영광 정렬각' 참조)

---

124) 이순신이 이끄는 조선수군은 명량해전 후 서진과 북진을 계속하여 9월 17일에는 신안군, 9월 19일에는 영광군 칠산도와 법성포를 지나 영광 홍농읍(정유재란 열부 순절지에서 멀지 않은 북쪽 지역)에 도착했고, 이들 피난민이 살해당하거나 포로로 잡힌 9월 26일경에는 전라북도 군산의 고군산도에 머물고 있었다. 조선수군함대를 따라 일부 일본수군이 영광군 북쪽 끝 지역까지 올라 왔음을 알 수 있다.

125) 밀양 박씨를 기리는 '영광 정렬각'은 영광군 대마면 영장로 30-16(원흥리)에 있다.

126) 이와 관련된 설명은 영광문화원 정택근 위원으로부터 들었다.

127) 열부 중 함양 오씨는 동래 정씨 함평사람 정운길의 처이다. 이 책 '함평 팔열부 정각'의 내용 중 '동래 정씨 삼강비 입비 내력'에 정운길의 일본군 토벌 경과 및 순절, 그의 부인 함양 오씨의 피난 및 순절 내용이 적혀 있다.

열부 순절소

열부 순절소(烈婦殉節所)

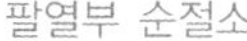

팔열부 순절소

열부 박씨 순절소

열부 순절소 뒤로 보이는 묵방포 칠산 앞바다

(모열사)

모열사(慕烈祠)는 바다를 건너 피난하다가 일본군의 함선을 만나게 되자 바닷물에 몸을 던진 12명의 여인의 정절을 기려 칠산 앞바다가 바라보이는 해안 언덕에 세운 사당이다. 모열사와 열부 순절소 비각을 묶어 정유재란 열부 순절지라고 부르는데 이곳은 1976년 9월 30일 전라남도 기념물 제23호로 지정되었다.

모열사 사적비

임진왜란 5년 후 정유재란 때(1597년) 함평군 월야면 달악이(月岳里)에 거주한 동래, 진주, 양 정씨 친인척 12부녀가 작은 배를 빌려 타고 서울로 피난가다 음력 9월 26일 이곳 칠산해(七山海)에 이르렀을 때 난데없이 왜적들의 배가 쫓아오자 이들에 항거 나라와 가문을 위하여 바다에 몸을 던져 순절하였다.

12 정렬부의 표시(동국삼강행실록 기록순)

서울사람 심해의 처 동래 정씨, 서울사람 권척의 처 동래 정씨, 함평사람 정함일의 처 함평 이씨, 함평사람 정경득의 처 순천 박씨, 함평사람 정희득의 처 함평 이씨, 함평사람 정함일의 딸 진주 정씨, 함평사람 정운길의 처 함양 오씨, 함평사람 정주일의 처 함평 이씨, 함평사람 정절의 처 영광 김씨, 함평사람 정호인의 처 함평 이씨, 무장사람 오굉의 처 황주 변씨, 무장사람 김한국의 처 함양 오씨

위 사실이 당시 금상폐하 선조께 상조(上朝)되니, 선조께서는 12부녀에게 정문(旌門)의 포상을 내렸다.

정유재란(丁酉再亂) 동주피적(同舟避賊) 추급십이절부(追及十二節婦) 개투수이사(皆投水而死) 금상조정문(今上朝旌門)(동국삼강행실록에서) 조선왕조실록에는 정십이절부지려(旌十二節婦之呂)…… 초개정문사재(初皆旌門事載) 동국삼강행실(東國三綱行實)이라고 기록.

한편 함평군에서는 1681년에 함평 달악이(月岳里)에 정렬각(일명 팔열각)을 세웠고, 그 밖에 정렬각은 각기 고향에 세워졌다. 전라남도에서는 1994년에 함평 정렬각을 문화재 제8호로, 이곳 묵방포에는 1976년에 12정렬부 도해 순절지 및 순절비를 제23호로 지정하였으며 영광군에서는 국·도비로 1981년에 본 모열사를 세웠다.
※ 참고: 1996년 편찬 전라남도지, 1998년 편찬 영광군지, 1999년 편찬 함평군사에 각각 등재되었음.
－2001년 3월 일 지방문화재 제8, 22, 23호 정사(正史) 시정추진위원회 근수－

(팔열부 순절비)

1597년 정유재란 때 함평군 월야면 월악리에 거주하던 동래 정씨와 진주 정씨 문중의 부인들이 일본군을 피해 이동하던 중 지금의 영광군 백수읍 대신리 묵방포 가까운 바다에서 일본군에게 포로로 잡혔다. 선박에 태워져 먼 바다로 나아갈 즈음 굴욕을 당하기보다는 의롭게 죽을 것을 결심한 이들 부녀자들은 남해바다에 몸을 던져 순절했다. 이들의 순절을 기리기 위해 순절지 부근 해안 언덕에 순절비를 세웠다. 비를 보호하는 비각은 팔각의 돌기둥 4개를 세우고 그 위에 지붕돌을 올렸다.

팔열부 순절비는 앞면에 '정씨 팔열부 도해 순절소(鄭氏八烈婦蹈海殉節所)'라고 음각하고 뒷면에는 8명 열부의 이름을 적었다. 순절한 것은 12명 또는 13명이지만 이 중에서 함평사람 8명의 순절을 기리는 비석이다. 이들의 명단은 위의 '모열사 사적비'에 들어 있다.

(밀양 박씨 순절비)

밀양 박씨는 진주 정씨 정박(鄭博)의 부인이다.[128] 비석 앞면에는 '열부 박씨 순절소(烈婦朴氏殉節所)'라고 새겼고, 뒷면에는 '열부 박씨 정려기'를 적었다.

128) 밀양 박씨를 기리는 정렬각은 영광군 대마면 영장로 30－16(원흥리)에 소재한다.

사당 모열사

모열사 경내 정유재란 열부 순절지 표석

모열사 사적비

백수해안도로에서 내려다본 모열사. 사진 왼쪽 비닐하우스 옆에 열부 순절소 비각이 보인다.

○ 전라남도 영광군 백수읍 해안로 847-8 (대신리 818-3)

15. 영암

영암 구고사·김완 장군 부조묘

구고사(九皐祠)는 임진왜란과 이괄의 난, 그리고 정묘호란 때 공을 세운 무신 김완(金完, 1577~1635)의 영정과 위패를 모신 집이다. 부조묘는 김완 장군 사후에 왕명으로 세워진 사당으로 뒷날 소실된 것을 1979년에 복원하여 오늘에 이른다.

김완은 1577년 영암군 서호면 몽해리에서 학천군 김극조(金克祧)와 천안 전씨(天安全氏) 사이에서 장남으로 태어났다. 임진왜란이 일어나자 18세의 나이에 의병부대의 선봉이 되었으며 정유재란 때는 경상도, 전라도 구례 및 남원지역에서 공을 세워 선무원종공신이 되었다.[129]

김완은 1597년에 정유재란이 일어나자 전라도 병마절도사 이복남을 도와 일본군 격퇴에 진력했다. 그 후 1615년(광해군 7) 과거에 급제하여 고산진 절제사(高山鎭節制使)를 거쳐 창성방어사(昌城防禦使)로 있을 때 '이괄의 난'이 일어나 이를 평정하는 데 공을 세웠다. 그 공로로 진무공신 3등으로 학성군(鶴城君)에 봉해져 영정과 단서철권(丹書鐵券)을 하사받았다.

정묘호란 때는 백의종군하여 의주, 용천에서 호적(胡賊)을 섬멸하여 궤장을 하사받았다. 1634년(인조 12) 황해도 병마절도사로 재임하던 중 59세에 별세했으며 사후에 병조판서에 추증되었다. 임금이 예관을 보내 제사를 치르게 하고 양무(襄武)라는 시호를 내렸다. 지금의 사우는 1979년에 보수 정화한 것이다.

구고사 및 김완 장군 부조묘는 1981년 10월 20일 전라남도 기념물 제49호로 지정되었다.

129) 구례에는 김완 장군 전승비가 세워져 있다. 이 책 '구례 김완 장군 전승 유허비' 참조.

구고사 외삼문

구고사 경내

구고사 내삼문과 사당 입구

○ 전라남도 영암군 서호면 화소길 20 (화송리 161-1)

영암 김완 장군 신도비

김완(金完, 1577~1635)은 1577년 8월 23일 지금의 영암군 서호면 몽해리 899에서 출생했다. 어려서부터 영특했고 성장하면서 기골이 장대해졌다. 또한 재주와 지략이 뛰어나고 활쏘기와 말 타기도 뛰어났다.

임진왜란 때 공을 세운 그는 1601년(선조 34) 단련사(團練使)로 사신 정광적(鄭光績)을 수행하여 명나라를 다녀온 후 선략장군 선전관, 1607년(선조 40)에 통훈대부 남원도호부 판관을 역임했다.

1615년(광해군 7)에는 관관무재예(冠觀武才藝)에 장원급제했으며 고산진 절제사를 거쳐 1616년에 절충장군에 올랐다. 1618년 만포진 첨사, 1622년(광해 14) 통정대부 행(行) 평안도 방어사에 올랐다.[130] 1623년 2월에 창성방어사가 되었는데 이듬해인 1624년에 이괄의 난이 일어나자 이를 평정하는 데 공을 세웠다. 진무공신 3등으로 학성군(鶴城君)에 봉해졌으며 뒤에 황해도 병마절도사를 지냈다. 사후에 병조판서에 추증되었다.

김완 신도비각

130) 행(行)은 자신의 관직 품계보다 임명받은 관직의 품계가 낮을 때 사용한다.

김완 신도비

원래 해남면 동북선산에 묘가 있었는데 1718년(숙종 44)에 현재의 위치로 묘역을 옮겨 왔다. 묘역에서 150미터 거리에 있는 이 신도비는 1905년(순조 5)에 세웠는데 박세채가 글을 짓고 조명교가 글씨를 썼다. 신도비는 높이 207센티미터, 너비 86센티미터이다.

김완 장군 묘소 및 신도비는 1979년 8월 3일 전라남도 기념물 제40호로 지정되었다.

○ 전라남도 영암군 시종면 만수리 386-2

영암 삼충각

삼충각(三忠閣)은 명량해전에서 순절한 박형준(朴亨俊, 1548~1592)과 그의 아들 박효남(朴孝男, 1568~1592)·박호남(朴好男, ?~1592) 삼부자의 충절을 기리기 위해 1846년(헌종 12)에 도내 유림에서 발의, 상소하여 1860년(철종 11)에 건립한 비석과 이를 보호하는 비각이다.

삼충각은 1901년과 1932년 두 차례에 걸쳐 개수한 뒤 1946년에 중창했고, 1982년에 중수했다. 비각은 정면 3칸, 측면 1칸의 맞배지붕이며 내부에는 나라에서 이들을 충신으로 인정하여 내려준 명정 판액(板額) 3개와 비석 3기가 있다.

박형준은 예안현감으로 있을 때 군량미를 제대로 거두지 못했다는 이유로 영암으로 유배되었다가 다음 해에 풀려났다. 그 후에도 계속 이곳에서 은거하다가 두 아들에게 활쏘기와 말 타기를 익히도록 했고, 임진왜란이 일어나자 두 아들과 함께 이순신의 막하로 들어가 명량해전에서 분전하던 중 삼부자 모두 순절했다. 나라에서는 이들 삼부자를 선무원종공신록에 등재했다.[131] 삼충각은 1987년 6월 1일 전라남도 기념물 제108호로 지정되었다.

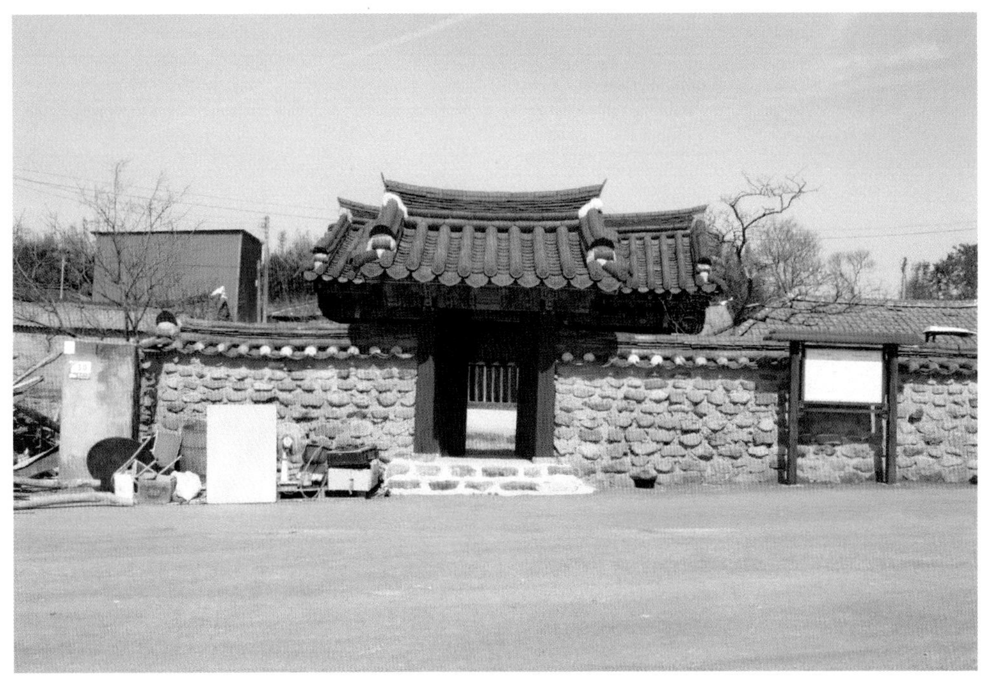

삼충각

131) 밀양 박씨 규정공파 후 주부공파(http://cafe.naver.com/milyang41/)

삼충각(중앙에 있는 박형준 비를 바라볼 때 왼쪽에 있는 박호남 비,
오른쪽에 있는 박효남 비가 중앙의 아버지 박형준 비를 향해 서 있는 특이한 구조로 배치했다)

박형준 삼충각비

박형준지려

박호남 삼충각비(왼쪽)

박효남 삼충각비(오른쪽)

○ 전라남도 영암군 신북면 종오리길 28 종오마을복지회관 앞

영암 장동사(전몽성)

장동사(長洞祠)는 1677년(숙종 3) 임진왜란 공신 전몽성을 추모하기 위해 건립한 사당으로 형제인 전몽진과 전몽태를 함께 모시고 있다.

본래 전몽성(全夢星, 1561~1597)을 추모하기 위해 영암군 서호면 장천리 장동마을에 창건된 장동사는 1706년(숙종 32)에 사우를 중수하면서 전몽진(全夢辰)을 추배했다. 1836년(헌종 2)에 전몽태(全夢台)를 배향하여 현재 3형제의 위패를 모시고 있다.

1868년에 서원철폐령에 의해 철거되었다가 1946년에 지역 유림의 발의로 현재의 위치인 엄길리에 이건 복원했다.

전몽성은 1592년 의병대장 고경명을 따라 제1차 금산성 전투(1592. 07. 09.~07. 10.)에 참가했으며 그 공로를 인정받아 함평현감에 제수되었다. 1597년 정유재란 때는 유장춘(柳長春), 동생 전몽진 등과 힘을 합쳐 율치에서 싸웠다. 영암 월출산으로 진을 옮긴 후 장흥, 영암, 강진 등지에 침입한 일본군을 격퇴하다가 전사했다. 사후에 병조참판의 직위가 내려졌다. 장동사는 1987년 6월 1일 전라남도 기념물 제109호로 지정되었다. 천안 전씨 종중에서 관리하고 있다.

천안문(외삼문)

덕립문(내삼문)

장동사

왼쪽부터 천안문, 덕립문, 장동사

○ 전라남도 영암군 서호면 길촌길 61-2 (엄길리 432-1)

영암 전씨 충효문

전씨 충효문(全氏忠孝門)은 임진왜란 때 공을 세운 전몽성·전몽진·전몽태 형제의 충절과 효성을 기리기 위해 세운 정문(旌門)이다.

전몽성은 1583년(선조 16)에 무과에 급제하여 여러 관직을 역임했고 임진왜란 때는 일본군을 무찔러 공을 세웠다. 정유재란 때 동생 전몽진, 첨사(僉使) 김덕흡(金德洽) 등과 의병을 일으켜 수차에 걸쳐 일본군을 무찌르고 1597년 해암포 전투에서 전사했다.

전씨 충효문

전씨 충효문(오른쪽은 자연 암반)

2기의 신도비. 왼쪽은 전몽성 신도비, 오른쪽은 전몽태 신도비

전씨 충효문 전경

전몽성의 동생 전몽태는 1603년 무과에 급제, 여러 벼슬을 거쳐 1624년에 일어난 이괄의 난 때 김완을 도와 공을 세워 진무원종공신에 올랐다.

조정에서는 이들 삼형제의 공적을 표창하기 위해 1887년(고종 24) 충효문을 건립하도록 하여 전몽성 형제의 충절과 효성을 기리고 있다. 충효 정문 건립 공사는 1898년에 완성되었다.

전씨 충효문은 1985년 2월 15일 전라남도 기념물 제71호로 지정되었다.

○ 전라남도 영암군 서호면 서호로 341 (장천리 553)

16. 완도

완도 묘당도 이충무공 유적(충무사)

고금도에 부속되어 있는 작은 섬 묘당도는 왜란 당시 조선수군의 마지막 본영이 있던 곳이다. 묘당도는 남해에서 서해로 진입하는 길목으로 왼쪽으로는 마량, 오른쪽으로는 약산의 좁은 수로를 두고 있는 군사적인 요충지였다.[132] 이곳을 거쳐야 완도, 강진, 해남, 진도 등지로 진입하기가 수월해진다.

묘당도 이충무공 유적은 정유재란 때 이순신의 조선수군과 명나라 장수 진린의 군사들이 힘을 합해 일본군을 물리친 장소이다. 이곳은 충무공의 마지막 본영이 있었고, 조선과 명나라의 수군이 최초로 연합전선을 형성했던 곳이다.

1598년 2월 17일 이순신은 고하도(高下島, 현재의 목포시 충무동)로부터 8천여 명의 수군을 인솔해 와 이곳 고금도 묘당도에 진영을 설치했다. 진영을 설치한 후에는 본격적으로 수군 재건에 힘을 쏟기 시작했다. 수군을 조련(調練)하는 한편에서 전선을 건조 수리하는 등 군비를 정비하여 수군의 역량을 확장했다.

조선수군이 이곳에 진영을 설치하고 몇 개월이 지난 시점에서 서울 한강 일대에서 진을 치고 있던 명나라 수군 진린 함대가 이곳에 도착했다. 수군 도독 진린(陳璘)은 이보다 3개월 앞선 4월, 수군 5천 명, 전선 5백 척, 보병과 기타 1만 5천 명을 거느리고 요동을 거쳐 압록강을 건너 조선에 들어왔다. 2개월간 서울에서 지내다가 6월 동작나루에서 선조

132) 묘당도는 고금도에서 조금 떨어진 섬이었으나 지금은 완도군 고금면 마량에서 고금대교를 이용하여 들어갈 수 있다.

임금의 전송을 받은 진린은 서해안을 따라 남진하여 7월 16일 당시 전라도 수군 본영이 있는 고금도 덕동리(古今島德洞里)에서 조금 떨어진 묘당도에 진을 쳤다.

이때부터 묘당도는 조선과 명나라 연합수군의 근거지가 되었다.

이순신은 이곳에 본영을 설치하고 일본군을 물리쳤으나 그해 11월 노량해전에서 진린 도독과 함께 일본군과 싸우다가 적의 총탄에 맞아 전사했다. 이순신의 유해를 이곳으로 옮겨 임시로 봉안했다가 나중에 충청남도 아산으로 옮겨 장례를 치르고 안장하여 모셨다.

충무공을 제향하는 충무사를 중심으로 하는 완도 묘당도 이충무공 유적은 1963년 1월 21일 사적 제114호로 지정되었다.

충무사 홍살문과 외삼문

내삼문

사당 충무사

충무공 이순신 초상

사당 내부

(충무사)

1598년 명나라 수군이 고금도에 주둔하고 있을 때 진린 도독이 관왕묘(關王廟)를 건립했다.[133] 진린은 그의 꿈에 나타난 관운장(關運將)을 제향하여 휘하 장병들의 안녕과 승전을 기원하기 위해 관왕묘를 세웠다.

광복 후 관왕묘의 옛 자리인 고금도 덕동포구에 충무사를 새로 짓고 충무공 이순신을 정전에 모셨다.[134] 1959년에는 이순신의 보좌관격인 조방장을 지내고 노량해전에서 공을 세운 가리포첨사 이영남(李英男)을 동무(東廡)에 모셨다.[135]

1971년 충무사의 신실과 동재・내삼문・비각 등이 이루어진 뒤 1975년에 동재와 외삼문이 신축되었고, 1981년에 다시 대대적인 보수 공사가 이루어졌다. 매년 4월 28일(양력) 탄신기념제와 11월 19일(음력) 순국제를 봉행하고 있다.

133) 정유재란 때 명나라군 수군 도독 진린과 그의 부하 부총병 등자룡(鄧子龍)이 고금도에 진을 치고 있을 때 촉한 명장 관우(關羽)의 신력을 빌려 전쟁을 승리로 이끌고자 관왕묘를 지어 관우의 위패를 모시고 제사지낸 것이 시초이다.

134) 고금도는 완도군 북부 강진만 안에 있다. 1589년 남동쪽 덕동리에 고금진이 설치되면서 강진군에 속하게 되었고, 1896년 완도군이 신설되자 행정구역 개편으로 완도군으로 편입되었다.

135) 고금도 충무사 자료

동재

이충무공 유적 사적기념비

고금도 이충무공 유적기념비

이충무공 유적 고금도 충무사 연혁

충무사는 1598년 정유재란 때 충무공이 명나라 수군 도독 진린(陳璘)과 본영을 이곳에 두고 왜군을 크게 무찌른 곳이며, 노량해전에서 최후를 마친 후 이곳에 영구를 봉안했다가 지금의 충청남도 아산의 현충사로 옮긴 유서 깊은 곳이다.

충무공은 1597년 8월 백의종군 중 삼도 수군통제사로 재임명되어 명량해전을 승리로 이끈 후 군산 선유도로 다시 팔금도로 가 잠시 있다가 목포 앞 고하도에 진을 치고 그 해 겨울을 보내고 이듬해 1598년 2월 17일 수군 8천여 명을 거느리고 이곳 고금도 덕동리로 진을 옮겼다.

고금도는 형세가 견고한 요충지이며 섬 안에는 기름진 농토가 많아서 사람들이 살기에 적당한 곳이므로 충무공은 이곳에 본영을 설치하고 수군 재건에 온 힘을 기울였다.

전함을 건조하고 수군을 늘리는 한편 군사력을 기르기 위해 조수와 수전에 익숙한 완도 각 진(陣)의 장정을 모집하여 실로 우리나라 초유의 대 수군을 편성했으며, 장군의 무적 수군 재건 확충을 이루었다(충무전서 행록).

또한 군량을 마련하기 위해 싸우면서 일하고 일하면서 싸우는 군농일치의 정책을 폈으며 염전을 만들어 군염(軍鹽)을 비축했고 옆에 보이는 섬 해남도는 마름으로 섬을 둘러 멀리서 보면 군량을 쌓아놓는 노적가리로 보이도록 위장하고 수많은 허수아비를 만들어 군복을 입혀 등불을 달아놓고 복병을 사방에 배치하여 감히 왜적이 접근하지 못하게 했다.

충무공을 의지하고 사방에서 모여든 피난민들에게 따뜻한 손길을 뻗쳐 그들이 굶주리고 헐벗지 않고 살아갈 수 있도록 보살펴주어 그 당시 고금도 내에 거주한 민가가 수만 호에 이르러 옛날 한산도 시대보다도 오히려 10배나 되었다.

한편 그해 7월 16일에는 명나라 장군 도독 진린이 수군 5천 명을 거느리고 와서 합세하니 그 군세는 매우 장엄했으며 사기는 하늘을 찌를 듯이 높았다(충무전서 행록).

충무공은 이곳에 머물면서 한편으로는 왜군의 침략을 막고 한편으로는 군사력 증강에 전력했다. 이 무렵에는 전쟁도 막바지에 이르러 왜군은 철귀(撤歸)하려고 각처에서 순천지방으로 모여들었다. 이 소식을 들은 충무공은 왜적을 완전히 섬멸하려고 조명연합함대를 이끌고 이곳을 떠나 순천 예교에서 적을 크게 무찌르고 한 달 만에 돌아와서 수군을 재정비하고 적의 동태를 살피다가 한 달이 지난 11월 19일 일본으로 돌아가기 위해 발버둥치는 왜적을 소탕하기 위해 이곳을 떠나 노량에서 수많은 적을 무찌르고 대승을 거두었으나 안타깝게 최후를 마쳤다(선조 31년 11월 19일 새벽). 그 후 영구를 이곳 월송대에 83여 일간 봉안했다가 1599년 2월 11일 아산으로 옮겼다.

이곳은 충무공의 마지막 본영이요, 처음으로 조명연합전선을 형성한 곳이며, 초유의 대 수군(大水軍)을 이룩한 곳으로서 최후의 전승을 제공한 군사기지 총사령부임과 동시에 전쟁 종국을 가져오게 한 삼도 수군통제영이며, 마지막 영구가 임시 봉안된 곳으로서 길이길이 후손에 물려줄 전승 유적지이다.

충무사 본 건물은 1598년(선조 31) 명나라 도독이 그들의 군신 관왕(關王: 삼국지의 등장인물 관운장)을 모시기 위해 건립했으며, 1666년(현종 7) 수군 절도사 유비연(柳斐然)이 중수하고 동무에는 진린, 서무에는 충무공을 모시고 암자 옥천사(玉泉寺)를 지어 중 천휘(天輝)로 하여금 사당을 관리하고 제사를 모시게 했다.
현종 임금 때는 경칩과 상강 두 차례에 걸쳐 영암, 강진, 보성, 해남 등 6개 부군현 관원들이 제수를 갖추어 제사를 모셨으며, 정조 임금은 탄보묘(誕報廟: 큰 나라의 은혜에 보답한다는 뜻)라는 어필 현판을 하사하시고 노량해전에서 전사한 명나라 장군 등자룡(鄧子龍)도 함께 모시게 했다(충무전서).
그러나 일제강점기 때는 민족정신말살정책에 의해 관왕상과 위패를 비롯하여 유물(투구, 서적, 벽화, 현판) 일체가 철거 및 유실됨과 더불어 사당은 퇴락했다.
1945년 해방 이후 고금도 유림이 중심이 되어 충무사 현판을 걸고 일생을 충의에 살고 나라를 구한 높은 덕을 기리기 위해 다시 충무공을 정전(正殿)에 모셨으며, 1959년에는 이순신의 보좌관인 조방장이며 당시 가리포 첨사 양성인 이영남(李英男)을 동무에 모시고 매년 4월 8일(양력) 탄신기념제와 11월 9일(음력) 순국제(殉國祭)를 봉행하고 있다.
또한 1960년 1월 29일 사적 제114호로 지정하고 여러 차례 보수하고 주민의 협조로 암자 옥천사를 분리하여 이전하고 담장을 둘러 오늘의 경관을 갖추게 되었으며, 이곳은 정유재란 이후 이충무공의 최대의 삼도 수군통제영이며 노량해전 전승 및 임진왜란 종전 제공지이다(이하 생략).

출처: 고금도 충무사 안내 자료.

(고금도 전적)

고금도는 왜란 당시에는 강진에 속해 있었으나 현재의 행정구역은 완도군 고금면에 속해 있다. 고금도진(古今島鎭)은 1598년(선조 31)에 이순신이 이곳에 주둔하면서 백성들을 불러 모으고 둔전을 경작하며 출몰하는 일본함선들을 격파하던 곳이며, 명나라장수 진린도 군대를 주둔시켜 일본수군을 제압하던 곳이다.

충무공 이순신이 고금도로 진영을 옮긴 것은 1598년 2월 17일이다. 그해 3월에 전라남도 장흥에 있는 일본군 병사들이 사방으로 흩어져 나와 살육 약탈을 자행하자 이순신은 녹도만호 송치종(宋治棕)에게 정예군을 주어 그들을 추적하도록 했다. 적들이 놀라 순천 방면으로 도망치자 겸조방장(兼助防將) 순천부사 김언공(金彦恭)이 전라병사 이광악에게 급보로 알려 소탕하게 했다. 그리고 일본함선 16척을 격침시키고 적의 머리를 베었다. 이 해전 이후 일본군은 이곳 고금진 근처에는 범접하지 못했다.

충무사 부근에 고금도 진지 터가 있다. 이곳은 1598년 이순신 장군이 수군 8,000여 명을 거느리고 목포 앞바다 고하도 진영으로부터 옮겨와 지은 본영이 있던 곳이다.[136)]

충무사 바로 앞에 있는 작은 섬이 해남도인데 정유재란 당시 이순신 장군은 이 섬에 수많은 허수아비와 횃불, 조개껍질을 태워 만든 가루를 이용하여 수많은 군사들이 주둔하고 있는 것처럼 위장하기도 했다.

조정에서는 1681년(숙종 7) 이곳이 지리지형적으로 적을 제압하는 데 있어 요충지임을

136) 1681년(숙종 7) 수군은 이곳에 고금도진을 설치하고 첨사를 두어 인근 해역을 방어하게 했다. 1895년 군제개혁 때 고금도진은 파진되어 지금은 그 터만 남아 있다.

인정하여 진을 설치하고 수군동첨절제사(水軍同僉節制使)를 파견하여 해역을 지키도록 했다.

(관왕묘비)

충무공의 유해가 일시 모셔졌던 이곳에 명나라 수군 도독 진린(陳璘)이 관왕묘(關王廟)를 건립했다. 관왕묘비는 1713년(숙종 39)에 세웠다. 관왕묘 창건 전후의 전말을 기록한 묘비에는 명나라군 수군 장수가 충무공의 전사를 애석히 여겼다는 내용이 들어 있다. 비석의 규모는 높이 253센티미터, 폭 93센티미터, 두께 20센티미터이며, 비각은 정면 1칸, 측면 1칸의 팔작집이다.

일제강점기 수난을 당하게 되어 제사도 끊기고 말기에는 관우의 상까지도 바닷물에 던져 졌으나 불상만은 다른 사찰로 옮길 수 있었다. 광복 후인 1953년 관왕묘 옛 자리에 사당 충무사(忠武祠)를 새로 짓고 충무공의 위패를 정전에 봉안했으며 1959년에는 충무공의 영정을 봉안하고, 충무공과 함께 순국한 이영남 장군을 동무에 배향했다.

충무사 서재 뒤편에 있는 관왕묘 비각

관왕묘비

관왕묘비

(옥천사)

옥천사(玉泉寺)는 관왕묘 충무사의 수호사찰 성격을 띠고 건립되었다.

1666년 전라우수사 유비연(柳斐然)이 관왕묘 중수를 위해 자재를 모아 승려 천휘(天輝)로 하여금 건물을 보수케 하는 한편 그 곁에 암자 하나를 지어 묘(廟)를 지키고 제사를 맡도록 했다.[137)]

1684년(숙종 10) 전라도 관찰사 이사명(李師命)이 관왕묘를 중수한 뒤 사액을 청했으나 뜻을 이루지 못한 후 1710년(숙종 36) 판부사(判府使) 이이명의 주청에 의해 조정으로부터 제관을 보내와 제사를 지내게 되었다.

그 뒤 1791년 정조 임금이 '탄보묘(誕報廟)'라는 사액을 내리고 1792년(정조 16) 임금의 명으로 명량해전에서 전사한 명나라군 부총관 등자룡을 함께 배양하도록 했다.[138)] 1801년(순조 1)에는 수호암자의 이름도 옥천사라 고쳤다.

일제강점기 말기에는 민족말살정책에 의해 제사는 중단되고 그때까지 보존되었던 관왕상(關王像)과 위패 및 각종 유물이 바닷물에 던져졌다. 단지 옥천사의 불상만이 가까운

137) 정조 임금 때에 임금의 어필로 탄보묘라고 써서 사액하니 '탄(誕)'이란 '대(大)'와 같은 글자라 명나라 은혜를 크게 갚는다는 뜻이요 또 임금의 명령으로 뒷날 노량해전에서 전사한 명나라 부총병 등자룡을 아울러 모시게 했다. 그리고 암자 이름을 '옥천사'라고 했다. 이은상, 충무공 발자국 따라 태양이 비치는 길로(하)(서울: 삼중당, 1973), 370~372쪽.

138) 서울대학교 규장각 한국학연구원(http://e-kyujanggak.snu.ac.kr/) 조선왕조실록(정족산본). 1792년(정조 16) 8월 17일 부총병 등자룡을 강진 탄보묘에 배향하고 관리를 보내 제사지내다. 1832년(순조 32) 3월 14일 호남의 탄묘보와 영남의 관왕묘에 의대와 포진을 갖추도록 명하다.

백운사(白雲寺)에 옮겨져 보관되었다고 전한다.[139]

묘당도 이충무공 유적이 1963년 사적으로 지정되면서 충무사(옛 관왕묘) 경내에 있던 암자 옥천사는 충무사에서 분리되었다. 옥천사는 현재 충무사 입구 주차장에서 마을회관 건물 왼쪽으로 1백여 미터 거리에 위치하고 있다.

옥천사 입구

옥천사 관음전

139) 옥천사의 보해 스님에 의하면 당초 옥천사에는 커다란 불상이 3기 있었다고 한다. 백운동 백운사로 옮겨졌던 것을 다시 이곳 옥천사로 가져왔는데 이곳까지 오기 전에 불상이나 유물이 이리저리 흩어졌다고 한다.

(월송대－이충무공 가묘 유허)

충무사 홍살문 맞은 편 작은 언덕이 이순신 장군의 두 번째 무덤이 있던 월송대이다. 월송대는 이순신 장군이 고금도에 머물 당시 군사들의 훈련과 장비 등을 점검하는 장소였다.

충무공이 고금도에 진을 치고 있던 8월 18일 도요토미 히데요시가 사망했다. 조선군과 명나라군은 그의 죽음을 알지 못했으나 일본군이 철수하려는 움직임을 보이자 이들에 대해 추격태세를 갖추었다.

9월 15일 이순신의 조선수군과 진린의 명나라수군이 연합하여 순천에 출몰한 일본군을 소탕했고, 9월 20일부터 10월 7일까지 순천왜성(왜교성)전투에 참가했다. 순천왜성 공격 당시 수군은 이곳에서 발진했다. 10월 9일에는 고금도 덕동포구로 돌아와 전열을 재정비했다. 11월 19일 연합함대가 노량을 향해 출진했고 전투를 지휘하던 이순신 장군은 이날 아침, 54세를 일기로 순국했다.

노량해전에서 전사한 이순신 장군의 유해를 경상남도 남해군 관음포에 임시로 안치했다가 본영이 있는 이곳으로 옮겨와 83일간을 모셨다. 이듬해인 1599년에 충청남도 아산(현재의 현충사 부근)으로 옮겼다.

월송대 가묘 유허 안내 표석

월송대 가묘 터

○ 전라남도 완도군 고금면 세동84번길 86－31 (덕동리)

17. 장성

장성 고경명 신도비

고경명 신도비는 충렬공 고경명의 생애와 행적을 기록한 비석이다. 건립연대는 1800년대 초반이지만 비문 자체는 훨씬 이전에 윤근수(1537~1616)가 지었다. 신도비의 높이는 238센티미터이다.

고경명(1533~1592)은 서울이 함락되고 선조 임금이 평안도 의주로 피신했다는 소식을 전해 듣고 전라도 지역에서 6천여 명의 의병을 모집한 후 의병장에 추대되었다. 그는 북상을 개시했으나 일본군이 호남지역을 점령할 것이라는 정보를 입수하고 북상계획을 변경했다. 그는 충청의병장으로 있던 조헌에게 서신을 보내어 함께 금산에 주둔하고 있는 일본군을 공격하자고 제의했다.

고경명은 1592년 7월 금산 도착 후 방어사 곽영의 병사들과 합세하여 일본군을 공격했으나, 오히려 눈벌에서 일본군에 포위되고 반격을 받아 조선군은 힘없이 무너지고 장졸들은 앞을 다투어 도주했다. 이에 뒤에 있던 의병부대의 사기도 저하되어 전선은 곧 붕괴되었다. 그때 고경명은 고인후, 유팽로 등과 함께 순절했다.

고경명의 사망 소식을 접한 선조 임금은 광주 표충사와 금산 칠백의총 종용사에서 모시고 그의 충절을 기리도록 했다.

이곳 장성에 있는 신도비는 거북받침돌 위로 비 몸을 새기고 높직한 머릿돌을 올린 모습으로, 거북의 머리는 왼쪽을 향하고 있다.

고경명 신도비는 2008년 9월 19일 전라남도 기념물 제241호로 지정되었다. 장흥 고씨 충렬공파 종중에서 관리하고 있다.

신도비

○ 전라남도 장성군 장성읍 영천리 430-2

장성 봉암서원

봉암서원(鳳岩書院)은 변이중의 학문과 덕행을 기리고 후학을 양성하기 위해 세운 서원이다. 변이중은 이곳에서 출생하고 성장하면서 학문을 닦고 연구했다.

변이중 별세 후 87년 만인 1697년(숙종 23) 호남의 유림과 후손이 주도하여 봉암서원을 건립했다. 1705년에 신실(神室)과 신문(神門)을 중수했고, 1707년에 변이중의 아들 변경윤을 배향하고 전사청을 세웠다. 1729년에 윤진(尹軫)과 변이중의 현손(玄孫) 변휴를 추가로 배향했다. 도내의 유생들이 상소하여 서원에 사액해 줄 것을 청하여 임금의 윤허를 받았으나 시행되지는 않았다.

서원의 중심 건물인 종앙사(宗仰祠)에는 망암(望菴) 변이중(邊以中), 율진 윤진(尹軫), 휴암 변윤중(邊允中), 자하 변경윤(邊慶胤), 명산 변덕윤(邊德胤), 청류당 변휴(邊烋), 묵포 변치명(邊致明)의 위패를 모시고 있다. 변이중을 주벽으로 모시고 다른 여섯 분은 배향으로 모시고 있다. 임진왜란과 관련이 있는 인물은 변이중, 변윤중, 윤진 등 3인인데 윤진은 정유재란 때 입암산성에서 성을 지키다 순절한 무인이다.

서원은 1868년(고종 5) 서원 철폐령에 의해 1871년에 철거되었다. 철거된 지 100여 년이 지난 1975년 장성군의 유림과 후손들이 변이중 종가에 모여 서원을 다시 세울 것을 발의했고, 이듬해인 1976년에 복원공사를 시작했다. 공사 7년 만인 1983년에 복원공사를 완료하고 1984년 2월에 봉안식을 거행했다. 이때 종앙계(宗仰契)를 창립했다.

경내에는 외삼문, 강당, 동재, 서재, 내삼문, 사당 종앙사가 전학 후묘의 배치를 이루어 건립되어 있다. 대문 격인 외삼문을 들어서면 앞쪽에 교육 공간을 조성하고 뒤쪽에 제사 공간을 배치했다. 유림의 회합 장소이면서 유생들이 글을 배우던 강당 성경당(誠敬堂)과 유생들이 숙식하던 곳인 동재 경의재(敬義齋)와 서재 훈덕재(薰德齋)가 있다. 해마다 2월과 8월에 제사를 지낸다.

봉암서원은 1981년 10월 20일 전라남도 기념물 제54호로 지정되었다.

봉암서원 전경

봉암서원

강당 성경당. 유림의 회합장소이면서 교육장소로 사용하던 곳이다.

종앙사. 배향된 선현들의 위패를 모신 곳이다.

내삼문(엄온문)

내삼문 입구에 있는 묘정비

복원비. 봉안서원 외삼문 옆에 있다.

망암 변이중 선생 위패

(변이중)

변이중은 1546년 5월 17일 장성군 장성읍 장안리에서 태어났다. 1573년 28세에 사마시에 합격했다. 임진왜란 때 예조정랑에 임명되었고 선조 임금의 파천 길을 수행했다. 3차에 걸쳐 일본군 토벌대책을 상소했으며 1592년 10월 윤두수의 천거로 전라도 소모사(召募使)가 되어 전라도로 내려왔다. 근 40여 일 동안 6천 명에 달하는 병사를 모집했으며 12월에는 병사들을 이끌고 서울 방면으로 향했다.

그러나 그의 의병부대는 1593년 1월말 경기도 안성 일대에서 있은 죽산전투에서 후쿠시마 마사노리가 이끄는 일본군에게 패했다. 당시 그의 부대는 소가 끄는 화차로 죽산성을 공격하여 적진을 교란시켰지만 목제 무기임을 간파한 일본군이 화차에 불을 던져 다수의 조선병사들이 사상하는 피해를 입었다.

경기 독운사(京畿督運使) 등을 역임하며 의병을 일으키고, 수만의 정병을 모집했으며 3만여 석의 군량을 조달했다. 그는 의주 행재소에서 임금으로부터 소모어사의 명을 받고 전라도에 내려와 많은 의병과 양곡을 모아 전선으로 보내는 한편 경기도 수원에 진을 치고 기호지방의 일본군과 접전을 벌였다.

그는 총통화전도설(銃筒火箭圖說)과 화차도설(火車圖說)을 저술했으며 종제인 변윤중의 재정적 도움을 받아 화차 300대를 제작했다.[140] 그리고 당시 위급한 상황에 처해 있던 권율 장군에게 40대를 보내 행주산성전투를 승리로 이끄는 데 기여했다.

학자이자 발명가인 변이중은 1603년 함안군수가 되었다가 2년 후에 사직하고 고향으로 돌아왔다. 전란 후에 호성원종공신 1등, 선무원종공신 2등에 녹훈되었으며 고향마을에서 '장성 향헌 20조'를 만들어 전란으로 피폐해진 민심을 수습하고 향속과 풍습을 순화하는 데 힘쓰다가 1611년(광해군 3) 66세의 나이에 별세했다. 조정에서는 그의 공로를 인정하여 이조참판의 벼슬을 내렸다.

(삼강정려)

봉암서원 입구에 있는 삼강정려는 변이중의 사촌동생 변윤중과 그의 부인 함풍 성씨, 며느리 장성 서씨의 삼강을 기리기 위해 세워졌다. 삼강정려의 정식 명칭은 '충효열 변윤중・함풍 성씨・장성 서씨 정려각'이다.[141]

140) 2011년 11월 28일 '변이중 화차'가 420년 만에 복원되어 발사 시연회 행사가 있었다. 화차는 정면에 장착된 14개의 승자총통을 두 번 발사하여 300미터 전방의 목표물에 명중하여 그 위력을 과시했다.

변윤중은 학문이 뛰어났으며 선조 임금 때 관직에 있다가 임진왜란이 일어나 임금이 의주로 피난길에 오를 때 사촌형 변이중과 함께 임금을 모셨다. 변윤중은 변이중이 화차를 제작할 때는 사재를 털어 화차를 완성시키는 데 큰 도움을 주었다.

정유재란 때는 평소 거느리던 하인들과 장정 200여 명을 모아 스스로 의병장이 되어 장안리에서 싸웠으나 적의 수효가 많아 10여 일 동안 수십 명을 사살하면서도 패전하여 퇴각했다. 변윤중이 피를 흘리며 마을에 돌아오자 노인들이 그에게 피신할 것을 권했지만 도망가는 것은 의로운 일이 아니라며 마지막 싸움터였던 부엉바위로 올라갔다. 장정들을 다 잃은 변윤중은 1597년 9월 18일 황룡강에 몸을 던져 순절했다. 그러자 그의 부인 성씨도 남편의 뒤를 따라 남편이 순절한 그 자리에서 강물로 뛰어들어 순절했다.

변윤중의 아들 변형윤과 며느리 서씨 부인이 이 소식을 듣고 부엉바위로 가서 보니 부모의 시신이 나란히 떠 있었다. 이를 보고 변형윤이 죽으려 하자 서씨 부인이 남편의 소매 자락을 붙잡고 눈물을 흘리면서 당신이 죽는다면 집안의 손이 끊어질 것이니 자신이 대신 목숨을 바치겠다며 강물에 몸을 던졌다.

후세 사람들은 변윤중이 부엉바위에서 순절했다 하여 그의 호를 휴암(鵂巖=부엉바위)이라 하고 1893년에 장성읍 장안리 320번지에 정면 3칸, 측면 1칸으로 된 단층 맞배지붕으로 정려각을 짓고 그 안에 충신, 열녀, 효부의 현판을 걸어 그들의 고귀한 정신을 기렸다.

고종 임금 때 당시 전라감사 조종필이 변윤중을 충신으로, 성씨 부인을 열녀로, 그리고 서씨 부인을 효부로 해 달라는 내용의 상소를 올렸다. 조정에서는 변윤중을 이조참의로 증직하고 삼강정려의 명정을 내리니 1893년(고종 30)에 충효열 변윤중·함풍 성씨·장성 서씨 정려각이 건립되었다.

현재의 삼강정려 비각은 1988년 후손 변동권·변공섭 등이 비각이 비바람으로 많이 훼손되자 현재의 위치인 봉암서원 입구로 옮겨 다시 지은 것이다.

---

141) 황주 변씨 삼강정려(黃州邊氏 三綱旌閭)라고도 한다.

삼강정려

왼쪽부터 변형윤의 처 장성 서씨(변윤중의 며느리), 변윤중의 처 함풍 성씨, 변윤중지려

장성 서씨지려

변윤중정려

변윤중지려

함풍 성씨지려

○ 전라남도 장성군 장성읍 화차길 159 (장안리)

장성 송계사

송계사는 조선의 개국공신 문희공 유창(劉敞, 1352~1421)을 주향하던 사당으로 1492년(성종 23)에 진원현감(珍原縣監) 유세분(劉世玢)이 장성군 북일면 성덕리 사동에 사우를 건립하여 향사해 오다가, 1546년 지역 유림의 발의로 이건하여 현재의 자리에 세운 사우이다.

임진왜란 때 소실된 것을 1798년(정조 22)에 복원했으나, 1868년(고종 5) 서원 철폐령에 의해 철거되었다.

1924년 현재의 위치에 다시 지었으며 유창을 주향으로 하고 1950년에 문숙공 유사눌(劉思訥, 1375~1440)・은재 유한량(劉漢良, 1548~1597)・술재 유덕문(劉德文, 1524~1607)・천방 유호인(劉好仁) 등 4현을 추배하여 모두 5현을 모시고 있다. 제향일은 매년 음력 3월 15일이다.

송계서원

묘정비

강당 강수재(講守齋)

강수재와 사당 송계사(오른쪽 건물)

(유사눌)

이조정랑, 병조정랑, 경상도 관찰사, 한성부 부윤, 예문관 대제학 등을 역임했고, 아악보(雅樂譜)를 완성하는 등 악학(樂學) 정비에 기여했다.

(유한량)

유한량은 유창의 증손으로 무장현감으로 재직 중 임진왜란이 일어나자 병사 수백 명을 이끌고 진주성으로 가 일본군에 맞서 싸우다가 1593년 6월 29일 제2차 진주성 전투 때 순절했다. 그 공로로 후에 그의 둘째 아들 유세연은 부여현감을, 셋째 아들 유세영은 낭천현감을 제수받았다.

(유덕문)

유덕문은 장성에서 김경수・윤진・기효간 등과 함께 의병을 일으켰으며 의병장 김제민(1527~1599)을 도와 경기도 안성까지 진군하여 공을 세우고 상호군(上護軍)을 제수받았다.[142)]

○ 전라남도 장성군 북이면 송산길 90 (오월리 690-1 송산마을)

장성 오산창의비와 창의사

그동안 문화재로 분류되지 못했던 오산창의사가 2013년에 전라남도 유형문화재 제120호인 '남문 창의비'와 묶여 문화재로 확대 지정되었다. 이에 따라 '남문 창의비'와 '오산창의사'가 '오산창의비와 창의사'로 명칭이 변경되었다.

(남문 오산창의비)

1592년 임진왜란이 발발하자 좌랑을 지낸 김경수(金景壽)가 김제민(金齊閔)・기효간(奇孝諫)・윤진(尹軫) 등과 함께 전라도 일대에서 의병을 모아 장성 남문(현재의 북일면 오산리 소재)에 의병청을 설치하고 의병활동을 전개했는데 이를 가리켜 '장성 남문 창의'라고 한다. 당시 장성현감 이귀(李貴)가 의병 창의 및 활동을 적극 지원했다.

의병들은 김경수를 맹주로 삼고, 김제민을 의병장으로 하여 북쪽으로 진군하면서 일본군과 맞서 싸우다가 대부분 전사했다. 그들의 충절을 기리고자 호남지역 유림에서 1802년

142) 신종우의 인명사전

(순조 2)에 남문 오산창의비를 건립했다.

비각 안에 놓여 있는 비석은 사각받침돌 위로 비 몸을 세우고, 지붕돌을 올린 모습이다. 이 비석은 두 개의 제목을 갖고 있는데 하나는 앞면 중앙에 세로로 적힌 '호남 어산 남문 창의비'이고, 다른 하나는 뒷면과 양측면의 위쪽에 가로로 새긴 '유명 조선 호남 어산 남문 창의비'이다. 앞면에는 비 제목의 양옆에 의병단의 주요 인사들의 이름을 신분별로 나누어 기록했다.[143] 여기에는 승려 9명, 노비 1명의 이름도 포함되어 있다.

비문은 판서 홍양호(洪良浩)가 지었으며, 황승원이 글씨를 썼다. 비각은 정면 1칸, 측면 1칸으로 높이 168센티미터, 폭 63센티미터 크기의 비가 들어 있다. 남문 오산창의비는 1985년 2월 25일 전라남도 유형문화재 제120호로 지정되었다. 이곳에서 약 3킬로미터 거리에 오산창의사가 있다.

창의비각

창의비각

143) 문화재청 홈페이지

창의비

창의비각 현판

(오산창의사)

오산창의사는 임진왜란과 정유재란 때 장성현 남문(南門)에서 의병을 일으킨 72인의 충절을 기리고 이들의 위패를 모시는 사당이다. 1794년(정조 18) 장성군 북이면 사거리에 남문 창의비를 세우고 단(壇)을 만들어 제사를 지냈다. 그 후 북이면 직도리에 사당 창의사를 건립했다.

1868년 서원철폐령에 의해 철거되었으나 1934년 현재의 위치에 다시 설치하면서 '오산사(鰲山祠)'라고 개칭했다. 봉안 3년 만인 1937년 조선총독부의 탄압을 받아 제사가 중단되기에 이르렀다. 1945년 광복과 더불어 사당을 재건했으며 1982년 오산창의사(鰲山倡義祠)로 개칭했다.

오산창의사는 의병장 김제민, 김경수, 기효간을 비롯하여 당시 함께 의병활동에 나섰던 선비, 전직 관군, 승려 등 모두 72위를 모시고 있다.[144] 사농공상(士農工商)의 신분제도가 유지되고 있었지만 위기에 처한 나라를 구하는 데 신분을 초월하여 충절의 기상을 보여준 의미 있는 공간으로 인식되고 있다. 남문창의에 참여한 의병장 신위를 모시고 매년 제례를 올리고 있다.

144) 문화재청 자료는 창의비에 77인의 명단이 있다고 했고, 군청 자료는 창의비에 77인, 오산창의사에 72인의 이름이 있다고 되어 있다.

경내에는 사당 오산창의사, 강당(숭의재), 내삼문(경의문), 외삼문, 유물전시관 등의 건물이 있다.

장성 오산창의비와 창의사는 1985년 2월 25일 전라남도 유형문화재 제120호로 지정되었다.

오산창의사 전경

전경

외삼문

내삼문(경의문)

오산창의사 묘정비

남문 창의 현창 기적비

내삼문 앞 3기의 비석
(왼쪽부터 남문창의현창기적비, 장성남문창의비, 묘정비)

오산창의사

현판

재실 숭의재

오산창의사

(김경수)

오천(鰲川) 김경수(金景壽)는 1543년 장성군 북일면 오산리 죽남마을에서 의금부도사 김응정(金應井)과 옥천 조씨 사이에서 출생했다. 7세 때부터 글공부에 힘쓴 그는 하서 김인후 밑에서 공부했으며 34세 때에 참봉이라는 벼슬을 받았으나, 아직 학문을 충분히 닦지 못했다는 이유로 관직에 나아가지는 않았다.

그는 왜란이 일어나자 장성 남문에 의병청(義兵廳)을 세워 아들 김극후, 문하생 김언희 등과 함께 의병을 일으킬 것을 결의하고 격문을 만들어 곳곳에 보냈다.

의병청의 맹주로 추대된 김경수는 의병 2만여 명과 군량미 1천여 석을 모아 여러 지방으로 보내 일본군과 싸우도록 했다. 그 후에도 일본군이 침공해오자 다시 장성 남문에 의병청을 열고 의병과 양곡을 모집했는데 각지에서 지원자가 몰려들어 4일 만에 의병 800여 명을 모집할 수 있었다.

어느 날 김경수는 아들 김극후와 김극순을 불러 놓고 자신은 이미 병들고 늙어서 전장(戰場)에 나갈 수 없음을 한탄했다. 그러자 아들들은 허락해주신다면 먼저 싸움에 나가 대의를 위해 죽을까 한다고 말했고, 김경수는 그들에게 의병을 이끌고 진주성으로 가라고 했다.

그의 두 아들이 진주성으로 가서 성을 지키고자 했으나 1593년 6월 10만 명을 헤아리는 일본군의 총공세를 막아내지 못해 성은 함락되고, 그 과정에서 김극후와 김극순은 전사했다.

1597년 정유재란 때는 김경수의 나이가 54세였지만 종제와 함께 의병을 모아 전주와 여산(지금의 익산)을 거쳐 경기도 안성까지 진격하면서 일본군 30여 명의 목을 베고, 많은 백성을 구해냈다.

조정에서는 그 공로를 인정하여 김경수에게 군자감정이라는 벼슬을 내렸다. 김경수는 그 후 고향으로 돌아와 살다가 1621년 78세에 별세했다.

김경수의 충의정신을 기리기 위해 당시의 사실을 엮어 '남문 창의록(南門倡義錄)'을 펴내고 창의비를 세웠으며, 모현리에 오산사를 세워 그와 여러 의병들을 모시고 있다. 매년 음력 2월 27일 지역의 유림이 모여 제례를 행한다.

(제1차 남문 창의)

1592년 7월 20일 김경수(金景壽), 기효간(奇孝諫), 윤진(尹軫) 등은 각 고을에 격문을 보내 의병을 모집하기 시작했다. 많은 의병들이 모여들었고 1개월 후인 8월 24일 김경수를 중심으로 하여 제1차 남문 창의가 일어났다.

장성현 남문에 의병청을 세우고 격문을 보내니 고창, 무장, 영광, 순창 등 인근 고을에서 수많은 의병이 모여들었고, 그해 11월 24일 순창현감 김제민을 의병장으로 삼았다. 이들 1,651명의 의병들은 496석의 군량미를 마련한 후 북상하여 직산과 용인 등지에서 일본군과 전투를 벌였다.[145] 의병들은 12월 19일 직산과 이듬해 1월 10일 용인에서 일본군과 접전을 벌였으며 전쟁이 소강상태에 들자 귀향했다.

(제2차 남문 창의)

고향으로 돌아온 의병들은 명나라와 일본의 강화협상을 지켜보았다. 그러나 협상이 결렬되자 김경수는 1593년 5월 29일, 장성 남문에 의병청을 다시 설치하여 의병을 모집하고 양곡을 비축했다. 장성현감 이귀는 관군 가운데 용력이 있는 병사 40명을 선발하여 의병 300명을 훈련시키는 등 의병활동을 지원했다. 현감의 지원 속에 김경수는 의병 836명, 의곡 629석을 확보했다. 그해 6월 김경수의 아들 김극후(金克厚)와 김극순(金克純)을 대장으로 하는 의병 836명이 진주성으로 들어가 일본군과 혈전을 벌이다가 모두 순절했다.

(제3차 남문 창의)

정유재란이 일어나자 김경수는 1597년 8월 다시 남문에서 창의했다. 백양사 소속 승병 77명을 포함한 1천여 명의 의병으로 이루어진 의병부대를 편성했다. 김경수의 사촌동생이자 전직 판관인 김신남(金信男)이 이들을 이끌고 8월 25일 경기도로 진군하여 안성 등지에서 일본군과 격전을 벌였다. 성과를 거두기는 했지만 의병 측의 피해도 컸기에 의병군은 9월 10일에 회군했다.

○ 전라남도 장성군 북이면 사남북길 32 (오산창의비)

○ 전라남도 장성군 북이면 모현1길 70-7 (오산창의사)

장성 입암산성 윤진 순의비

윤진 순의비는 임진왜란 때 입암산성에서 일본군과 싸우다 순절한 윤진(尹軫, 1548~1597)을 기리는 비석이다. 입암산성 매표소에서 남창계곡 탐방로를 따라 올라 가다가 남문을 지나 갑바위 가는 길에 윤진 순의비가 있다.[146)]

남문을 지나면 평지가 나오는데 그 길을 가다보면 성내(城內)에 있던 성내마을 터를 지나게 된다. 마을 터에서 멀지 않은 곳에 윤진 순의비를 볼 수 있다. 윤진 순의비 옆에는 윤진의 부하 이경국과 이안국을 기리는 정유재란비도 세워져 있다.

1742년(영조 18) 장성부사 이현윤(李顯允)이 조정의 명을 받아 세운 윤진 순의비는 높

145) 장성군청 홈페이지

146) 입암산성은 전라북도 정읍과 전라남도 장성 간의 경계에 있다. 산세가 험준한 입암산 계곡 능선을 따라 만든 포곡식 성곽으로 삼한시대에 처음 축조한 것으로 추정되고 있다. 입암산성은 1993년 11월 10일 사적 제384호로 지정되었다.

이 118센티미터, 폭 58센티미터, 두께 20센티미터로, 앞면에 '증 좌승지 윤공 순의비(贈左承旨尹公殉義碑)'라고 새겨져 있다. 비문은 이현윤이 지었고, 글씨는 전라도 관찰사 권적이 썼다. 별다른 장식 없이 비 몸 위에 머릿돌이 얹혀 있다. 입암산성 매표소에서 윤진 순의비까지는 걷는 속도에 따라 차이가 있겠으나 1시간 30분 정도 소요된다.

(윤진)

윤진은 사간 윤강원(尹剛元)의 아들로 선공감 봉사(繕工監奉事)에 천거되었으나 사퇴하고 장성에 은거했다. 윤진은 임진왜란 발발 후 장성 남문 창의에 참가했다.

일본군이 장차 전라도로 침입해 올 것을 예견한 윤진은 전라도 관찰사 이정암에게 입암산성 수축을 건의하여 허락을 받았으며 공사의 책임자가 되어 군량을 비축하기 위한 창고를 짓고 포루도 새로 구축했다.

입암산성은 고려시대에 몽골군을 막아낸 일이 있는 산성으로 세월이 흐르면서 허물어져 있던 것을 다시 쌓아서 쓰려고 한 것이다.[147] 윤진은 온갖 어려움을 겪으면서 성곽 수축 공사를 마무리하여 수비태세를 갖추었다.

1597년 정유재란 때 일본군이 호남지역으로 진군해 오면서 주요 도시인 남원과 전주가 함락되자 관리들은 대부분 도피했다. 윤진은 입암산성 수장(별장)이 되어 인근 4개 읍의 수령들, 의병 수백 명과 함께 산성 방어 임무를 띠고 성에 들어갔으나 전세가 불리함을 알게 된 다른 수령들은 피신한 상태에서 윤진은 9월 8일 남아 있는 의병들과 성을 지키다가 전사했다. 부인 권씨는 품고 있던 은장도로 자결했고, 아들 윤운구는 칼에 맞아 절벽으로 떨어졌으나 구사일생으로 목숨은 건질 수 있었다.

나라에서는 윤진의 충성심과 공로를 인정하여 좌승지 벼슬을, 그의 부인에게는 정려를 명했다. 지역 유림에서 그의 위패를 받들어 봉암서원에 배향했다.

147) 1256년(고려 고종 43) 몽골군의 제6차 침입 때 송군비 장군이 몽골군을 격퇴한 격전지이기도 하다.

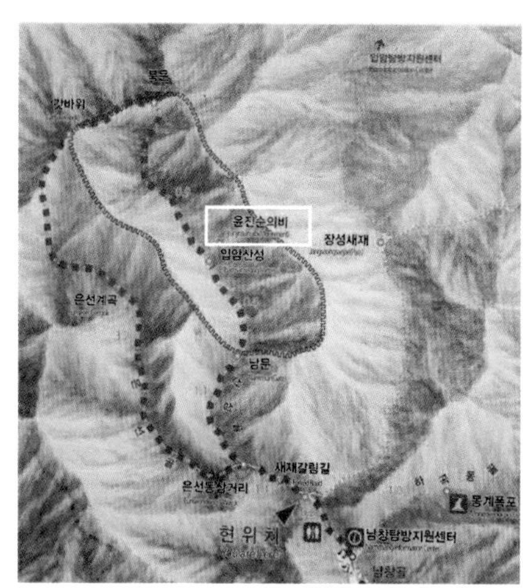

입암산성 안내도

입암산성 남문

남문 옆 성벽

윤진 순의비(왼쪽)와 이경국 · 이안국 정유재란 순절비(오른쪽)

윤진 순의비

이경국 · 이안국 정유재란 순절비

윤진 순의비

(이경국 · 이안국 정유재란 순절비)

증 형조판서 이덕붕의 아들인 이경국과 이안국이 관직에서 물러나 있던 시기에 왜란이 발발하자 두 형제는 의병을 모아 입암산성으로 들어가 별장 윤진을 도와 성곽을 수비했으며 일본군의 공격에 맞서 싸우다가 전사했다.

이경국 · 이안국 정유란 순절비 비문

오호라 옛적 임진란을 막고자 일문 형제가 육력 분전하다가 순절한 분이 있었으니 바로 격암공(格菴公) 휘 경국(敬國)과 기제(其弟) 석암공(石菴公) 휘 안국(安國)이시다. 제공은 경주인이니 신라 개국공신 휘 갈평의 후손이며 고조(高祖)는 조정암 선생의 문인으로 기묘사화에 피화(避禍)하여 나주에서 고부로 은둔 정착한 이래 증 형판(刑判) 휘 덕붕공(德鵬公)의 4남 중 2남과 3남으로 태어났다.

격암공은 자품(姿禀)이 준위(俊偉)하고 용력이 절륜하여 만력 계유에 무과 급제하여 훈련원 판관에 부임하여 군기를 엄정하게 집행하니 권귀(權貴)의 시기를 당하고 석암공은 결성현감으로 구폐를 혁신하니 간신들의 무고를 당하여 퇴임하고 있을 때 임진에 왜구들이 대거 침입하여 국토가 초토화되고 생민(生民)이 어육이 되매 격암공이 말하기를 군부(君父)가 위급한데 어찌 생명을 아끼겠는가 하고 아우 영국(榮國)과 가동 수십 명을 인솔하고 의병 수백 명을 모으니 이 사실을 들은 전라도백 이정암이 기뻐하고 이제 충신을 보았다 하고 이공 형제를 입암산성의 수장(守將) 윤진 의여소(義旅所)로 보내니 공들은 임무를 수행 중 정유년 9월 8일 밤에 왜적은 성을 포위하고 육박하여 옴에 윤진 장군은 사력을 다하여 싸우다가 전사함에 공들은 더욱 격분하고 육박전으로 적 수십 급을 참획하는 전과를 올리는 중 화살이 떨어지고 활시위가 끊어져 중과부적이라 어찌할 수 없는 천운이라고 통곡하고 계속 격전 끝에 적의 흉탄을 맞고 장렬하게 양공이 같이 순절하였다. 아우 영국과 가동 용금(龍金)은 적탄을 무릅쓰고 시신을 안고 돌아와 안장하다. 격암공의 부인 송씨 또한 슬픔이 지나쳐서 기절 끝에 부군의 뒤를 따르니 조정에서 이 사실을 알고 격암공은 병조판서 석암공은 사복시 정 영국공은 무과(武科) 부정(副正)을 추서하다. 단기 4266년 계유에 오산창의사에 추배하였다. 이제 본 창의사에서 뜻을 모아 이곳에 전적비를 세워 양공의 정충탁절을 위와 같이 약기하여 후손들로 하여금 본받게 한다.

단기 4323년 경오 3월 오산창의사 근찬

격암공 외예(外裔) 성균관 전학 의령(宜寧) 남대희 근서

○ 전라남도 장성군 북하면 남창로 399 입암산성 내

장성 조영규정려

조영규정려는 선조 임금 때의 무신 조영규(趙英圭, 1535~1592)의 충절과 효자로 이름난 그의 넷째 아들 조정로를 기리기 위해 1669년(현종 10) 나라에서 세운 정려이다. 1849년(헌종 15)에 고쳐지었다.

조영규는 장성 출신으로 무과에 급제한 후 평안도 용천현감을 비롯한 8개 고을에서 청렴한 관리로 봉직했다. 1592년 경상남도 양산군수 재임 당시 임진왜란이 발발하자 부산 동래읍성으로 가 읍성을 사수하다가 전사했다.

충신 조영규 효자 조정로 정려각

충신 조영규지려 편액

직산 조씨 충효정려 중건기

그의 충절이 알려지자 조정에서는 그에게 호조참의의 직위를 내렸으며, 1669년(현종 10)에는 임금의 명으로 충신으로 정려하고 양산 충렬사에 봉안했다. 현재는 부산 충렬사 안락서원과 양산 충렬사 두 곳에서 배향하고 있다. 조영규 정려는 1985년 2월 25일 전라남도 기념물 제78호로 지정되었다.

○ 전라남도 장성군 북이면 방장로 655 (백암리 266-1)

장성 표의사

표의사는 의병장 심우신의 위패를 모시기 위해 1713년(숙종 39) 영광의 유림에서 학성리 장천마을에 창건한 사당으로 초기에는 장천사(長川祠)라고 했다.

1726년(영조 2)에 숙종 임금 때의 문신 이단석(李端錫)을, 이듬해에는 이단석의 부친 이제형(李薺衡)을 추가로 배향했다.

1868년 서원철폐령으로 철거되었다가 1903년에 전라도 관찰사 이근호(이단석의 후손)가 찬하여 사우지(祠宇地)에 흠충경현비(欽忠景賢碑)를 건립하고 제사를 올렸다.

이후 유허만 보존해 오다가 1973년에 뜻있는 인사들이 사우복원추진위원회를 결정하고 복원에 착수했다. 그러나 장천사 유허지가 상무대(尙武臺) 부지로 편입됨에 따라 부득이 삼서면 유평리 부귀동으로 이전하게 되었다. 1989년에 공사에 착수하여 1990년에 완공했는데, 공사에 착수하면서 명칭을 '표의사'로 변경했다.

당시 이제형·이단석 부자의 위패는 후손들의 의견이 일치하지 않아 함께 배향하지 못하고 부득이하게 심우신 1인의 위패만 봉안하게 되었으며, 사우의 명칭도 심우신의 기치인 표의(彪義)를 따라 '표의사(彪義祠)'로 하게 되었다. 경내에는 사당 표의사, 강당 관일당, 외삼문인 충의문, 내삼문인 충절문, 고직사(관리사)가 있다. 매년 음력 8월 21일 유림에서 향사하고 있다.

표의사 연혁

임란(壬亂) 의병장 증 병조참판 심우신은 조선 중기의 무신. 본관은 청송, 자는 공택(公擇). 세종대왕 대 영의정 온(溫)의 6대손. 곡산군수 증 호조판서 수(鐩)의 아들. 1567년(명종 22) 무과 급제 후 선전관을 거쳐 군기시 첨정을 역임하다가 자당의 작고로 복상 중 임란이 발발하자 구국하고자 당시 영광 지금의 장성군 삼서에서 창의하여 2천 석 추수농장을 처분하여 군기와 군량을 마련 표의의 기치 하에 의병 수천 명을 모집 훈련시켜 청주 황간 수원 독성전투에서 왜적을 무찌르고 적병의 진격을 막아 혁혁한 공훈을 세움. 계사년 봄에 창의사 김천일 장군을 양화진에서 만나 생사를 같이할 것을 맹세하고 6월 20일에 진주성으로 들어가 동문의 파수장으로 왜적 10만 대군에 포위되어 무원고군으로 10일 동안 혈투하다가 29일에 성이 함락되자 김천일이 남강에 투신할 제 심우신 장군은 나는 무인이니 헛되이 죽을 수 없다며 배수진을 치고 최후까지 싸우다가 화살이 다하자 북향 4배하고 남강에 투신 순절하니 보령이 50세였다.

조정에서 선무원종훈 1등 병조참판 겸 동지의금부사 오위도총부 부총관에 증직되고 학성리 80정보의 사패지에 예장되다.

1713년 숙종 계사 6월 20일에 영광 지금의 장성군 삼서면 학성리 장천마을 의병훈련장 옛터에 장천사를 창건하여 심우신 선생의 충의정신과 살신성인정신을 존숭하기 위하여 설향되고 그 후 1727년에 영광군수 취수헌 이제형과 1726년에 그 아들 전라도 관찰사 쌍호당 이단석이 추배되어 근 2백 년 동안 향화가 봉행되다가 1868년 고종 무진 대원군의 서원사우 철폐령으로 훼철되었다. 1882년 고종 임오 설단하고 향화를 받들라는 명령이 내렸으나 임오군란 갑신정변과 흉년의 계속으로 설단이 천연되었다.

1903년 광무 7년 3월 전라도 관찰사 이근호의 찬으로 흡충경현비를 건립하고 설단 조두(俎豆)타가 국치 후 왜정(倭政)의 간섭으로 폐지되었다. 1973년 10월 26일 유림과 본손(本孫)이 발의하여 사우복원추진위원회를 결성했다. 추배된 전주이씨 부자분의 후예인 경명군파 종회장인 중원군 엄정면 미내리 이효승 국회의원과 아산군 염치면 강청리 종손 이명구씨가 종의를 거쳐 재정 불허로 합사를 포기하다는 통보에 따라 증 병조참판 심 선생을 단독 배향키로 의결하고 재정 조성에 착수했다.

1989년 4월 사우 복원에 착공. 장성군 삼서면 학성리 일대가 상무대로 증발된 고로 본손 세거지 부귀동에다 복원하되 사묘명은 심 선생 창의행군 시의 기치명인 표의로 현판을 달고 의식을 거행했다. 1989년 6월 15일 장성향교 전교 기우대 유도회 지부장 심경택 외 48명의 유림 명의로 인근 향교에 우 사실을 통고했다. 1990년 8월 21일 준공했다. 1990년 9월 21일 정축에 봉안 위판 이래 유림들이 봉향 중이다.

표의사 전경

충절문(내삼문)

청송 심선생 충절비

표의사

재실 관일당 현판

(표의장군 심우신)

청송(靑松) 심우신(沈友信, 1544~1593)은 청송 심씨이며 1544년 8월 21일 경기도 김포에서 곡산부사 심수의 아들로 출생했다. 1577년 24세 때 무과에 급제하여 선전관 군기시 첨정 등을 지냈다.

1591년 48세 때 모친상을 당하자 벼슬을 그만두고 상복을 입었다. 그 이듬해 임진왜란 때 김명원 장군이 한강에 진을 치고 임금에게 장계하여 심우신은 재능과 무술이 출중하니 그를 기용하기를 청원하여 종사관으로 임명되었다. 김명원을 따라 서울을 수호하려 했는데 김명원이 군대를 해산시키고 임금의 파천 길에 호종하게 되니 그는 소속이 없어져 가족을 이끌고 통진(지금의 김포)으로 돌아갔다가 그해 6월 바닷길을 이용하여 처가가 있는 전라남도 영광군 삼서면(지금의 장성군 삼서면)의 농장에 도착했다.

심우신은 그곳에서 집안의 하인들과 장정 1백여 명을 뽑은 후 재물을 풀어 의병을 모집했는데 모이는 자가 수천 명에 이르렀다.[148] 그는 '표의' 두 글자로 군기를 만들어 북진하여 황간, 청주, 수원 등지에서 일본군과 싸웠다. 충청도에 이르러 적군과 두 차례 조우하여 모두 격퇴하고 12월에 수원 독성산성으로 들어가 수비했다. 서울에 주둔하던 일본군이 세 차례나 공격해 왔는데 그때마다 복병전술을 구사하여 물리쳤다.

1593년 6월 하순, 일본군 대규모 병력이 진주성을 겹겹으로 에워싸고 조총으로 공격해 올 때 심우신은 진주성 동문의 수문장으로 성곽을 지켰다. 6월 29일 진주성이 함락되는 순간까지 싸우다가 화살이 떨어지고 창이 부러지자 촉석루로 가 최경회, 김천일 등과 더불어 임금이 있는 북쪽을 향하여 네 번 절하고 남강에 몸을 던졌다. 이때 그의 나이 50세였다.

후손들은 심우신의 시신을 찾지 못하였기에 진주성 함락일을 제일(祭日)로 삼고 삼서면 학성리에 초혼장으로 묘소를 모셨다. 진주성에서 6만여 체의 시신 속에 끼어 있다가 살아남은 당시 60세 노인 강씨의 진주성 전투 참상 회고를 심씨 문중의 기록인 '표의사 사적'에서 옮겨 적으면 다음과 같다. 강씨는 연로자이지만 군교(軍校)로 전투에 참가했던 사람이다.[149]

노인 강씨의 진주성 전투 참상 회고
적이 입성할 때에 촉석루에 있던 김천일 창의사가 동문(東門) 파수하던 심우신 장군을 만나서 술을 따라 서로 맹세하고 적을 쏘아죽이다가 힘이 다하자 서로 연달아 물에 빠져 사망하였고 또 왜적은 끝까지 잘 싸우던 우리 군사를 보면 비록 죽었더라도 반드시 옷을 벗기고 그 육신에다 칼로 난도질을 하는 악질 놈들이오. 나의 친족 중에도 김 장군과 같이 전사한 사람이 있기에 적이 옮겨간 후에 시체라도 찾으려 했더니 도무지 알아볼 수가 없이 되었소.

나라에서는 심우신의 충성심과 공훈을 포상하기 위해 영광군 삼서면 학성리에 토지를 하사하고, 진주성 옆으로 흐르는 남강에서 장군의 혼을 거둔 후 장사지냈으며, '장천사'라는 사당을 지어 후손들이 장군의 공적을 기리도록 했다. 장천사는 그 후 앞에서 언급한 것처럼 '표의사'로 개칭하게 된다.

나라에서는 심우신에게 병조참판 겸 동지의금부사의 직위를 내렸다.

○ 전라남도 장성군 삼서면 부구동길 37 (유평리 373 부귀마을)

148) 심상득 편, 『표의사 사적(彪義祠事蹟)』(1990), 7쪽. 그는 2천 석을 수확하는 농토를 처분하여 군기와 군량을 마련했다.

149) 심상득 편, 앞의 책, 12쪽.

18. 장흥

장흥 강성서원

강성서원(江城書院)은 삼우당 문익점(文益漸, 1329~1398)과 그의 후손 풍암 문위세(文緯世, 1534~1600)를 기리기 위해 세운 서원이다. 원래는 임진왜란 때 창의한 문위세를 추모하기 위해 1644년(인조 22)에 사당 월천사(月川祠)를 건립했는데 1734년(영조 10)에 문익점의 위패를 모시면서 그를 중심으로 하고 문위세를 배향하게 되었다.

전라도 지역의 유생 600여 명이 이들의 공덕을 흠모하여 사액(賜額)할 것을 청하는 청액소를 올렸고 정조 임금은 1785년에 '강성(江城)'이라는 사액 현판을 하사했다.

그 후 1868년 서원이 철거되었으나 1894년(고종 31) 후손 문정원·문욱호 등이 설단했으며 1905년에 강당을 중수했다. 1929년에는 사당 숭덕사(崇德祠)를 세웠다. 숭덕사는 정면 3칸, 측면 1칸의 맞배지붕 건물이다. 사당 안쪽 중앙에 문익점의 위패가 있고 왼쪽에는 문위세의 위패를 봉안하고 있으며, 해마다 9월 9일에 제사를 지낸다.

현재의 건물은 탐진댐이 건설되면서 장흥군 유치면 늑룡리 665번지 수몰지역에서 2004년에 이곳으로 옮겨와 새로 지은 것이다.

강성서원은 1984년 2월 29일 전라남도 문화재자료 제70호로 지정되었다.

서원 안내도

강성서원

문위세 신도비(비석 뒤는 외삼문인 숙연문)

(문위세)

문위세는 문익점의 9대손으로 자는 숙장(叔章), 호는 풍암(楓庵)이다. 1567년(명종 22)에 진사가 되었으나 벼슬보다는 학문 연구에 힘썼다.

문위세는 박광전의 손아래 처남으로서 퇴계 이황의 문인이었다. 그는 어릴 때 외숙부인 귤정 윤구에게서 학문을 배웠다.

왜란을 당해서는 박광전·임계영과 더불어 전라좌도 의병 결성에 중요한 역할을 담당했다. 그는 장흥지역에서 세력을 규합하고 자신이 속한 남평 문씨 일문의 참여를 이끌어냈다. 그의 아들 문원개·문영개·문형개·문홍개와 조카인 문희개, 사위 백민수 그리고 종손 문익명·문익화 등이 의병활동에 참여했다.

문위세는 장남 문원개로 하여금 집안 하인 1백 명을 동원하여 군량을 모으는 한편, 강진 출신 이충량을 자신의 부장으로 삼아 조직을 갖춘 후에 보성의 박광전·임계영의 조직에 합류했다.

의병을 일으키고 군량 조달 등으로 공을 세운 그는 1595년 용담현령에 임명되었다. 정유재란 때는 읍민을 동원하여 일본군의 퇴로를 차단하고 일본군과 접전을 벌인 공로로 1600년(선조 33) 파주목사에 임명되었으나 신병으로 인해 부임하지 못하고 별세했다. 사후에 병조참판에 추증되었다.

○ 전라남도 장흥군 유치면 유치로 70 (조양리)

19. 진도

진도 벽파진 전첩비

벽파진은 이순신 장군이 1597년 8월 29일 수군 진영을 장도(獐島)에서 이곳으로 옮긴 이후 명량해전 직전까지 16일 동안 머물면서 작전을 구상했던 곳이다.

이곳에 있는 벽파진 전첩비(碧波津戰捷碑)는 정유재란 당시 이순신이 13척의 전선으로 133척의 일본전함을 물리친 명량해전 승리를 기념하고 진도출신 참전 순절자를 기리기 위해 1956년 11월 29일 진도군민들이 뜻을 모아 건립했다.[150]

진도대교에서 동쪽으로 5킬로미터 떨어진 벽파진 바위 언덕에 서 있는 전첩비는 높이 3.8미터, 폭 1.2미터, 두께 0.58미터의 규모이며, 머릿돌은 높이 1.2미터, 폭 1.2미터, 길이 2.1미터이다.

전첩비는 언덕 위에 솟은 자연 그대로의 바위산 꼭대기를 거북모양으로 깎은 후 받침돌로 삼아 그 위에 화강석으로 비를 세웠다. 전첩비 정면 바로 앞에는 감포도가 보이고 그 뒤로 해남 어란포 마을이 보인다.

벽파진 전첩비는 2001년 10월 30일 향토유형유산 제5호로 지정되었다. 노산 이은상이 글을 짓고 소전 손재형이 글씨를 쓴 전첩비의 비문 내용은 다음과 같다.

150) 벽파진 전첩비 탁본은 해군사관학교 박물관에 있다.

벽파진 전첩비

벽파진 푸른 바다여 너는 영광스런 역사를 가졌도다. 민족의 성웅 충무공이 가장 외롭고 어려운 고비에 빛나고 우뚝한 공을 세우신 곳이 여기이더니라. 옥(獄)에서 풀려나와 삼도 수군통제사의 무거운 짐을 다시 지고서 병든 몸을 이끌고 남은 배 12척을 겨우 거두어 일찍 군수(郡守)로 임명되었던 진도 땅 벽파진에 이르니 때는 공이 53세 되던 정유년 8월 이때 조정에서는 공에게 육전(陸戰)을 명령했으나 공은 이에 대답하되 신(臣)에게 12척의 전선이 남아 있고 또 신이 죽지 않았으매 적이 우리를 업수이 여기지 못하리이다 하고 그대로 여기 이 바다 목을 지키셨나니.

예서 머무신 16일 동안 사흘은 비 내리고 나흘은 바람 불고 맏아들 회와 함께 배 위에 앉아 눈물도 지으셨고 9월 초7일 적선(賊船) 13척이 들어옴으로 물리쳤으며 초9일에도 적선 2척이 감포도(甘浦島)까지 들어와 우리를 엿살피다가 쫓겨 갔는데 공이 다시 생각한 바 있어 15일에 우수영으로 진을 옮기자 바로 그다음 날 큰 싸움이 터져 12척 적은 배로서 330척의 적선을 모조리 무찌르니 어허 통쾌할사 만고에 길이 빛날 명량대첩이여.

그날 진도 백성들은 모두들 달려 나와 군사들에게 옷과 식량을 나누었으며 이천구, 김수생(金水生), 김성진(金聲振), 하수평(河水萍), 박헌(朴軒), 박희령(朴希齡), 박후령(朴厚齡)과 그의 아들 인복(麟福) 또 양응지(梁應地)와 그 조카 계원(啓源) 그리고 조탁(曺鐸), 조응량(曺應亮)과 그 아들 명신(命新) 등 많은 의사(義士)들은 목숨까지 바치어 천추에 호국신이 되었으니 이는 진실로 진도민의 자랑이로다.

이 고장 민속 강강술래 구슬픈 춤과 노래는 의병전술(疑兵戰術)을 일러주는 양 가슴마다 눈물 어리고 녹진 명량 두 언덕 철쇄(鐵鎖) 걸었던 깊은 자욱엔 옛 어른들의 전설이 고였거니와 이제 다시 이곳 동포들이 은공과 정기를 영세(永世)에 드높이고자 벽파진두에 한 덩이 돌을 세움에 있어 나는 삼가 꿇어 엎드려 대강 그때 사적을 적고 이어 노래를 붙이노니
열두 척 남은 배를 거두어 거느리고 벽파진 찾아들어 바닷목을 지키실 제 그 심정 아는 이 없어 눈물 혼자 지우시다.
삼백 척 적의 배들 산같이 깔렸더니 울돌목 센 물결에 거품같이 다 꺼지고 북소리 울리는 속에 저 님 우뚝 서 계시다. 거룩한 님의 은공 어디다 비기오리. 피 흘린 의사혼백 (義士魂魄) 어느 적에 사라지리. 이 바다 지나는 이들 이마 숙이옵소서.

단기 사천 이백 팔십 구년 팔월 이십구일　진도군민 세움

일본수군 여러 부대는 지상군 좌군(左軍)과 함께 남원읍성 전투에 참가한 다음 전주까지 북상했다. 그러나 전주를 방어하던 명나라군이 퇴각하자 일본수군은 경상남도 하동으로 내려와 배를 탔고, 이후 함대별로 움직이기 시작했다. 수군 총대장 도도 다카토라가 이끄는 함대는 1597년 8월 하동에 도착하여 휴식을 취한 다음 9월 초순 서쪽 해안을 향해 출발했다.

몇 척 되지 않는 조선수군함대를 토끼몰이 하듯 쫓아온 일본수군함대는 9월 7일 오후 벽파진에 정박해 있는 조선수군함대를 공격해 왔다. 조선수군의 반격을 받고 퇴각했던 일본수군함대 10여 척은 이날 밤 늦게 다시 공격해 왔다가 피해를 입고 도주했다. 이들 일본함선 10여 척은 일본수군이 남원과 전주 등지를 점령하기 위해 북상했다가 소기의 목적을 달성한 후 수륙병진을 위해 남해안 서남단 해역으로 내려온 병력의 일부이다.

벽파진 전첩비

벽파진 전첩비에서 내려다본 벽파항

벽파진 전첩비

○ 전라남도 진도군 고군면 벽파리 682-4

진도 정유재란 순절묘역

진도는 임진왜란 때 일본군의 공격을 받아 많은 희생자를 냈는데 정유재란 때는 진도에서 가까운 울돌목(명량)을 중심으로 해상전투가 전개되면서 다시 많은 희생자가 발생한 곳이다.

1597년 9월 15일 진도 벽파진에 도착한 이순신 장군은 이튿날인 16일 명량해전에서 승리를 거두었으나 함대 보전을 위해 곧바로 서쪽 바다로 후퇴했다. 이 때문에 해남 전라우수영과 진도는 뒤쫓아 온 일본수군의 공격을 받았다. 당시 진도지역 관군은 군수 송덕일(宋德馹)의 지휘하에 반격했으나 전투과정에서 수많은 사상자가 발생했다.

진도군 고군면 도평리 송우산 기슭에 정유재란 순절묘역이 있다. 정유재란 때 나라를 위해 목숨을 바친 진도군 내 사족인 조응량(曺應亮)을 비롯한 전사자들의 무덤으로 모두 230여 기이다. 일부 무연고자의 묘가 섞여 있기는 하나 대부분 정유재란 때 순절한 사람들의 무덤이다.

이곳은 진도군 설군(設郡) 당시인 1440년대 지역의 토반인 창녕 조씨와 김해 김씨에게 하사된 땅이었다.[151] 묘역 일원에는 진도 출신 인물인 조응량과 그의 아들 조명신(曺命新), 박헌(朴軒), 김성진(金聲振), 김홍립(金弘立) 등이 있고 이름 없이 종군했던 현지 향민 의병들의 무덤도 널려 있다.

명량해전 등 해전에서 순절한 사족들에 관해서는 각 문중의 족보 등에 기록이 올라 있으나 이름 없이 종군했던 현지 향민들의 공헌은 기록으로 남아 있지 않다. 이 묘역에 묻힌 봉분 가운데 16기 이외에는 주인 없는 무덤들이다.

묘역에는 1597년 8월의 남원전투에서 전사한 김해인・김성진 등 임란공신을 포함한 진도 출신 병사들의 묘가 있고, 명량해전에서 공을 세웠으나 적을 소탕하던 중 배가 전복되어 전사한 조응량・조명신 부자의 묘비석도 있다. 시신이 수습된 전사자는 안장되었지만, 시신이 바다로 흘러갔거나 행방불명된 참전자는 초혼장(招魂葬)을 치르고 조성한 봉분들이다. 1995년부터 관청에서 이곳 묘역을 관리하고 있다.

정유재란 순절묘역은 2001년 9월 27일 전라남도 문화재자료 제216호로 지정되었다.

151) 진도군청 자료(2010).

묘역 입구

정유재란 순절묘역

묘역

○ 전라남도 진도군 고군면 도평리 산 117-3

진도 충무공 이순신 동상

진도대교는 진도군 군내면 녹진과 해남군 문내면 학동 사이에 놓인 길이 484미터, 폭 11.7미터의 사장교로 1984년 10월 18일에 준공되었다. 2005년 12월 15일에는 바로 옆에 제2진도대교가 개통되었다. 다리 아래에 울돌목 물살이 거칠게 흐르고 있다. 명량해협의 길이 약 1.3킬로미터, 입구 쪽의 폭 약 650미터, 해협 중 가장 넓은 곳 605미터, 가장 좁은 곳 295미터이나 양안에 암초가 있어 실질적인 폭은 120미터에 불과하다.[152)]

해남 우수영 명량대첩기념공원에서 진도대교를 지나 진도로 들어가면 바로 울돌목 해양에너지공원과 이충무공 승전공원이 나타난다. 공원 끝부분에 규모가 제법 큰 이순신 동상이 울돌목을 바라보며 호령하는 자세로 서 있다. 2005년에 시작된 충무공 동상 조성공사는 2008년 10월 11일에 마무리되었다. 동상의 높이는 30미터(좌대 15미터, 동상 15미터)이다.[153)]

152) 도현신, 『임진왜란, 잘못 알려진 상식 깨부수기』(서울: 도서출판 역사넷, 2008), 210쪽.

153) 동상 건립에 청동 30톤이 재료로 사용되었다. 조각가 원유진의 작품이다.

명량해전이 있던 울돌목 바다를
향해 서 있는 충무공 이순신 동상

○ 전라남도 진도군 군내면 녹진리 이충무공 승전공원

20. 함평

함평 팔열부 정각

1597년 정유재란 때 함평군 월야면 월악리에 거주하던 동래 정씨와 진주 정씨 두 문중의 사람들은 피난을 가던 중 일본군의 추격을 받게 되자 일부는 포로로 잡혔고, 일부 부녀자들은 정절을 지키기 위해 영광 칠산 앞바다에서 투신했다. 투신한 사람들 중에는 정절을 지킨 여덟 명의 정씨 문중 열부・열녀가 있었는데 이들을 추모하기 위해 1681년(숙종 7)에 세운 정각이 팔열부 정각(八烈婦旌閣)이다.[154)]

팔열부는 진주 정씨 정함일(鄭咸一)의 부인 함평 이씨, 정함일의 딸 진주 정씨, 진주 정씨 정경득(鄭慶得)의 부인 박씨, 진주 정씨 정희득(鄭希得)의 부인 이씨, 동래 정씨 정운길(鄭雲吉)의 부인 함양 오씨, 진주 정씨 정주일(鄭主一)의 부인 이씨, 정절의 부인 김씨, 진주 정씨 정호인(鄭好仁)의 부인 이씨 등이다.

정각은 앞면 3칸, 옆면 1칸 규모이며, 지붕은 맞배지붕이다. 현재의 정각은 1986년에 개축한 것이며, 내부에는 팔열부 명정 판액과 기문 등 10개의 현판이 걸려 있다.

팔열부 정각은 1975년 5월 22일 전라남도 기념물 제8호로 지정되었으며, 진주 정씨 문중에서 관리하고 있다.

정각 건너편에는 동래 정씨 문중에서 세운 '동래 정씨 삼강비'가 자리하고 있는데 비를 건립한 내력은 다음과 같다.

---

154) 팔열부 정각은 이곳 함평에 있고, 팔열부의 순절지인 영광군 백수읍 대신리 묵방포 바닷가에는 팔열부 순절지비가 있다.

동래 정씨 삼강비 입비 내력(立碑 來歷)

우리 동방은 고래로 충효열의 삼강을 인륜도덕의 근본으로 여겨 왔으나 이를 몸소 실천하기란 쉬운 일이 아니다. 그러나 우리의 동래 정씨 중에는 삼강을 수범하여 사적(史籍)에 명망을 남기시고 종중(宗中)을 빛내신 조선(祖先)이 계심을 후손들은 다시금 칭앙(稱仰)하고 귀감으로 삼고자 여기에 삼강비를 세워 유지를 전하고자 한다.

도사공(都事公)의 휘는 운길(雲吉) 자는 응룡(應龍)이니 휘 지원(之遠)의 18세손이다. 공의 현조(玄祖) 휘 흠지(欽之)의 시호는 문경공이시니 세종 대에 형조판서와 대사헌을 역임하셨고 경사 천문에도 밝으시어 세종의 신임을 받으셨다. 또 공의 고조 휘 갑손(甲孫)의 시호는 정절공이시니 1417년 정유 문과에 급제하시어 역시 세종 대에 예조참판과 대사헌을 지내시며 대강(臺綱)을 바로잡으시고 이어 이조판서와 좌찬성을 역임하셨는바 1451년 신미 6월 26일에 졸하시매 중종 대에는 청백리로 녹선되셨으니 역사에 위명이 혁혁하시다. 도사공은 바로 그 현손이시니 유시로부터 여력(膂力)이 비범하고 겸(兼) 전무예(全武藝)하여 사마에 합격하신 뒤 의금부 도사를 지내시고 평생을 충의로 일관하셨다.

처음 상주(尙州)에 거하실 때 임란을 당하여 정기룡이 찾아와 이르기를 그대만은 평생 충의를 지켜왔으므로 가히 모사(謀事) 할 수 있으리라 하였다. 이에 공은 누세로 국은을 입은 내가 어찌 몸을 아낄손가 하시고 공모(共謀) 작전하여 일거에 수십 적도(賊徒)를 참살하고 현 함평 월악으로 남하하셨다. 그 뒤 다시 정유재란 시 패왜(敗倭)가 현 장성 우치(牛峙)에 유둔하고 있다는 소식을 들으시고 공께서는 장검(杖劒)을 들고 달려가시어 나는 상주의 정모(鄭某)인데 너희 무리를 섬멸하지 못한 것이 분한(憤恨)이로다 대호(大呼)하시고 토적하시다가 마침내 순절하셨다.

한편 도사공의 배위 함양 오씨께서는 천지가 망연하여 11세 된 손자(증 좌승지 공) 휘 재흥(再興)과 외척 제인(諸人)을 거느리고 영광 칠산해(七山海)를 도항 피난하시다가 적선(賊船)을 만나자 죽어서 의를 지킬지언정 어찌 욕(辱)을 당하랴 하시며 쟁선투신(爭先投身)하시어 순절로써 열(烈)을 수범하셨다. 이 같은 단심정절이 광해조(光海朝) 때의 동국 신속 삼강행실 열녀도(東國新續三綱行實烈女圖)에 12열부의 1인으로 수록되어 지금도 전하니 어찌 자랑이 아니리오. 뿐더러 도사공의 아드님 집의공(執義公)은 효행의 본을 남기셨다. 공의 휘는 돈(燉) 자는 명원(明遠)으로 1557년 정사 12월 1일에 탄생하셨으니 역시 기절(氣節)이 탁락(卓犖)하고 충의가 출중하셨다. 도사공이 우치(牛峙)에서 우해(遇害) 되시자 공은 혀를 깨물며 우리 부자는 여귀(厲鬼)가 되어 나라의 원수를 갚으리니 나의 검적(劍鏑)을 받으라 대노하시며 진중으로 돌진하여 수십 급을 격살하였으나 중과부적으로 순절하시니 이날은 1597년 정유 8월 29일이었다.

시랑(豺狼)같은 왜적들은 기의(其義)를 장히 여겨 적시(積屍) 중 양시(兩屍)에만은 충신 정모(鄭某) 효자 정모지시(鄭某之屍)라고 표지(標識)하여 놓았으므로 왜적이 후퇴한 뒤 노노(老奴) 일선(一先)이가 부자의 시신을 거두어 고장(藁葬)하였다. 일선은 또한 칠산 바다에서 적에게 피체(被逮)되어 5년여 왜국에 억류하신 집의공의 독자 증 좌승지 공 휘(諱) 재흥을 환국토록 한 일에도 고심진력한 덕으로 오늘날 우리 후손이 번연(蕃衍)케 되었으니 참으로 그의 노공(勞功)을 잊을 수 없다. 서상(敍上)의 삼강 행적은 좌승지 공 유서에 소상하기에 다만 전말을 약기(略記)하여 자손 누대로 조선(祖先)을 흠모경앙케 하고자 할 뿐이다.

서기 1989년 11월 26일

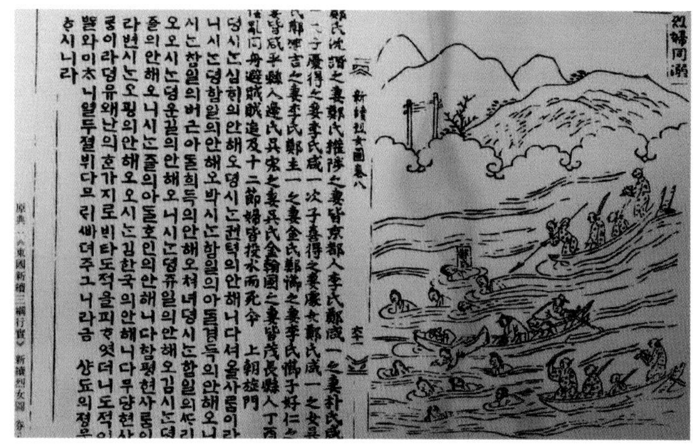

12정렬부 순절도
(접근하는 일본군 병사들과 바다에 투신한 여인들)

동래 정씨 삼강비와 입비 내력(왼쪽)

팔열부 정각

팔열부를 애통해하는 글

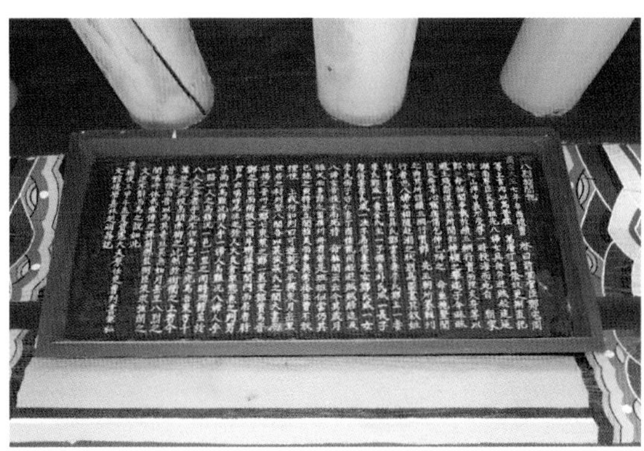

팔열부 정려기

팔열부 정각

(월봉해상록 기록)

앞에서 본 팔열부 명단에는 포로가 되어 일본으로 끌려간 정경득의 부인과 정희득의 부인도 포함되어 있다. 피난하던 일행 중 정씨 형제는 포로로 끌려갔고 그 부인들은 정절을 지키기 위해 바다로 뛰어들었다.

정경득의 본관은 진주이며 전라도 함평에서 출생했다. 정운길과 그의 아들 정돈이 8월 29일 우치에서 일본군과 싸우다가 살해당했다는 소식이 전해지자 정경득 등은 가족을 데리고 배편으로 피난하던 중 9월 27일 영광군 연해에서 일본군의 포로가 되었다. 이때 정씨 형제의 어머니와 아내, 제수, 누이가 정절을 지키기 위해 물로 뛰어들었다. 정경득의 동생 정희득은 이때의 상황을 '월봉해상록'에서 다음과 같이 적었다.155)

월봉해상록에 묘사된 상황
배가 칠산 앞 바다에 이르러 갑자기 적선이 나타났다. 사공의 놀란 고함소리에 온 배에 탔던 사람이 창황실색했다. 어머님께서 형수 박씨와 아내 이씨, 시집 안 간 누이동생에게 이르기를, '추잡한 일본군이 이렇게 닥쳤으니 앞으로의 일을 예측할 수 없구나. 슬프다. 우리 네 부녀자가 대처할 방도는 죽음 하나만이 생사 간에 부끄럽지 않게 할 뿐이다' 하시니, 아내 또한 낯빛도 변함없이 늙은 어머니께 하직을 고하고는 나를 돌아보며 이르기를, '지성이면 하늘도 감동한다 하오니 당신은 조심조심 몸을 아껴 형제분과 함께 아버님을 모시고 꼭 생환토록 하시오. 이것이 바로 장부의 할 일입니다. 간절히 비옵니다' 했다. 드디어 어머니, 형수, 누이동생과 더불어 앞을 다투어 바다에 몸을 던졌다. 우리 형제는 적이 배 안에 묶어두어 죽으려야 죽을 수도 없었으니, 망극하고 통곡할 뿐이었다. 법포(法浦)에서 피란하던 배가 바둑판을 벌여 놓은 듯했는데, 어찌하여 우리만이 이 지경에 이르렀는가? 하늘을 부르짖고 땅을 쳐, 간장이 찢어질 듯했다.

이들 정씨 형제의 부친과 몇몇 아이들은 노약하여 석방되었지만 자신들은 일본 도쿠시마(德島)로 끌려가 장기간 억류생활을 하게 되었다. 정씨 형제는 한시(漢詩)를 잘 지었기에 일본인들에게 가객(歌客)으로 대접받을 수 있었다. 포로로 잡혀간 사람들은 대부분 일본인의 집에서 하인 노릇을 했는데 정씨 형제는 이를 모면할 수 있었다.156)

정경득·정희득과 이들의 족질 정호인(鄭好仁)·정호례(鄭好禮) 형제는 함께 끌려갔다가 류오(柳澳), 주현남(朱顯男), 유여굉(柳汝宏), 임득제(林得悌) 등과 함께 귀국할 기회를 얻게 되었다.157) 정씨 형제는 1599년 6월 29일 전라도 출신의 포로쇄환 명단에 포함되어 귀국했다.

정씨 형제는 귀국 후에 사마시에 응시하여 상급 시험을 볼 수 있는 자격을 얻었지만 광해군의 인목대비 폐비사건에 반대한 것이 원인이 되어 응시 자격을 박탈당한 후 고향

155) 국립진주박물관, 『새롭게 다시 보는 임진왜란』(서울: 삼화출판사, 1999), 171쪽에서 재인용.

156) 국립진주박물관, 앞의 책, 172쪽.

157) 이채연, 앞의 책.

에서 은둔생활을 했다.[158]

정씨 형제는 포로 경험을 적은 체험수기를 남겼는데 형 정경득은 만사록(萬死錄), 동생 정희득은 '월봉해상록(月峯海上錄)'을 남겼다.[159] 이들 형제의 족질이자 함께 잡혀갔던 정호인(鄭好仁)도 정유피난기(丁酉避難記)를 썼다. 이들의 기록은 같은 시기에 경험한 바를 적었기에 유사한 부분이 많은 것으로 알려졌다.

○ 전라남도 함평군 월야면 월악리 155

158) 국립진주박물관, 앞의 책.

159) 이채연, 『임진왜란 포로 실기연구』(서울: 박이정출판사, 1995), 84쪽.

21. 해남

해남 만의총

옥천면 성산대교들에 자리하고 있는 만의총(萬義塚)은 본래는 삼국시대 지방 호족의 묘역이었다. 이곳에 정유재란 때인 1597년 9월 13일부터 15일까지 3일간 성산대교들에서 고니시 유키나가가 이끄는 3만 명의 일본군을 맞아 싸우다가 순절한 1만 명의 의병과 백성들의 시신을 묻고 그들의 넋을 위로하고 있다.[160] 전투가 벌어진 시점은 명량해전(1597. 09. 16.) 직전이다.

임진왜란 때 전라도 지역을 점령하지 못해 승리하지 못했다고 판단한 도요토미 히데요시는 1597년 정유년에 대군을 편성해 다시 침공해 왔으며 먼저 전라도 지역을 공략했다. 일본군 우군(右軍)은 전주읍성을, 좌군(左軍)과 수군(水軍)은 남원읍성으로 진격했다.

전라병사 이복남과 명나라 부총병 양호(楊鎬)가 이끄는 4천 명의 병사와 6천 명의 주민들은 남원읍성에서 결사 항전했으나 8월 16일 읍성은 함락되고 병사들은 전멸했다. 남원읍성과 전주읍성을 차례로 함락시킨 고니시 유키나가는 칠천량해전 이후 사실상 무력화된 조선수군을 완전히 궤멸시키고 전라도를 장악하기 위해 병력을 북쪽과 서쪽 양쪽에서 동시에 진군시켜 해남 우수영으로 향했다.

남원읍성을 함락한 일본군은 그 중 일부 병력이 수군이었는데 그들은 경상남도 하동으로 내려와 함선을 타고 서진하여 조선수군을 쫓았고, 지상군은 우수영이 있는 해남을 향

160) 성산대교들 전투를 뒷받침하는 문헌자료는 거의 없다. 다만 마을 주민들의 구전에 의해 전투의 실상이 전해져 내려오고 있다.

해 남진했다. 바다와 육지에서 동시에 공격하여 조선수군의 맥을 끊기 위함이다.

그러나 칠천량해전에서 조선수군을 궤멸시킨 뒤 300여 척의 전함을 이끌고 추격해 온 일본수군은 명량해전에서는 이순신 장군이 이끄는 13척의 조선수군함대에게 크게 패했다.

(성산대교들 전투)

해남은 일본군 주력부대의 전라도 침입과 명량해전 이후 남원에서 남하하는 일본군으로 인해 전 지역이 전쟁의 소용돌이에 휩싸이게 되었다.

제해권을 장악하지 못한 일본군은 해남을 장악한 후 다시 조선수군을 공격한다는 전략을 세우고 3만 대군을 해남으로 진격시켰다.

한편 장흥·강진·영암에서 모여든 4천 명, 해남지역 2천여 명 등 윤륜(尹綸)·윤신(尹紳) 형제가 이끄는 6천여 명의 의병들은 해남 옥천의 성산대교들에 집결해 일본군과 전투를 벌였다.[161)]

밀려오는 일본군에 맞서 달마산에서 접전을 벌였던 윤현(尹俔)·윤검(尹儉) 형제가 이끄는 의병 2천여 명은 윤륜 등의 의병부대와 합세하기 위해 옥천 성산에 당도했다. 윤륜·윤신과 그 조카들이 중심이 된 의병들이 일본군에 맞서 중과부적으로 몰리고 있던 때에 윤현·윤검 의병들이 참전한 것이다. 여기에 해남 대흥사 방면의 김인수가 이끄는 1,500여 명도 합류했다. 의병 지원군의 참여로 전세는 호각지세를 보였다.

그러나 어란진에 상륙하여 북상 중이던 일부 일본군이 합세하자 전세는 다시 불리해졌다.

이곳 성산대교들에서 조우한 의병과 일본군은 3일간 전투를 벌였고 이 전투에서 살아남은 의병은 거의 없었다. 일본군 또한 타격을 입었다.

윤륜·윤신은 조카 윤치경과 윤동철 등과 함께 전사했다. 치열했던 전투가 종료된 후 의병들의 시신을 거두어 합장한 것이 지금의 만의총이다.

성산대교들 여기저기에 의병들의 무덤이 산재해 있었는데 세월이 흐르면서 풍파에 시달리고 경작지로 활용되면서 그 흔적을 잃어왔다. 일제강점기에 무너져 내린 무덤도 많았는데 광복 후에 지역의 뜻있는 주민들이 남아 있는 무덤들마저 인멸되지 않을까 하는 우

161) 지역별 의병의 수는 해남 윤씨 종친회 자료와 만의사지총 비문에 있는 내용이 조금 다르다. 하지만 전체 의병의 수는 9,500명에서 1만 명 정도여서 엇비슷하다. 윤륜은 윤경우와 나주 나씨 사이에서 셋째 아들로 출생했다. 선조 임금을 호위하여 의주에 갔던 윤륜은 1593년 10월 1일 조정의 서울 환궁과 더불어 고향에 돌아왔다. 그때 윤륜의 아우 윤신은 1592년 이래 의병을 창의하여 병치재에 연병장을 열고 훈련에 여념이 없었다. 1597년 윤륜이 잠시 휴가를 얻어 고향에 와 있을 때 정유재란이 발발했다. 임금을 모셔야 했지만 상황이 여의치 못해 남해안에서 북상하는 적군을 차단해야겠다고 결심하고 동생 윤신과 조카 윤치경·윤동철 등과 함께 의병을 일으켰다. 해남 윤씨 종친회 '부장공 윤륜'(http://cafe.daum.net/yunssi/). 윤륜, 윤신, 윤현, 윤검 형제에 관련해서는 그들의 활동을 뒷받침할 수 있는 충분한 자료가 확보되어 있지 못하다.

려에서 묘역을 관리해 왔다.

1990년 도로변의 묘 1기가 정비되었고, 1997년에 그 부근의 묘역을 정비하여 현재 임진왜란 의병과 관련된 만의총은 2기가 남아 있다. 편의상 도로변에 조성되어 있는 만의총을 '만의총'이라 하고 도로 건너편에 있는 두 번째 만의총을 '만의사지총(萬義士之塚)'이라 부르고자 한다.162)

2기의 만의총은 문화재법상의 문화재로 지정되어 있지는 않으나 2001년 11월 7일 해남군 향토유적 제6호로 지정되어 해남군청의 관리대상 유적으로 되어 있다.

옥천 성산 만의총

성산리(星山里) 대교들에 위치한 이 무덤들은 본래 6기가 있었다고 전해지나 1960년대에 경지정리작업으로 소멸되고 현재는 3기만이 남아 있다.

현재는 만의총(萬義塚)으로 불리고 있으며 역사적인 전거는 미약하다. 다만 1597년 발생한 정유재란 때 우리 지역에서 창의한 의병들과 왜군들이 교전하여 쌓인 시체가 산을 이루었고 마을에 남아 있던 남녀노소의 주민들이 시신을 거두어 합장하고 만의총이라 이름 하였다는 구전만이 전하고 있을 뿐이다.

옥천주민들은 그날의 충절을 기리기 위해 매년 음력 10월 10일에 향사하고 있다.

만의사지총 비문

대저 여기에 비를 세워 기록하는 것은 옛날부터이다. 서경에 이르기를 7세(7世)를 모신 사당에서 그 아름다운 덕행을 7척의 비에서 볼 수 있다 하더니 어허 여기 만의사의 몸부림에서 또한 그 충절을 볼 수 있다 하겠다. 이곳은 선조 30년 정유왜란 때에 창의 모병하여 살신성인하신 충절의 유구한 역사와 전적을 지닌 유적지로서 합장한 묘이다.

왜적은 선조 임진난 때 전라도 지방을 침공해오다 금산전투에서 7백의사의 최후 1인까지 싸우는 것을 보고 그만 전라도를 침공해오지 못하였다. 왜적은 정유 재침을 하면서 전라도를 침공한 후 북진할 계획으로 수륙 양병이 해남을 공격해 왔다. 우리 군대는 해남에서 양성한 의병이 3천 명, 영암의병이 1천2백 명, 강진의 의사 2천5백 명, 보성 장흥의 모의장병 2천 명, 송백현산에서 창의장병이 1천5백 명 약 1만 명이었다.

적은 5만 6천 명이 8월 13일부터 15일까지 남원성을 침공했고 계속 남침하여 왜적 2만여 명이 마침내 9월 13일부터 15일까지 3일간을 치열한 격전 끝에 거의 전사하고 왜병은 패하여 달아났다. 우리 의병장은 왜적을 추격하여 강진 장흥에서 순절했다.

한편 수군통제사 충무공 이순신은 9월 12일에 진도 벽파진에 도착하여 15일에 벽파에서 왜적선과 전초전을 하였으며 16일에 명량해전의 대첩을 거두었다. 이날 만일 옥천평야에서 만의사의 치열한 격전이 아니 있었다면 이 명량대첩이 어찌 이루어졌겠는가. 이곳 옥천평야는 해남 수성(守城)의 보루지요 명량대첩의 전초지로 우리 민족의 등불이 될 유적이며 이날 만의사의 전사는 위국진충의 고귀한 희생이요 혁혁한 수훈으로 우리 청사에 영원히 빛날 영혼의 무덤이다.

왜적이 물러간 뒤 사람들이 울며 시신을 거두어 여러 무덤을 합장하고 만의사의 몰무덤이라 이름 하여 오다가 왜정 때 퇴비(頹圮)되어 여기저기 산재한 6기가 잔재하였더니 광복 후 과도 년간에 수 3기가 없어져서 인근마을의 뜻있는 선비들이 마음 아프게 생각하고 이 전적지마저 장차 인멸될까 걱정하여 묘역에 나무를 심고 주민들이 뜻을 모아 관리해오다가 지난 1990년 군(郡)의 협력을 얻어 도로변의 묘 1기를 단장하고 1996년 춘(春) 유적보존회를 조직하여 주잔 헌화(酒盞獻花)를 드리고 있다.

아 아쉽고 한탄스러운 일이다. 이 대교들 전투가 남원전투와 금산전투에 어찌 우열이 있겠는가. 오랜 세월 밝은 빛을 보지 못하고 수백 년 원한 속에 비바람에 시달리며 황폐해가는 충절의 무덤은 참으로 천도(天道)를 의심케 하였다. 통한히 여기지 않는 이 없던 터에 때마침 천리가 회운하여 1997년 군(郡) 당국의 각별한 배려로 이곳 묘 1기를 수치(修治)하고 이 비를 세워 만의사의 충의고절을 재조명하여 온 세상에 널리 천양하여 그늘에서 헤매던 원혼을 위안함과 동시에 우리 후진들에게 나라와 민족을 사랑하는 충의정신을 일깨워주고 우리 삶을 이끌어주는 길이 되는 것이다.

---

162) 첫 번째 만의총이 있는 성상리 마을의 주민은 이곳에서 조금 떨어진 곳에 세 번째 봉분이 있기는 하지만 그곳은 임진 의병과는 관련이 없다고 했다.

이에 명(銘) 왈(曰) 왜적들 날뛰어 선조 임진 정유 전란 일으키니 온 나라 어지러웠네. 우리 고장 만의사(萬義士) 의분(義奮)에 함께 맹서하고 적과 싸워 살신성인의 피를 뿌리셨네. 쌓인 시체 산 같으니 옥천평야 대교들에 합장되시었다. 춘추대의 빛날 업적 구국 홍업 남기셨네. 위국충절의 혼백 묻히신 곳 7척 비에 글을 새겨 천만 년 밝히리라.

단기 4331년 4월 국사편찬위원회 사료위원 윤재진 근찬

해남 윤재혁 근서 만의총 유적보존회 근수

만의총

만의총 길 건너에 있는 만의사지총
(사진 중앙 비닐하우스 사이의 봉분)

만의사지총

○ 전라남도 해남군 옥천면 성산리 500-1

해남 명량대첩기념공원

해남 우수영 국민관광지는 명량대첩기념공원, 충무사, 우수영 성터 등으로 이루어져 있다. 이 중 명량대첩기념공원은 조선수군의 사기를 크게 높인 명량해전을 기념하기 위해 울돌목 일대를 정비하여 성역화한 곳이다.[163)]

1597년 4월 1일 감옥에서 풀려나 백의종군하던 이순신은 경상남도 진주에서 삼도 수군통제사 임명장을 받은 후 길을 서둘러 장흥 회령포로 갔다. 회령포에서 12척의 전함을 수습한 이순신은 선단을 이끌고 해남 이진, 어란포, 진도 벽파진을 거쳐 해남 전라우수영에 도착했다.

비슷한 시각에 일본 지상군은 해남 방면으로 내려오고 있었고, 일본수군은 조선수군의 궤적을 따라 좇아오고 있었다.

우수영 안내(⑤ 전라우수영, ⑩ 충무사, ⑮ 동헌 터, ⑯ 명량대첩비)

163) 해남군, 〈명량대첩 기념공원〉.

해남 출신 임진·정유·병자 삼란 구국공신 충혼비

회령포 결의 조각상

명량대첩의 의의

전시관

(전라우수영)

고려시대 말기인 1377년(우왕 3) 조정은 무안 당곶포에 수군처치사영(水軍處置使營)을 설치했다. 그 후 조선 조정은 1440년(세종 22) 해남 황원곶 현재의 위치로 수군 진영을 옮겼으며 1465년(세조 11)에 수군절도사영(水營)으로 승격시켰다.

1479년(성종 10)에는 순천 내례포에 전라좌도 수군절도사영(左水營)을 설치하고 이곳 해남의 수영은 전라우도 수군절도사영(右水營)으로 편제했다.[164)]

전라도 서남해안이 광범위한 탓에 효율적인 왜구 방비를 위해 여수에 좌수영, 이곳 해남에는 우수영을 설치한 것이다.

우수영은 임진왜란 때 전라우도 연해지역 14관을 관할했을 만큼 군사적인 기능과 역할이 중요시되던 곳이다. 우수영의 군비로는 내아 제승당 등 20여 개의 각종 시설과 누정이 있었다. 군기고 터, 군량고 터, 영창 터, 우물터 등이 있었으나 대부분 소멸되고 현재는 우물터와 성곽 일부만 남아 있다.[165)]

전라우수영 성터는 1992년 3월 9일 전라남도 기념물 제139호로 지정되었다.

164) 정유재란 당시 전라좌도 수군절도사영(좌수영)은 여수로 옮겨졌다.

165) 해남군, 『해남군사』(1995).

명량대첩탑

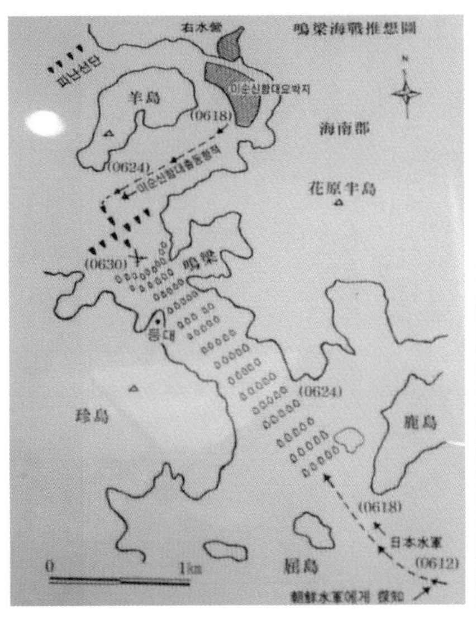

명량해전도

고뇌하는 이순신상(뒤의 다리는 진도대교)

충무공 어록비

정충량·김세호 등의 판옥선 수리

조응량·조명신 부자의 용전상(勇戰像)

마하수 일가 5부자상

쇠사슬 감기 틀

(명량해전)

해남 어란진은 작은 어촌마을이지만 군사적 요충지로 인식되어 조선시대에 수군의 무관 만호들이 주재했던 곳이다.

1597년 명량해전 직전에는 조선수군이 8월 24일부터 8월 28일까지 진영을 설치했었고 조선수군이 떠난 뒤에는 뒤쫓아 온 일본수군이 9월 7일부터 9월 16일까지 우수영의 조선수군을 공격하기 위해 일시적으로 근거지로 삼았던 곳이다.

9월 7일 어란진 앞바다에 전함, 보급선, 연락선 등 500여 척의 일본수군함대가 집결했다. 탐망 군관 임준영과 김중걸 등으로부터 일본군의 동향을 전해들은 이순신은 상황이 급박해지고 있음을 알고 9월 15일 본진을 벽파진에서 해남군 문내면의 전라우수영으로 옮겼다.[166] 조선수군이 보유한 적은 수의 전선으로 일본수군에 맞서 싸우는 것은 어려운 일이고 또한 울돌목의 좁은 수로를 지나는 급류를 등지고 해전을 벌일 수는 없었기 때문이다. 전라좌수사로 재직할 때부터 울돌목의 지형조건을 파악하고 있던 이순신은 이때 명량해협의 급한 물살을 이용하는 전략을 구상했다.[167]

한편 일본함대는 9월 16일 조류가 잠시 멎는 정조(停潮) 시간대인 오전 7시경 구루시마 미치후사(來島通總)의 지휘하에 어란진을 출발하여 밀물을 타고 조선수군이 진을 치고 있는 명량 우수영을 향했다.[168] 조류는 곧 북서류로 바뀌어 일본함대가 우수영 앞바다로 진입하기에 좋은 상황이 되었다.[169]

2개월 전인 7월 16일에 있었던 칠천량해전에서 조선수군이 보유하고 있던 전함이 거의 궤멸된 상태에서 명량해전을 앞두고 조선수군이 가지고 있는 전력은 전함 13척이 전부였다. 일본함대가 어란진을 출발했다는 척후병의 보고가 우수영에 접수되자 13척의 전함은 일본 함대와 맞서 싸우기 위해 우수영을 출발하여 명량해협으로 나아가 울돌목 좁은 수로에서 일자진(一字陣) 대형으로 함대를 전개했다.

일본함대는 어란진에서 울돌목 부근까지 온 후 해협 앞에서 세키부네 133척을 전위로 보내고 나머지 함선들은 후위에 포진했다. 이들 133척이 울돌목을 지나 우수영 앞바다로 진격해 오면서 해상 전투가 시작되었다. 이때가 오전 11시경이다.

---

166) 이순신은 9월 14일자 난중일기에서 김중걸의 말이 모두 믿기는 어려우나 그럴 수도 있기에 전령선을 우수영으로 보내어 피난민들을 육지로 올라가게 하라고 했다고 적었다.

167) 이때 조선수군이 쇠사슬 두 줄을 울돌목에 장치했다고 전한다. 실제로 쇠사슬이 설치되고 일본군 격퇴에 사용되었는지에 대해서는 논란의 여지가 있으나 그 사실이 구전으로 마을 주민들 사이에서 전해져 내려왔기에 이를 무시하기는 어려운 일이다.

168) 제장명, 앞의 책, 226쪽.

169) 제장명 등 연구자들은 이 시각을 오전 9시에서 10시경으로 보았다.

이에 이순신이 승선한 판옥선 전함이 먼저 앞으로 전진했고 일본전함들은 이순신이 승선해 있는 판옥선을 포위, 공격하기 시작했다. 처음에는 이순신이 승선한 전선만이 선봉에서 싸우는 위태로운 상황이 전개되었으나 이순신이 신호 깃발을 사용하여 뒤처져 있는 다른 전선들을 앞으로 불러내자 안위・김응함 등이 먼저 나오고 그 뒤를 따라 다른 전선들이 돌진하면서 접전이 벌어졌다.

일본함대는 우수영 방향으로 흐르는 밀물을 타고 울돌목에 진입하여 작전에 돌입했는데 시간이 지나면서 조수의 흐름이 썰물로 돌아섰다. 물의 흐름이 바뀌는 것을 본 이순신이 병사들에게 적극 대응할 것을 명령하니 조선수군은 각종 화포를 발사하며 공격을 가했다.

일본수군 장수 구루시마 미치후사[일명 마다시(馬多時)]가 승선한 전함이 격파되면서 구루시마가 물에 빠졌다. 이순신과 같은 배에 승선해 있던 항왜 준사(俊沙)에 의해 구루시마가 확인되자 수군병사 김돌손이 그를 배 위로 건져 올렸다. 구루시마는 곧 참살당했고 그의 목이 효수되자 일본수군의 사기는 크게 저하되었다.170)

이날의 해전을 정리해보면, 300여 척의 일본함선이 우수영을 향해 출동했고 이 중 200척은 명량해협 어란진 방향 밖에서 대기하고 나머지 133척이 해협으로 진입했다. 오전 11시경 133척 중 선발대로 31척이 먼저 나서서 공격해왔다. 이들 31척은 조선수군의 화포공격으로 전부 격침됐다.

전의를 상실한 나머지 102척도 후퇴하다가 피격되어 90척이 대파되고 10여 척만 온전히 방향을 바꾸어 퇴각했다. 격침된 배의 일본군 전사자는 최소 3,500명으로 추산되었다. 도주한 배에도 전사자가 있을 것이기에 이를 추산해보면 일본 수군 9천 명이 배에 타고 왔다가 절반 정도인 4,500명이 조선군의 포격이나 화살에 맞아 전사하거나 익사한 것으로 추정되었다.

조선수군의 경우 함선은 단 한 척의 손실도 없었으며, 전사자 약 30명, 부상자는 약 40명 정도로 파악되었다.

조선수군은 퇴각하는 일본수군을 금갑포(진도군 의신면 금갑리)까지 추격하다가 멈추고 우수영으로 되돌아왔다. 13척의 배로 133척의 일본전함을 격파한 명량해전은 종반에 접어든 전란의 상황을 반전시키는 시발점이 되었다.

170) 구루시마 미치후사는 도요토미 히데요시 시대에 일본 규슈(九州) 북부의 세토 내해(瀨戶內海)를 거점으로 한 해적 집단 출신으로 구루시마 무라카미의 3남이다. 구루시마 미치후사는 형인 구루시마 미치유키와 함께 1592년 4월 도요토미 히데요시의 조선침공군의 일원으로 부산에 상륙했고, 그해 6월 형은 율포해전에서 전사했다.

(명량해전 직후)

명량해전에서 승리한 이순신은 그날 저녁 늦은 시각에 서쪽 방향 65킬로미터 거리에 있는 당사도(唐笥島, 신안군 암태면)로 함대를 이동시켰다.

이순신이 하루 종일 치열한 전투를 행하면서 지칠 대로 지친 수군 격군들에게 충분한 휴식시간도 주지 않고 계속해서 노를 젓게 하여 이동시킨 것은 일시 퇴각했던 일본수군 함대가 뱃머리를 돌려 다시 공격해 올 것을 염려했기 때문이다. 함선과 병력의 숫자에서 크게 열세였고 무엇보다도 화살, 화약, 포탄 등 전투를 계속할 수 있는 전투물자가 부족했기에 적군을 물리치고도 퇴각과 이동은 불가피했다. 게다가 우수영은 일본함대의 현재 위치에서 볼 때 너무 가까운 거리에 있었다.

당사도로 옮겨갔던 조선수군은 그 후 해안선을 따라 고군산도 부근까지 북상하여, 육지의 상황을 살피고, 병사들의 휴식을 도모했다. 무엇보다 시급했던 것은 군량이었다. 이들은 해전에서 승리하고도 계속해서 이동해야 했기에 또 스스로 군량을 해결해야 했기에 힘든 날들을 보낼 수밖에 없었다. 해전 후 20여 일 만인 10월 9일에 해남 우수영으로 돌아왔다.

조선수군함대는 그 후 43일 동안 서남해 도서지방을 돌다가 10월 29일 영산강 입구인 보화도(寶花島, 현재의 목포 고하도)에 닻을 내리고 삼도 수군통제영을 설치했다.

이순신은 1598년 2월 17일 수군영을 보화도에서 완도 고금도로 옮길 때까지 108일 동안 보화도에서 전함 29척을 새로 건조하여 총 42척을 갖춘 수군함대의 모습을 갖추었다.

전함 건조 및 수리, 화약 제조 등에는 막대한 재정이 소요된다. 이순신은 재정을 충당하기 위해 13개의 염전을 운영하여 생산한 소금을 판매하여 자금을 확보했고, 한편에서 서남해를 운항하는 선박에게 통행첩(通行帖)을 발급하면서 쌀을 거둬들였다. 대선(大船), 중선은 2섬, 소선은 1섬을 받았다.

시각	전투 상황 및 이동(1597. 09. 16.)
오전 7시경	일본수군함대, 어란진 출발
오전 10시 전후	조선수군함대, 우수영 앞바다로 나와 진형을 갖춤.
오전 11시경	일본수군함대, 명량해협을 통과하여 우수영 앞바다로 전진. 공격 시작
오전 11시경	이순신이 승선한 대장선, 일본함선을 향해 포격 시작. 휘하의 일부 함선들 대장선보다 몇백 미터 후방에 위치하여 대장선이 홀로 방치되고 위기를 맞음.
오전 11시 이후	이순신, 신호 깃발 등으로 조선함선들을 앞으로 불러냄. 거제현령 안위의 함선과 중군 김응함의 함선이 먼저 전진해 나감. 이순신의 호령에 나머지 함선들도 전진하여 본격적인 전투 시작됨. 조류가 잠시 멈췄다가 조선수군함대에 유리한 남동류로 바뀜. 방향이 바뀐 조류를 타고 안위의 함선을 필두로 함대 전체가 일본함대를 향해 빠르게 돌진함. 가장 먼저 전진해 간 안위의 함선이 적선에게 포위됨. 대장선을 비롯한 모든 함선들이 집중공격을 가해 안위의 함선을 구하고 31척의 일본함선을 격파함. 이때 구루시마 미치후사를 사살하고 효시함.
오후 2시경	일본수군함대, 일단 전투를 중지하고 물러남. 외곽 해역에서 양측 수군함대 대치함.
오후 6시 전후	일본수군함대, 조류를 타고 후퇴함. 조선수군함대, 추격하다가 멈추고 우수영으로 귀환
오후 6시 이후	조선수군함대, 우수영 건너편 진도의 포구로 진영을 옮김.
오후 9시 이후	조선수군함대, 야음을 틈타 당사도로 진영을 옮김.

출처: 제장명(2004), 226~228쪽.

(유물전시관)

포르투갈에서 도입한 신무기 조총으로 무장한 일본군은 지상전에서 조선군과 의병부대를 압도했으나 해상전투에서는 조총보다 먼 거리에서 발사하여 배를 격파하는 조선수군의 대포가 유리했다. 명량해전을 승리로 이끈 것은 이순신의 리더십, 지리 지형 이용전술, 배수진을 친 결전 의지, 그리고 함선에 장착한 대포였다.

당시 조선수군은 천자총통과 지자총통 등의 대포로 무장하고 있었다. 천자총통은 30킬로그램 무게의 대장군전을 400여 미터 정도 날려 보내는 위력을 가지고 있었다. 지자총통의 경우에는 나무화살 대신에 작은 탄환 300발 정도를 놓고 쏘는 조란탄이 있었는데 강력한 살상력을 발휘했다.

유물전시관에는 거북선 실제 모형, 거북선 절개 단면, 판옥선 모형, 명량대첩비 탁본, 강강술래 배경 그림 그리고 천자총통, 지자총통 등 여러 가지 무기가 전시되어 있다.[171)]

(울돌목의 의병)

명량대첩기념공원 내에는 명량해전과 인근 지역에서의 전투에서 전사한 병사들의 구국의지를 기리는 여러 개의 조각상이 세워져 있다.

171) 조선수군의 대표적인 함포인 천자총통은 길이 130센티미터, 구경 15센티미터, 무게 298킬로그램으로 함포 중에서는 가장 크다. 한 번 발사하는 데 소요되는 화약의 양은 1.1킬로그램이다. 명량대첩기념공원 전시관 자료.

명량해전은 해남·진도 등 해안지방 사람들이 수군과 같이 목숨을 바쳐 싸운 의병항쟁이기도 하다. 마하수는 적선에 포위된 수군통제사 이순신을 구원하다가 적군이 쏜 탄환에 맞아 전사했다. 부친의 시신을 안고 통곡하던 마하수의 네 아들은 다시 힘을 내고 일본수군 격퇴에 힘을 보탰다.

조응량 부자와 양응지도 백성들과 함께 의병으로 참전하여 낫과 괭이를 들고 적과 싸우다가 전사했다.

오국신·오계적 부자도 의병으로 참전하여 여러 싸움에서 공을 세웠는데 명량해전 때 돌과 창으로 일본군을 무찌르다가 부자가 함께 전사했다.

(쇠사슬 감기 틀)

해남과 진도 해안에 쇠사슬을 매어 놓고 일본 함선을 유인하여 급한 물살을 이용하여 쇠사슬을 양쪽에서 당김으로써 배를 전복시켜 격침시키고 빠져나온 함선들은 근접한 거리에 있던 조선수군이 섬멸시켰다고 하는 구전에 따라 쇠사슬 감기 틀이 만들어졌다. 당시 널리 사용된 기술과 장비를 상상하여 만든 것이다.

근년 바닷가 바위에 박혀 있는 큰 쇠고리가 발견되었는데 이 쇠사슬이 실제로 명량해전 때 사용되었는지의 여부를 떠나 쇠사슬 감기 틀이 존재했던 것은 사실로 받아들여지고 있다.

○ 전라남도 해남군 문내면 학동리 산 36

해남 명량대첩비

명량대첩비(鳴梁大捷碑)는 1597년 9월 16일의 명량해전을 승리로 이끈 충무공 이순신의 공적을 기념하기 위해 1688년(숙종 14) 3월 이곳 문내면 동외리에 건립했다. 이순신이 해남 전라우수영과 진도 사이의 울돌목 해협을 흐르는 급류를 이용하여 13척의 배로 133척의 일본함선을 격침 혹은 격파하여 해전을 승리로 이끈 사실을 기록한 비석이다.

숙종 임금은 명량대첩의 의의를 기리고 그 뜻을 후손에게 영원히 전하기 위해 비석을 세우도록 했다. 비문은 1686년에 쓰인 것이나 비가 건립된 것은 2년 뒤인 1688년이며, 전라우도 수군절도사 박신주가 건립했다.[172] 비석은 받침돌 위에 비 몸을 얹고, 구름무늬와

용무늬를 새긴 머릿돌을 얹었다.

비문은 예조판서 이민서가 짓고, 판돈령부사 이정영이 해서체로 글씨를 썼으며, 홍문관 대제학 김만중이 횡서로 된 제자 '통제사 충무 이공 명량대첩비(統制使忠武李公鳴梁大捷碑)' 12자를 써서 1688년 3월에 건립했다.

일제강점기 조선총독부는 임진왜란 당시 일본군의 패전, 만행, 약탈 관련된 기록이나 자료, 유적지는 모두 소각하거나 철거한다는 정책을 시행했다. 다수의 일본인이 문화재를 도굴하거나 왜란 관련 유적지를 훼손, 철거하는 데 앞장섰다.

1942년 전라남도 경찰은 명량대첩비 등을 철거하라는 조선총독부의 지령을 받았다. 경찰은 인부, 목수, 학생들을 동원하여 높이 2.67미터, 폭 1.14미터나 되는 비석을 500미터 떨어진 우수영 선창으로 옮겼으며 비각은 흔적도 없이 제거했다.

조선총독부는 한때 대첩비를 아예 없애버릴 계획을 세웠으나 실행에 옮기지는 못하고 서울로 옮겨 경복궁 근정전 뒤뜰에 묻었다.

1945년 광복이 되자 우수영 지역 유지들은 명량대첩비를 되찾아 복구하기 위해 '충무공 유적 복구 기성회'를 조직하고 전라남도 경찰부와 조선총독부에 수소문한 끝에 대첩비의 소재를 알 수 있었다. 그러나 교통운반 수단이 여의치 않았던 당시로서는 대첩비를 우수영으로 옮기는 일이 쉽지 않았다. 결국 미군정청(美軍政廳)에 협조를 요청하여 비석을 미군 트럭에 실어 서울역으로 옮긴 후 목포까지는 열차로, 목포에서는 다시 선박을 이용하여 우수영 선창으로 가져왔다. 1947년 이곳 해남 남쪽 끝 해안지역 학동리에 비석을 다시 세웠다.

이어 비석을 보호하는 비각을 짓기 위한 모금 운동이 시작되었다. 크게 부족한 자금 마련을 위해 풍물패를 조직하여 나주・무안 등 8개 지역을 순회하기도 했고 대첩비 탁본을 수백 장 만들어 여러 관공서와 학교를 돌아다니며 판매하기도 했다. 우여곡절 끝에 1950년에야 비각이 완공되어 비석을 세우게 되었다.

그동안 해남 충무사 경내에 있던 비석과 비각은 2011년 3월 본래의 설립지인 현재의 위치로 이전해 왔다. 해남 명량대첩비는 1969년 6월 16일 보물 제503호로 지정되었다.

---

172) 해남 충무사에 있는 명량대첩비 비문에는 비문을 작성한 시기를 1685년(숙종 11)으로 적고 있다.

명량대첩비 비문 (해남 충무사)

1597년 통제사 이공(李公)이 수군을 거느리고 진도 벽파정 아래에 주둔하고 있다가 명량으로 들어가는 목에서 왜군을 크게 쳐부수었다. 이로 인하여 적은 다시 해로를 통하여 전라도 지역을 넘보지 못하였고 그 이듬해에 적은 마침내 완전히 철수하고 말았다.

임진왜란에서 가장 큰 공을 세운 분이 충무공이요 그의 전과 중에서 명량의 싸움은 가장 통쾌한 승리였다. 공이 처음에 전라좌수사로 있다가 적이 쳐들어온다는 소문을 듣고 비장한 각오로 병졸과 함께 서약을 행하고 경상도 지역으로 들어가 침입하는 적군을 맞아 옥포, 당포, 고성의 당항포에서 모두 적은 군대로써 많은 적군을 상대로 싸워 번번이 큰 전과를 올렸다. 또한 한산도에서 큰 승리를 거두었다.

나라에서는 공을 통제사에 임명하고 삼도의 수군을 다 지휘하게 하였다. 그리하여 공이 그대로 한산도에 몇 해 동안 주둔하게 되어 적은 감히 바닷길에 나올 생각을 갖지 못하였다. 이해에 적은 크게 병력을 동원하여 두 번째의 침략을 감행하였다. 과거의 실패를 만회할 생각으로 전력을 기울여 해상 공격을 시도하였다. 이때 마침 공은 모함을 입어 관직을 삭탈당하고 있었는데 나라에서는 사태가 위급함으로 다시 공을 통제사에 임명하였다.

이에 앞서 원균이 공을 대신하여 적과 싸우다가 크게 패하여 배와 장비와 병졸을 모조리 잃어버리고 한산도도 적에게 빼앗겼다. 공은 백지상태로 된 현지에 단신으로 부임하여 흩어진 병졸을 모아들이며 부서진 배를 수리하여 가까스로 십여 척을 마련하였다. 이것으로 명량해협을 지키고 있었는데 적군은 큰 배와 많은 군대로 바다에 가득히 몰려왔다. 공은 여러 장군에게 명령하여 배를 명량으로 들여와서 좁은 목에 대기시키고 적들이 오기를 기다렸다. 이곳은 좁은데다가 마침 세차게 밀려오는 밀물의 파도가 매우 급했다. 적은 상류를 이용하여 산이 내려 누르는 듯이 아군을 향하여 몰려들었다. 이를 본 우리 군대는 모두 겁에 질려서 어쩔 줄을 몰라 했으나 공은 힘을 내어 병졸을 격려하며 기회를 놓치지 않고 맹렬한 공격을 개시하였다. 장병들은 이공과 함께 결사적으로 싸웠고 배는 나는 듯이 적선들 사이로 출몰하여 대포를 쏘아대니 대포의 불꽃이 사방으로 튀어 바닷물도 끓어오르는 듯하였다. 이러는 동안 적의 배는 불에 타고 부서져서 침몰되고 물에 빠져 죽은 자가 헤아릴 수 없이 많았다. 적은 마침내 크게 패하여 도망치고 말았다. 이 싸움에서 적의 전함 오백여 척을 쳐부쉈고 적장 마다시도 죽였다.

임진왜란 중 연안 해주 등지에서 승전이 있었다 하나 이는 모두 가까스로 그 성을 지킨 것에 불과하며 공과 같이 한 해역을 도맡아 독자적으로 완전한 승리를 거둔 일은 없었다. 마지막으로 노량의 싸움은 중대한 결전이었고 또 위대한 승리였으나 공은 이 싸움에서 목숨을 바쳤고 적은 이 땅에서 완전히 물러났다.

정부에서는 왜란을 평정한 공적으로 공을 우두머리로 논정하여 선무공신의 칭호를 내리고 벼슬을 좌의정에 추증하고 노량에 충민사를 지어 제사를 받들게 하였다.

공의 이름은 순신, 자는 여해, 아산 출신이다. 명량대첩비는 남방 인사들이 전적지인 명량에 공의 충절을 기리기 위하여 마련한 것이다. 원비 숙종 11년(1685) 3월 예조판서 이민서가 짓고 판돈녕 부사 이정영이 쓰고 홍문관 대제학 김만중이 전자를 쓰다.

－1980년 9월 문화재위원 임창순 역술하고 김병남 쓰다－

명량대첩비

명량대첩비

명량대첩비

○ 전라남도 해남군 문내면 동외리 955-6

해남 정운 충신각

정운 충신각은 충무공 이순신의 선봉으로 부산포 몰운대 앞바다에서 일본수군과 싸우다가 전사한 정운의 공적을 기리기 위해 1681년(숙종 7) 그가 출생한 마을 입구에 세운 건물이다. 충신 정려 자체는 아래의 정려 현판 명정 기록에서 보듯이 만력 36년, 즉 1608년(선조 41)에 내려진 것임을 알 수 있다.173)

정려 현판의 명정 기록
충신 증 가의대부 병조참판 겸 동지의금부사 행 절충장군 첨지중추부사 정운지려 만력 36년 10월 일 명정

173) 현지의 안내판에는 1681년(숙종 7)에 건립되었다고 되어 있는데 정려 현판에는 1608년에 정려 명정이 내려진 것으로 되어 있다. 어느 쪽에도 오류가 없다면 정려 명정이 내려진 후 73년이 지난 1681년에 충신각이 세워진 것으로 볼 수 있다.

현재의 충신각 건물은 1985년 10월에 옮겨와 세운 것이다. 정운의 12대손 정홍채의 중수기 현판이 충신각 안에 걸려 있다. 정운 충신각은 1985년 2월 15일 전라남도 기념물 제76호로 지정되었다.

(충절사)

정운 충신각 바로 옆에 사당 충절사가 있다.[174] 정운(鄭運, 1543~1592)의 본관은 하동(河東), 자는 창진(昌辰)으로 전라남도 영암(현재의 해남군 옥천면 대산리)에서 출생했다. 28세 때인 1570년(선조 3) 무과에 급제한 후 훈련원 봉사, 금강도 수군권관, 함경도 거산찰방을 지냈다. 1583년 함경감사 정언신의 천거로 웅천현감을 지냈으며 제주판관으로 재직할 당시 제주목사와의 불화로 파직되기도 했다.

그는 임진왜란이 발발하자 옥포해전, 당포해전, 한산해전에 참가했고, 부산포해전 당시 수군절도사 이순신의 우부장으로 선봉에 서서 싸우다가 1592년 9월 1일 몰운대 앞바다에서 적탄에 맞아 전사했다.

조정에서는 정운의 전공을 기려 병마절도사를 제수하고 고흥군 녹도에 사당 쌍충사를 세웠다.[175] 그 후 숙종 임금 때 이곳 해남의 사당을 '충절사(忠節祠)'라고 사액했으며 정조 임금은 정운에게 '충장(忠壯)'이라는 시호를 내렸다.

(정충보국)

정운은 어려서부터 집안에 전해 내려오는 '정충보국(貞忠報國)'의 네 글자가 새겨진 보검을 들고 다녔다. 그때부터 국가에 충성으로 보답할 것임을 다짐하곤 했다.

174) 충신각과 충절사에 대한 설명을 해 주신 정운 장군의 14대 직계 후손 정영기 씨에게 감사드린다.

175) 고흥 쌍충사는 녹도만호를 지낸 이대원과 정운 2인의 위패를 모시고 있다.

충신각 입구 충신문

충신각

정운 충신 정려

정충보국

충절사와 충신각(오른쪽)

정운 장군 초상과 위패

충절사

○ 전라남도 해남군 옥천면 대산길 64-12 (대산리)

해남 표충사(서산대사)

임진왜란 때 승병을 모집, 지휘하여 일본군을 물리친 서산대사 휴정(休靜, 1520~1604)의 공적을 기리기 위해 1669년 표충사라는 사액 사당이 사찰 대흥사 경내에 건립되었다.

서산대사는 1592년 임진왜란 때 의주 행재소에서 선조 임금의 명을 받아 승병을 총괄하는 팔도 도총섭이 되어 73세의 노령으로 전국에 격문을 돌려 승군을 모집하여 활동했다.

표충사 경내에는 표충비각, 조사전, 강례재(요사채), 보련각, 의중당(재실), 명의재, 청허당(서산대사 유물관), 초의관(초의선사 유물관), 성보박물관 등의 건물이 있다. 표충사는 1976년 9월 30일 전라남도 기념물 제19호로 지정되었다.

(표충사)

사찰 대흥사 경내에 있는 표충사는 유교식 사당이다. 임진왜란 때 승병을 일으켜 일본군 격퇴에 앞장섰던 서산대사 휴정을 받드는 사액 사당으로 1669년(헌종 10) 대사의 제자 천묵이 사찰 대흥사 경내에 세웠다. 서산대사와 그의 제자 사명대사와 처영대사의 진영이 함께 봉안되어 있다.[176)]

서산대사 유물관

표충사 전경

176) 절에 스님의 사당을 별도로 마련하는 것은 이례적인 일이다. 경상남도 밀양의 표충사에도 사찰 경내에 유교식 사당이 자리하고 있다.

표충사

표충사 서산대사 화상(왼쪽부터 처영대사, 서산대사, 사명대사)

표충사(왼쪽), 표충비각(오른쪽)

서산대사 기적비

표충사를 둘러싼 돌담 안쪽 중앙에 북향으로 사당이 있고 그 좌측과 우측에는 조사전(祖師殿)과 표충비각(表忠碑閣)이 각각 자리하고 있다. 표충사 외곽에 있는 의중당(義重堂)과 강례재(講禮齋) 주위에 담을 두르고 솟을삼문인 예재문과 호국문을 세웠다.

정조 임금은 1778년에 서산대사의 공로를 기리기 위해 '표충사(表忠祠)'라는 표충사 현판을 써서 내려주었으며, 세금을 면제해주는 특혜를 주었다. 나라에서는 매년 예관과 헌관을 보내 관급으로 제향하도록 했다.

(표충비각)

표충비각은 정면 2칸, 측면 2칸의 팔작집이며, 내부에는 서산대사 표충사 기적비와 건사사적비(建祠事蹟碑)가 나란히 세워져 있다.

서산대사 표충사 기적비는 높이 364센티미터이며 사각형 받침대에 비 몸과 사각형의 머릿돌을 올렸다. 건립연대는 비 몸 측면에 '숭정 기원후 삼신해월립'이라는 명문이 있는데 이는 1791년(정조 15)에 세운 것임을 알려준다.

건사사적비는 높이 316센티미터로 사각형 받침대에 비 몸과 머릿돌을 갖추었다. 건립연대는 '성상 십육년 임자 오월 일, 서산육세법손 연담유일 근찬, 응운등오 근서(聖上十六年壬子五月日, 西山六世法孫蓮潭有一謹撰, 應雲登旿謹書)'라는 내용으로 보아 1792년(정조 16)이며, 찬자는 연담 유일, 글씨는 응운 등오가 썼다.

서산대사 표충사 기적비

서산대사의 이름은 휴정 속성은 최씨 호를 청허자(淸虛子)라 하며 묘향산에 있었으므로 또 서산대사라 하였다. 1520년에 출생하여 어려서 양친을 여의었다. 이때 불교의 경전을 읽고 삶과 죽음에 대한 학설에 감동되어 머리를 깎고 불문에 들어가서 1540년에 일선화상(一禪和尙)에게서 계(戒)를 받았고 뒤에 영관대사의 문하에 들어갔다. 30세에 선과(禪科)에 합격하여 대선(大選)에 양종판사(兩宗判事)까지의 승직을 받았으나 곧 이를 사임하고 산으로 들어갔다.

정여립이 반란을 일으켰을 때 어떤 자가 대사가 이들과 관련이 있다고 무고하였으나 선조(宣祖)는 그의 억울함을 알고 풀어주었을 뿐 아니라 그의 시고를 보고 크게 감탄하여 임금이 대를 그리고 거기에 시까지 써주는 영광을 얻었다.

임진왜란 때 선조가 의주에 피란했다함을 듣고 대사는 칼을 집고 왕을 가서 뵈옵고 승려의 의병을 일으킬 것을 자청하여 왕은 곧 대사를 팔도 십육종 도총섭에 임명하였다. 대사는 곧 제자인 유정, 처영과 승병을 모집하여 5천여 명을 얻고 순안 법흥사에서 첫 모임을 갖고 중국군대를 도와 싸워서 모란봉에서 승리를 거두고 평양과 개성을 수복하고 용사 7백여 명을 뽑아서 왕을 호위하여 서울에 환도하였다.

이때에 대사는 왕에게 이제는 늙어서 더 이상 힘을 낼 수 없사오니 이 군사사무를 유정과 처영에게 넘겨주고 자기는 묘향산으로 돌아가게 하여 달라고 청하였다. 왕은 이를 허락하고 국일도대선사선교도총섭부종수교보제통계존자의 칭호를 내렸다.

대사는 한국의 불교를 중흥시킨 고승으로 제자가 천여 명이며 그 가운데는 불교의 영수급에 해당되는 인물이 4~5명에 달하였다. 그의 저서로는 '선가귀감' 외에 몇 가지 단행본과 '청허집'이 있다. 그가 죽기에 앞서 유언으로 그의 유물을 해남 대둔사에 보관하라 하며 "이곳은 남에 달마산, 북에 월출산, 서에 선운산이 있어 자기가 마음으로 즐기던 곳이기 때문이라" 하였다.

대사가 세상을 떠난 후 185년인 1788년에 그의 7세손 천점(天點) 등이 대둔사 남쪽에 사당을 짓고 대사의 화상을 모시기 위하여 임금에게 진정을 올렸고 호조판서 서유린이 왕에게 적극적으로 진언하여 나라에서 사당의 칭호를 내려주기를 청하였다. 정조는 대사가 임진란에 세운 공적을 생각하여 특별히 표충(表忠)이라는 명칭을 내리고 대사의 직계를 더 높이 추증하고 이듬해 4월에는 예조의 관리를 보내어 제사를 지냈다.

이에 앞서 경상도 밀양에 유정(惟政)을 모신 사당으로 표충사가 있었는데 이제 대사의 사당도 같은 이름을 붙인 것은 스승과 제자가 함께 나라에 충성을 바친 것을 나타내는 영예로운 특전이었다.

서유린이 지어 1791년에 세운 비는 한문으로 되어 있으므로 박정희 대통령 각하의 분부를 받들어 한문을 해독하지 못하는 사람들을 위하여 한글로 요약 편술한 이 비를 따로 세워 후세에 전한다.

1979년 12월 일 임창순 짓고 김병남 쓰고 전라남도 세움

(서산대사)

서산대사 휴정은 완산 최씨 최세창의 아들로 평안도 안주에서 출생했다.[177] 9세 때 모친상을 당하고 이듬해 아버지마저 별세하자 안주목사 이사증의 양자로 들어갔다. 양부모를 따라 서울로 거처를 옮겼으며, 그 후 사찰에 기거하며 글과 무예를 익혔다. 그러던 중 영관대사의 설법을 듣고 불법을 공부하기 시작했으며 훗날 스스로 머리를 깎고 출가했다.

1549년(명종 4)에 승과에 급제하고 벼슬을 제수받았으나 사양하고 전국의 유명한 산을 돌아다니며 후학들을 지도했다. 1589년(선조 22) 정여립 역모사건 때 누명을 쓰고 투옥되었으나 선조 임금이 직접 신문한 결과 무죄가 입증되어 석방되었다.

1592년 임진왜란 때 나라가 위기에 처하자 먼저 임금을 찾아가 승병을 일으킬 것을 고하니 선조 임금은 대사를 팔도 도총섭(八道都總攝)에 임명하고 승병을 지휘하도록 했다. 대사는 노령에도 불구하고 전국의 승려들에게 격문을 돌려 나라를 지키는 데 앞장서도록 당부했다. 그는 순안 법흥사에서 1,500여 명, 그의 제자인 사명대사는 금강산에서 700여

177) 대흥사 홈페이지

명, 처영은 지리산에서 1,200여 명의 승병을 모집하여 순안과 평양 등지에서 일본군 토벌에 공을 세웠다.

서산대사가 이끄는 승병군은 1593년 명나라군과 함께 평양과 개성 수복에 공을 세웠다.

전란 이후 그는 승려로서는 최고의 존칭과 정2품 당상관 벼슬을 받았으며 묘향산에서 수도하던 중 1604년에 입적했다.

(사명대사)

사명대사 유정(惟政, 1544~1610)은 임수성의 아들로 경상남도 밀양에서 출생했다. 1589년(선조 22) 정여립 역모사건에 연루되었다는 혐의로 서산대사와 함께 투옥되었으나 무죄로 밝혀져 석방되었다.

1592년 임진왜란 때 서산대사 휴정의 휘하로 들어가 승병 모집과 훈련에 힘썼다. 이듬해 승군 도총섭(僧軍都摠攝)이 되어 명나라군과 협력하여 평양을 수복하고 도원수 권율과 경상남도 의령에서 일본군을 격파하여 공을 세우고 당상관의 위계를 받았다. 1594년 명나라군 장수 유정(劉綎)과 의논하여 일본군 장수 가토 기요마사의 진중을 3차례 방문하여 강화를 위한 회담을 하기도 했다.

정유재란 때 명나라 장수 마귀와 함께 울산왜성과 순천왜성전투에서 전공을 세우고 1602년 중추부동지사(中樞府同知使)가 되었다. 1604년 선조 임금의 친서를 휴대하고 일본으로 건너가 도쿠가와 이에야스를 만나 강화를 맺고 그 이듬해 전란 때 잡혀간 조선인 포로 3,000여 명을 인솔하여 귀국했다.

(성보박물관 청허당)

서산대사의 공적을 기리고 관련 유품·유물을 보존 전시하기 위해 1978년 대흥사 경내에 서산대사 유물전시관이 설립되었다. 이곳에는 선조 임금이 서산대사를 승군 대장 도총섭으로 임명한 교지와 서산대사가 사용하던 금란가사·발우(밥그릇)·칠보염주·수저·신발 등을 비롯하여 승병을 이끌며 사용했던 승군단 표지, 소리나팔, 호패 등이 전시되고 있다. 정조 임금이 서산대사의 충절을 기려 내린 교지와 친서, 금병풍 등도 볼 수 있다.

왜란 종료 5년 후인 1602년 서산대사의 제자 사명대사는 서산대사의 도총섭 고신(告身)을 다시 발급해줄 것을 비변사에 청했고, 비변사에서는 이 일을 임금에게 보고하여 윤허를 받아 재발급했다. 아래의 교지는 임진왜란 초기에 발급되었다가 화재로 소실된 서산대사 도총섭 교지를 만력 30년, 즉 1602년(선조 35) 10월 10일에 재발급한다는 내용이다.

교지(敎旨)
휴정 위 국일도대선사 선교도총섭부종수교 보제등계자 休靜 爲 國一都大禪師 禪敎都總攝扶宗樹敎 普濟登階者 만력 삼십년 시월 초십일(萬曆三十年十月初十日) 안시명지보(安施命之寶)

○ 전라남도 해남군 삼산면 대흥사길 400

해남 황조별묘

황조별묘(皇朝別廟)는 정유재란 때 명나라군 수군 도독으로 조선에 왔던 진린(陳璘) 장군과 그 후손의 위패를 향사하는 곳이다.

진린은 1598년 군선 500척을 이끌고 와 고금도, 녹도, 금당도, 노양포 등에서 이순신 장군과 함께 일본군을 방어했다. 그는 고금도에서 출정할 때 현몽한 중국 군신 관운장을 모시는 관왕묘를 세웠다.

진린은 처음에는 이순신과 불화가 있었으나 이순신이 진린에게 일본군 수급을 양보하는 등 공을 세우도록 도와주자 이순신과 가까워지고 나중에는 진심으로 통하게 되었다. 진린은 명나라 조정에 이순신의 전공을 보고하여 만력제가 이순신에게 팔사품(八賜品), 즉 여덟 가지 물품을 내리도록 하는 데 일조했다.

전란 후 진린은 귀국했으며 전공을 세운 공로로 광동백에 봉해졌다. 사후에 태자소보(太子小保)에 추증되었고, 그의 손자 진영소(陳永溸, 1644~?)는 1637년 감국수위사(監國守衛使)에 임명되었다. 7년 후인 1644년 명나라 수도가 청나라군에 의해 함락되고 의종(毅宗) 황제가 자결하자 진영소는 벼슬에서 물러난 후 고향으로 돌아왔다.

진영소는 명나라가 망하자 진린의 유언을 받들어 조선으로 이주했다. 중국 광주(廣州)에서 출발하여 해로를 이용하여 남해 장승포에 도착했다. 그곳에서 정착하여 거주하다가 나중에 조부 진린이 공을 세운 바 있는 완도 고금도로 옮겨 살았다.

그 뒤 진영소의 아들인 진석권(陳碩權)과 진윤권(陳允權)은 관왕묘가 있는 고금도에서 다시 해남의 현재 위치로 이주하여 정착했으며 명나라의 유민이 거주하는 동네라는 뜻으로 마을 이름을 '황조동(皇朝洞)'이라 했다.

1871년(고종 8)에 별묘를 건립했다. 그 후 1960년에 솟을삼문을 신축했고, 1976년과 1983년에 개수하여 현재에 이른다. 황조별묘는 2003년 11월 24일 향토문화유적 제10호로 지정되었다.

황조마을 입구 표석

황조별묘 입구

황조별묘

○ 전라남도 해남군 산이면 덕송리 378-1 (황조마을 317)

22. 화순

화순 고사정 의병청 터

최경운(崔慶雲, 1525~1597)은 양응정과 기대승의 문하에서 수학하고 사마시에 급제했으나 벼슬을 마다하고 학문에 정진하던 중 왜란을 맞았다.

최경운은 1592년 모친 평택 임씨의 상중이었음에도 불구하고 동생 최경장(崔慶長, 1529~1601), 동생 최경회(崔慶會, 1532~1593), 아들 최홍재(崔弘載)·최홍수(崔弘受), 조카 최홍우(崔弘宇) 등과 함께 화순 삼천리 고사정에 의병청을 설치하고 각 고을에 격문을 보내 의병을 모집했다. 그리고 자신의 사재를 털어 병마와 군량미를 마련했다.

이때 그는 1차로 모은 의병을 장남 사헌부 지평 최홍재에게 주어 금산에 있는 고경명 장군 휘하로 보냈다. 그러나 그들이 금산에 도착하기 전에 고경명은 이미 전사(1592. 07. 09.)하여 병사들은 뿔뿔이 흩어져 있었다. 최경운은 1592년 7월에 다시 이곳 의병청에서 2차로 의병을 모집했다.

1597년 정유재란 때는 73세의 노령에도 불구하고 다시 의병을 일으켜 화순 오성산성에서 주민들과 집안 가솔 200명을 이끌고 일본군 3,000명과 3일간을 싸웠다. 마지막 날인 10월 17일 최경운은 차남 최홍수 및 200여 명의 주민들과 함께 포로로 잡혀 참수당했다.

정조 임금의 명에 의해 오성산 정상에 '진사 최경운 전망 유허비'가 세워졌다. 1789년(정조 13)에는 다산마을(다지리)에 삼충사(三忠祠)가 건립되어 최경운·최경장·최경회 3형제가 배향되었으나 1868년의 서원철폐령에 의해 철거되어 지금은 그 터만 남아 있다.

(고사정)

최경운의 동생 최경장은 선조 임금이 세 번이나 벼슬을 내렸지만 받지 않고 고향에서 은거했다. 이에 선조 임금은 최경장의 장남 최홍우에게 남쪽 지방의 이름 높은 선비라는 뜻의 '남주고사(南州高士)'의 호를 내렸다. 강화부사를 지낸 최경장의 손자 최후헌이 '남주고사'의 호를 따서 정자를 세우면서 '고사정(高士亭)'이라 이름 했다.

고사정에서 왼쪽으로 50미터 거리에 최경운 · 최경장 · 최경회 3형제의 생가 터를 알리는 비석이 서 있다.

의병청 터 표석

고사정

고사정

고사정 현판

○ 전라남도 화순군 화순읍 삼천리 11

화순 능주 삼충각

능주 삼충각(綾州三忠閣)은 1593년 6월 제2차 진주성 전투에서 일본군과 싸우다가 순국한 최경회, 문홍헌, 그리고 이보다 앞선 1555년의 을묘왜변 때 달량포에서 전사한 조현 등 3인의 충절을 표창하기 위해 1685년(숙종 11)에 건립한 3동의 정려건물이다.[178)]

삼충각 전면을 바라볼 때 좌측 건물이 최경회의 정려이며 가운데가 조현의 정려, 오른쪽이 문홍헌의 정려이다.[179)] 3동 모두 거의 같은 구조의 정면 1칸, 측면 1칸의 맞배집이다. 내부에는 비(碑) 없이 정려현판만 걸려 있다.

삼충각 건물 3동은 그리 높지 않은 절벽 바위 위에 있으며, 그 앞으로는 충신강(忠臣江)이 흐르고 있다. 삼충각은 1985년 2월 25일 전라남도 기념물 제77호로 지정되었다. 창령 조씨 문중에서 관리하고 있다.

능주 삼충각

178) 화순군청 홈페이지

179) 정려란 본래 충신, 효자, 열녀들이 살던 동네에 정문을 세워 표창하는 일을 말하는데 오늘날 대개 각(閣)으로 존재하고 있다.

능주 삼충각

조현 정려문

(문홍헌)

문홍헌(文弘獻, 1539~1593)은 1539년 능성현(지금의 화순군 능주면)에서 출생했다. 임진왜란이 발발하자 문홍헌은 고향 사람인 구희·박기혁·노희상 등과 함께 의병 300여 명을 모아 고경명 의병부대에 참여하여 1592년 7월 금산까지 진출했다. 금산에 도착하자 고경명은 그에게 군량이 부족하니 양곡을 모아오라고 명한다.

문홍헌은 전라남도로 내려가 화순 동복에 이르렀는데 그곳에서 고경명의 순절 소식을 접했다. 고경명의 군사들이 지휘관을 잃고 흩어진 상태에서 문홍헌은 다시 의병을 일으킬 것을 결심하고 집안일을 아우 문홍추에게 맡긴 후 모친 상중이던 최경회(崔慶會, 1532~1593)를 찾아갔다. 그리고 의병장이 되어 달라고 간청했다. 최경회는 문홍헌의 아우 문홍추의 장인이다. 이에 최경회는 의병 창의에 앞장섰고 문홍헌은 최경회의 막하에서 진주성에 집결한 의병과 합류하여 일본군과 교전하던 중 성이 함락되자 최경회와 함께 남강에 투신했다.

(조현)

조현(曺顯)은 능성현에서 출생한 무관으로 을묘왜변 때 달량권관(達梁權管)으로서 해남 달량포에 침입한 왜구를 맞아 싸우다 전사했다.

1578년 선조 임금은 을묘왜변 때 절개를 지키며 싸우다 전사한 조현의 용기가 늠름하며 높이 추앙할 만하다 하여 특별히 제사지내도록 하고 그를 병조참의에 추증하였다. 능주 포충사에 제향되었다.

○ 전라남도 화순군 능주면 잠정리 산 33-1

화순 쌍봉리 충신각

충신각(忠臣閣)은 1593년 6월 제2차 진주성 전투 당시 전사한 김인갑과 그의 아우 김의갑, 김인갑의 아들 김시엽의 충의를 기리는 건물이다. 건립 시기는 1872년(고종 10) 6월이다.

쌍봉리 마을 입구에 있는 충신각은 정면 2칸, 측면 1칸의 맞배지붕 건물이며, '김해 김씨 충신각'이라는 현판이 붙어 있다. 정각 뒤쪽에만 벽을 설치하고 나머지 3면은 홍살을 돌렸다.

김인갑(金仁甲, ?~1593)은 1579년 무과에 급제하고 1591년에 훈련원 판관이 되었다. 2년 후인 1593년 제2차 진주성 전투에서 성을 지키다가 전사했다. 선무원종공신에 등재되고 병조판서 벼슬에 올랐다.

김의갑(金義甲, ?~1593)은 1590년에 무과에 급제했으며 김인갑과 함께 진주성을 지키다가 전투 때 전사했다. 사후에 주부(主簿)의 벼슬을 받았다.

김시엽(金時曄, 1589~1637)은 1621년(광해군 13)에 무과에 급제하고 1624년 이괄의 난과 1627년 정묘호란 때 공을 세웠다. 1636년 병자호란 때 전사했으며, 사후에 승정원 우승지에 증직되었다.

쌍봉리 충신각은 1984년 2월 29일 전라남도 문화재자료 제59호로 지정되었다.

쌍봉리 충신각

김해 김씨 충신문 현판. 정려각을 바라볼 때 왼쪽은 김인갑, 오른쪽은 김시엽의 정려이다.

김인갑지려

○ 전라남도 화순군 이양면 쌍봉리 110

화순 최경운 전망 유허비

오성산성은 화순읍 오성산 일대에 전개되어 있는 해발 290여 미터 높이의 산성이다. 성벽은 산 경사면을 깎아내거나 자연 지형을 그대로 이용했으며, 자연석을 가공하여 그리 높지 않게 쌓아 올렸다. 동남쪽에 약간의 성벽이 남아 있다.

1597년 정유재란 때 화순고을 진사 최경운은 여러 곳에 창의를 권유하는 격문을 보냈으며, 고을 백성들과 가솔, 노비 등 200여 명과 오성산성에 올랐다. 이곳 산성에서 공격해 오는 일본군 3천 명과 3일에 걸쳐 전투를 벌이다가 순절했다.[180)]

산 정상에는 화순지역 의병과 백성들이 일본군을 맞아 전투를 벌인 임진왜란 전적지임을 알리는 '최경운 전망 유허비'가 자리하고 있다. 유허비는 2기인데 유허비 전면을 바라볼 때 중앙의 것은 1782년(정조 6) 조정의 명을 받아 화순현감이 세운 것이고, 왼쪽의 유허비는 1978년에 화순군청에서 새로 세운 것이다. 오른쪽에 있는 것은 화순군청에서 세운 유허비 중건비로 최경운의 가계와 행적 등이 적혀 있다.

새 전망유허비(왼쪽), 옛 전망유허비(중앙),
유허비 중건비(화순문화원 사진 제공)

○ 전라남도 화순군 동면 서성리, 백용리, 화순읍 일심리 일대(오성산성)

180) 강경호, 『다시, 화순에2 가고 싶다』(화순: 화순문화원, 2006), 231쪽. 500여 명이라는 설도 있다.

화순 충의사(최경회)

임진왜란 당시 의병을 일으켜 전공을 세우고 1593년 제2차 진주성 전투 때 순절한 의병장 최경회의 충절을 기리기 위한 사당이다. 최경회의 자는 선우(善遇), 호는 삼계(三溪), 별호는 일휴당(日休堂), 본관은 해주이며 화순에서 출생했다.

1567년(명종 22) 문과에 급제한 뒤 성균관 전적, 사헌부 감찰, 형조좌랑, 무장현감, 영암군수, 담양부사 등을 지냈다. 1591년 모친상을 당하여 관직을 떠나 고향에서 시묘하고 있을 때인 1592년 임진왜란이 발발하자 최경운·최경장 두 형과 아들 최홍기, 조카 최홍재·최홍우와 함께 의병청을 설치하고 의병을 모았다. 전라우도 의병장이 된 그는 무주와 금산에서 적을 격퇴했다.

또 경상북도 개령지역에 주둔해 있는 일본군을 공격했으며, 성주성 탈환 때도 공을 세워 1593년 경상우도 병마절도사에 특별히 임명되었다. 1593년 6월 제2차 진주성 전투에 참가하여 아홉 주야의 전투 끝에 진주성이 무너지고 일본군이 진입해 들어올 때 조카 최홍우(큰형 최경운의 아들)를 탈출시키면서 조복(朝服)과 언월도를 고향에 보내고 김천일, 고종후 등과 함께 촉석루에 올라 남강에 투신 자결했다. 그의 나이 62세였다.

뒤에 좌찬성에 추증되고 충의(忠毅)라는 시호가 내려졌다. 진주 창렬사, 능주 포충사, 화순의 삼충사에서 제향해 오다가 고종 임금 때 포충사와 삼충사는 철거되었고, 2003년 지역 주민들의 뜻을 모아 2003년에 사당 충의사를 준공했다.

충의사 안내도(① 사당, ② 성인문, ③ 사적비, ④ 기념관, ⑤ 논개 부인 영정각, ⑥ 의열문, ⑦ 동상)

의병관

기념관

사당 충의사(오른쪽은 최경회 선생 사적비)

사당 뜰

논개 부인 영정각

최경회 동상

○ 전라남도 화순군 화순읍 충의로 409 (백용리 422)

화순 한산 정씨 삼강문

한산 정씨 삼강문(三綱門)은 정득운·정득원·정득원의 처 한산 이씨·정덕린의 처 진주 강씨·정대학 등 5명의 충·효·열을 기리기 위해 1885년(고종 22)에 세운 문이다.

정득운(程得雲)·정득원(程得元)은 형제로서, 정득운은 정유재란 때 화순에서 의병을 일으켜 전라도에 침입한 일본군을 방어하다가 순천에서 전사했고, 정득원은 광양만에서의 해상전투 때 전사했다. 1605년(선조 38)에 선무원종공신으로 기록되고 두 사람 모두 병조판서에 추증되었다.

정득원의 부인 한산 이씨는 부군의 시신을 찾지 못하자 자결했으며, 정덕린(程德麟)의 부인 진주 강씨는 부군의 중병을 치료하던 끝에 절명하니 자신도 자결했고, 정득원의 아들 정대학(程大鶴)은 부모 삼년상을 시묘했다.

삼강문 입구

삼강문

충신 정득운·정득원 정려

정득원의 처 열녀(烈女) 한산 이씨 정려

이들의 충과 효와 열을 기리는 삼강문은 도곡면 신덕리 율치마을의 지석강변에 위치하고 있다. 1937년과 1992년에 건물을 중수했다.

한산 정씨 삼강문은 1985년 화순군 향토문화유산 제8호로 지정되었다.

○ 전라남도 화순군 도곡면 율치길 14-4 (신덕리 614)

〈참고문헌〉

강경호, 『다시, 화순에 가고 싶다』(화순: 화순문화원, 2006).
강항(김찬순 옮김), 『간양록 －조선 선비 왜국 포로가 되다－』(파주: 보리, 2006).
강항(이을호 옮김), 『간양록』(서해문집, 2005).
고흥군청, 『고흥의 흔적을 찾아서』(고흥, 2010).
김성한, 『7년전쟁』(서울: 산천재, 2012).
김현우, 『임진왜란의 흔적 1(부산・경남)』(파주: 한국학술정보, 2012).
김현우, 『임진왜란의 흔적 2(대구・경북)』(파주: 한국학술정보, 2013).
나승만, 『강강술래를 찾아서: 사람들을 연결하는 문화코드』(서울: 보람, 2003).
순천시, 『순천 문화재 이야기』(순천시, 2007).
심상득 편, 『표의사 사적(彪義祠事蹟)』(1990).
이은상, 『충무공 발자국 따라 태양이 비치는 길로(상・하)』(서울: 삼중당, 1973).
유성룡(이재호 옮김), 『징비록』(서울: 역사의 아침, 2007).
이경석, 『임진전란사』(임진전란사간행위원회, 1974).
이영호・이라나(역), 『임진왜란의 명장 일옹 최희량』(서울: 문자향, 2008).
이채연, 『임진왜란 포로 실기연구』(서울: 박이정출판사, 1995).
장성군・(사) 봉암서원, 『망암 변이중 화차 복원 발사 자료집』(2011. 11).
제장명, 『이순신 백의종군』(서울: 행복한 나무, 2011).
조성도 역, 『임진장초』(서울: 연경문화사, 1984).
조원래, 『임진왜란과 호남지방의 의병항쟁』(서울: 아세아문화사, 2001).
주규선, 『신안 주문 임란공신』(여수, 2007).
최범서, 『야사로 보는 조선의 역사 2』(서울: 가람기획, 2003).
케이넨(나이또오 순뽀),『임진왜란 종군기』(서울: 경서원, 1997).
한일관계사학회, 『한국과 일본, 왜곡과 콤플렉스의 역사』(서울: 자작나무, 1998).
해남군사편찬위원회, 『해남군사(海南郡史)』(해남군청, 1995)

디지털남원문화대전(http://namwon.grandculture.net/)
디지털여수문화대전(http://yeosu.grandculture.net/)
디지털진도문화대전(http://jindo.grandculture.net/)
문화재청 홈페이지(http://www.cha.go.kr/)
승정원일기(http://sjw.history.go.kr/)
신종우의 인명사전(http://www.shinjongwoo.co.kr/)
한국역대인물종합정보시스템(http://people.aks.ac.kr)

〈찾아보기〉

〈임진왜란의 흔적 및 유적지 목록(가나다 순)〉

지역	명칭	소재지
강진	금강사	전라남도 강진군 강진읍 효자길 38-26
	양건당 충효정려각	전라남도 강진군 작천면 용상리 520
	염걸 장군 묘소(사충 묘역)	전라남도 강진군 칠량면 단월리 산 61
	염걸 장군 임진왜란 전적지	전라남도 강진군 대구면 미산리 구십포 해안가
	염걸 장군 전승 기적비	전라남도 강진군 대구면 정수사길 403
	정수사	전라남도 강진군 대구면 정수사길 403
고흥	무열사	전라남도 고흥군 두원면 서신길 53-12 (신송리)
	발포만호성·충무사	전라남도 고흥군 도화면 발포리 968
	쌍충사	전라남도 고흥군 도양읍 목넘가는 길 34 (봉암리 2202)
	서동사	전라남도 고흥군 대서면 동서로 243-51
	송씨 쌍충 일렬각	전라남도 고흥군 대서면 서호1길 9 (화산리)
	송씨 쌍충 정려	전라남도 고흥군 동강면 마륜마서길 49-6
	신군안 의병장 유허(이충무공 친필 첩자)	전라남도 고흥군 두원면 두원로 1274-5
	신여량 장군 정려	전라남도 고흥군 동강면 마동안길 64-3 (마륜리)
	황정록 부인 송씨 순절지	전라남도 고흥군 도화면 충무사길 101-13 (발포리)
곡성	유월파 정열각	전라남도 곡성군 옥과면 합강길 13-8 (합강리 48)
광양	도사리 섬진나루터	전라남도 광양시 다압면 도사리 135-1 섬진마을
	중흥산성·중흥사	전라남도 광양시 옥룡면 운평리 산 22
	형제 의병 유적지(쌍의사)	전라남도 광양시 봉강면 신촌길 28-18 (신룡리 461)
광주	고씨 삼강문	광주광역시 남구 압촌길 66 (압촌동 산 14)
	동호사	광주광역시 광산구 본량본촌길 29
	양씨 삼강문	광주광역시 광산구 박뫼안길 5-8 (박호동)
	충장사	광주광역시 북구 송강로 13 (금곡동 1023)
	충효동 정려비각(김덕령)	광주광역시 북구 충효샘길 7 (충효동 440)
	포충사	광주광역시 남구 포충로 767 (원산동 947-1)
	학산사	광주광역시 서구 불암길 82-100 (서창동 불암마을)
구례	김완 장군 전승유허비	전라남도 구례군 산동면 원촌리 294-2
	석주관 칠의사묘	전라남도 구례군 토지면 섬진강대로 4638-8
	손인필 비각	전라남도 구례군 구례읍 봉성로 127 (봉북리 260)
나주	금성관 망화루	전라남도 나주시 금성관길 8 (과원동 109-5)
	나대용 장군 생가 소충사	전라남도 나주시 문평면 오륜길 28-5 (생가) 전라남도 나주시 문평면 오룡리 오륜마을 (소충사)
	나씨 삼강문	전라남도 나주시 남내동 15
	정렬사비	전라남도 나주시 정렬사길 57 (대호동)
	최희량 장군 신도비	전라남도 나주시 다시면 가흥리 369
	포충각(이지득)	전라남도 나주시 다시면 영동리 717-3

지역	명칭	소재지
담양	오충정려	전라남도 담양군 대전면 서옥화암길 34－4 (평장리 265)
	추성관 터 · 추성창의관	전라남도 담양군 담양읍 추성로 1323 담양동초등학교
	추월산 흥양 이씨 순절지(보리암)	전라남도 담양군 용면 월계리 산 81－1 추월산
목포	고하도 이충무공 유적지	전라남도 목포시 고하도길 175 (달동 산 230)
	유달산 노적봉	전라남도 목포시 유달로 180 (죽교동)
	충무공 이순신 장군 동상	전라남도 목포시 유달로 180 (죽교동)
무안	도산사	전라남도 무안군 운남면 성내리 1159－3
	충효사	전라남도 무안군 운남면 저동길 57－14 (연리 539－1)
보성	선씨 육충 절의비	전라남도 보성군 득량면 마천길 246 (정흥리)
	오충사 충의당	전라남도 보성군 보성읍 중앙로 80 (보성리 751)
	용산서원 유허비(박광전)	전라남도 보성군 미력면 덕림리
	충절사(최대성 유적지)	전라남도 보성군 득량면 충의로 1651
	충효사	전라남도 보성군 벌교읍 영등길 61 (영등회관 뒤)
순천	육충사	전라남도 순천시 황전면 자은길 86 (월산리)
	장윤 정려	전라남도 순천시 승주읍 서평리 400－7
	정충사(장윤)	전라남도 순천시 정충사길 9－15 (저전동 276)
	충렬사	전라남도 순천시 순광로 119－16 (조례동 150)
	충무사	전라남도 순천시 해룡면 신성2길 145 (신성리)
여수	고소대(충무이공수군대첩비 · 타루비 · 동령소갈비)	전라남도 여수시 고소3길 13 (고소동)
	묘도동 도독마을	전라남도 여수시 묘도동 묘도8길 150
	무술목 전적지	전라남도 여수시 돌산로 2876 (평사리)
	방답진성 · 군관청	전라남도 여수시 돌산읍 방답길 51－6 (군내리)
	사충사 유허비	전라남도 여수시 여천동 68-2 (학동정수장 정문 앞)
	여수선소 유적	전라남도 여수시 시전동 708
	오충사	전라남도 여수시 웅서뒷길 16 (웅천동 624)
	이순신 장군 자당 기거지	전라남도 여수시 충효길 25－5 (웅천동 1420－1 송현마을)
	진남관	전라남도 여수시 동문로 11 (군자동)
	충민사 · 석천사	전라남도 여수시 충민사길 52－21 (덕충동 1828)
	호국사찰 흥국사	전라남도 여수시 중흥동 17
영광	고흥 류씨 삼강려	전라남도 영광군 불갑면 녹산로 1길 51－3
	내산서원	전라남도 영광군 불갑면 강항로 101 (쌍운리 22－2)
	이규헌 가옥 의병청 터	전라남도 영광군 묘량면 묘량로길 4길 36 (영양리)
	임진수성사	전라남도 영광군 영광읍 중앙로 228－16 (무령리)
	정렬각	전라남도 영광군 대마면 영장로 30－16 (원흥리)
	정유재란 열부 순절지	전라남도 영광군 백수읍 해안로 847－8 (대신리 818－3)

지역	명칭	소재지
영암	구고사 김완 장군 부조묘	전라남도 영암군 서호면 화소길 20 (화송리 161-1)
	김완 장군 신도비	전라남도 영암군 시종면 만수리 386-2
	삼충각	전라남도 영암군 신북면 종오리길 28
	장동사	전라남도 영암군 서호면 길촌길 61-2 (엄길리 432-1)
	전씨 충효문	전라남도 영암군 서호면 서호로 341 (장천리 553)
완도	완도 묘당도 이충무공 유적	전라남도 완도군 고금면 세동84번길 86-31 (덕동리)
장성	고경명 신도비	전라남도 장성군 장성읍 영천리 430-2
	봉암서원	전라남도 장성군 장성읍 화차길 159 (장안리)
	송계사	전라남도 장성군 북이면 송산길 90 (오월리 690-1 송산마을)
	오산창의비와 창의사	전라남도 장성군 북이면 사남북길 32 (오산창의비) 전라남도 장성군 북이면 모현1길 70-7 (오산창의사)
	입암산성 윤진 순의비	전라남도 장성군 북하면 남창로 399 입암산성 내 (신성리 480)
	조영규 정려	전라남도 장성군 북이면 방장로 655 (백암리 266-1)
	표의사	전라남도 장성군 삼서면 부구동길 37 (유평리 373 부귀마을)
장흥	강성서원	전라남도 장흥군 유치면 유치로 70 (조양리)
진도	벽파진 전첩비	전라남도 진도군 고군면 벽파리 682-4
	정유재란 순절묘역	전라남도 진도군 고군면 도평리 산 117-3
	충무공 이순신 동상	전라남도 진도군 군내면 녹진리 이충무공 승전공원
함평	팔열부 정각(정렬각)	전라남도 함평군 월야면 월악리 155
해남	만의총	전라남도 해남군 옥천면 성산리 500-1
	명량대첩기념공원	전라남도 해남군 문내면 학동리 산 36
	명량대첩비	전라남도 해남군 문내면 동외리 955-6
	정운 충신각	전라남도 해남군 옥천면 대산길 64-12 (대산리)
	표충사(서산대사)	전라남도 해남군 삼산면 대흥사길 400 대흥사 경내
	황조별묘	전라남도 해남군 산이면 덕송리 378-1 (황조마을 317)
화순	고사정 의병청 터	전라남도 화순군 화순읍 삼천리 11
	능주 삼충각	전라남도 화순군 능주면 잠정리 산 33-1
	화순 쌍봉리 충신각	전라남도 화순군 이양면 쌍봉리 110
	화순 최경운 전망 유허비	전라남도 화순군 동면 서성리, 백용리, 화순읍 일심리 일대(오성산성)
	충의사(최경회)	전라남도 화순군 동면 충의로 409 (백용리 422)
	한산 정씨 삼강문	전라남도 화순군 도곡면 율치길 14-4 (신덕리)

김현우

글로벌교육문화연구원 지역연구실장
자연보호중앙연맹 정책위원장

『한국정당통합운동사』
『한국국회론』
『일본현대정치사』
『일본국회론』
『미국연방의회론』
『은행나무』
『소나무』
『매화나무』
『임진왜란의 흔적 1(부산・경남)』
『임진왜란의 흔적 2(대구・경북)』

E-mail: khw57@hanmail.net

임진왜란의 흔적 3
광주・전남

초판인쇄 | 2013년 11월 8일
초판발행 | 2013년 11월 8일

지 은 이 | 김현우
펴 낸 이 | 채종준
펴 낸 곳 | 한국학술정보㈜
주 소 | 경기도 파주시 문발동 파주출판문화정보산업단지 513-5
전 화 | 031) 908-3181(대표)
팩 스 | 031) 908-3189
홈페이지 | http://ebook.kstudy.com
E-mail | 출판사업부 publish@kstudy.com
등 록 | 제일산-115호(2000. 6. 19)

ISBN 978-89-268-5310-8 93910